Symbole weisen über sich hinaus: Das Sichtbare und Erfahrbare wird durchsichtig für das Unsichtbare. – Seit vielen Jahren ist es Pfarrer Willi Hoffsümmer wichtig, in seinen Predigten möglichst viele Sinne seiner Zuhörerinnen und Zuhörer anzusprechen. Anhand von Gegenständen aus dem Alltag wird die Verkündigung der Bibel für Kinder, Jugendliche und Erwachsene, Männer und Frauen lebendig und anschaulich. Denn ein gezeigtes Symbol holt nicht nur die Welt in die Kirche und die Kirche in die Welt, sondern erhöht auch die Aufmerksamkeit und erleichtert das »Sich-Erinnern«. Weitere Vorteile liegen klar auf der Hand: meist wenig Aufwand, Einprägsamkeit und eine gelockerte Atmosphäre.

Die 122 neuen Symbolpredigten werden durch viele weitere Anregungen und Alternativvorschläge ergänzt. Nach dem Kirchenjahr geordnet, mit einem Stichwortverzeichnis und Schriftstellenregister versehen, ermöglicht das Buch dem Benutzer/der Benutzerin eine schnelle Orientierung.

Willi Hoffsümmer, geb. 1941, Pfarrer in Bergheim-Paffendorf. Veröffentlichungen: Anschauliche Predigten für Kinder-, Jugend- und Familiengottesdienste (⁴1989); Bußgeschichten. TOPOS 99 (⁵1990); 3 × 7 Bußfeiern mit Gegenständen aus dem Alltag (1991); 33 Gruppenstunden für Ministranten (⁴1991); Firmgeschichten. Hinführung zur Firmung für Jugendliche und Gruppenleiter. TOPOS 126 (⁶1991); Geschichten als Predigten (²1990); Geschichten für Kranke. TOPOS 188 (²1990); Geschichten wie kostbare Perlen (⁴1990); Geschichten wie offene Türen (1990); Geschichten wie Spiegel des Herzens (²1989); Geschichten wie Wegweiser (1988); Geschichten zum Sakrament der Ehe. TOPOS 166 (³1991); Geschichten zur Taufe. TOPOS 210 (1991); Glaube trägt (⁶1990); 133 Kinderpredigten mit Gegenständen aus dem Alltag (⁷1989); 111 Bausteine für Gottesdienste mit 3–7jährigen und religiöse Feiern im Kindergarten (³1990); 144 Zeichenpredigten durch das Kirchenjahr. Mit Gegenständen aus dem Alltag (⁵1991); Kommuniongeschichten. Brot fürs Leben. TOPOS 79 (¹⁴1992); Kurzgeschichten 1. 255 Kurzgeschichten für Gottesdienst, Schule und Gruppe (¹²1991); Kurzgeschichten 2. 222 Kurzgeschichten für Gottesdienst, Schule und Grupe (⁷1990); Kurzgeschichten 3. 244 Kurzgeschichten für Gottesdienst, Schule und Gruppe (⁵1992); Kurzgeschichten 4. 233 Kurzgeschichten für Gottesdienst, Schule und Gruppe (²1992); 99 Kinderpredigten. Mit Gegenständen aus dem Alltag (³1992); Religiöse Spiele für Gottesdienst und Gruppen 1 (⁵1990); Religiöse Spiele für Gottesdienst und Gruppen 2 (³1989); Seniorengottesdienste 1. 177 Gottesdienste für ältere Menschen und andere Altersgruppen (²1991); 77 religiöse Spielszenen für Gottesdienst, Schule und Gruppen (²1989); Wir wagen den Glauben (³1987); 2 × 11 Bußfeiern mit Gegenständen aus dem Alltag (³1990).
Gesamtauflage über eine halbe Million.

Willi Hoffsümmer

122 Symbolpredigten durch das Kirchenjahr

Für Kinder, Jugendliche und Erwachsene

Matthias-Grünewald-Verlag · Mainz

Meiner Schwägerin Margit

Zeichnungen von Karl Heinz Hamacher, Bergheim-Paffendorf

Die Deutsche Bibliothek – CIP-Einheitsaufnahme

Hoffsümmer, Willi:
122 Symbolpredigten durch das Kirchenjahr
für Kinder, Jugendliche und Erwachsene / Willi Hoffsümmer. –
Mainz: Matthias-Grünewald-Verl., 1992
    ISBN 3-7867-1604-8
NE: Hoffsümmer, Willi: Hundertzweiundzwanzig Symbolpredigten
    durch das Kirchenjahr für Kinder, Jugendliche und Erwachsene

Umschlag: Susanne Schneider, unter Verwendung der Zeichnungen von
Karl Heinz Hamacher
Satz: Roddert Fotosatz, Mainz
Druck und Bindung: Wagner, Nördlingen
ISBN 3-7867-1604-8

Inhalt

Sonntage im Jahreskreis

Hinführung

1. SCHWIERIGER wird die Verkündigung von Jahr zu Jahr: Wer unter 40 Brotsorten wählen darf, kann blind werden für die Besonderheit des Symbols »Brot«. Wenn Kinder beim Essen zunehmend auf eine Mahlgemeinschaft verzichten müssen, weil sie sich schnell etwas in der Mikrowelle warm machen oder die Familie beim Essen am laufenden Fernseher sitzt, sind ihnen Zugänge zur eucharistischen Mahlgemeinschaft verbaut. Wer beim Aufwachen auf einen Schalter drückt, und alles erstrahlt dank der Elektrizität in umfassender Helligkeit, kann mit der Symbolik »Licht-Dunkel« nicht mehr viel anfangen. Auch von diesem Gesichtspunkt her bleibt es unsere ständige Aufgabe, neue Zugänge zu suchen, um symbolfähiger zu machen. Denn grundsätzlich hat auch der moderne Mensch Empfinden für Symbolisches: Wenn zum Beispiel ehemalige DDR-Bürger bei der Öffnung des Brandenburger Tores aus ihrer Flagge Hammer und Zirkel herausschnitten oder wenn Nicole wortlos den Freundschaftsring an Björn zurückgibt. Der heutige Mensch ist oft nur blind und taub geworden gegenüber einer bestimmten Art von Symbolen und sakramentalen Riten, die ihn argwöhnisch gemacht haben.

2. SYMBOLE oder symbolisierte Zeichen weisen über sich hinaus: Das Sichtbare wird »durchsichtig« für das Unsichtbare. Zeichen haben an sich – etwa wie Verkehrszeichen – eine eindeutige Bedeutung, von Menschen vereinbart und für jedermann verstehbar; Symbole haben vieldeutige Aussagen: Ein »Haus« kann zum Gefängnis werden, gilt aber in der Regel als Ort der Geborgenheit. Symbole schließen hinter der meßbaren und überprüfbaren Welt eine Wirklichkeit auf, die über ihren Schlüssel geöffnet und betreten werden kann. Im Symbol (wörtlich: Zusammengefügtes) verbinden sich zwei Welten: die greifbare und die unsichtbare Welt oder auch Verstand und Herz. Hinzukommen muß aber die eigene Erfahrung, damit es nicht zum nichtssagenden Klischee wird. Aus diesem Grund bleiben Glaubenssymbole wohl für die Menschen so oft nichtssagend, weil sie den Glauben, ihr Denken und ihre Erfahrung nicht mehr ernsthaft genug zusammenbringen.

3. WIE JESUS versuchen wir Verkündiger des Wortes Gottes, die Wirklichkeit um uns herum aufzunehmen, um in Bildern und Gleichnissen »Durchblicke« für eine andere Welt zu ermöglichen. Auch Jesus knüpfte am Nächstliegenden an: Boot, See, Sturm, Netz, Fische; Hirt, Schafe, Herde, Tür, Wolf, Lamm; Weinstock, Reben; Blumen des Feldes, Feigenbaum, Vögel; Weizenkorn, Unkraut im Weizen, Senfkorn, Sämann usw. Darum brauchen wir nicht nur bei den Symbolen Brot, Wein, Wasser, Kerze, Öl und Weihrauch zu bleiben, wir können sie auch aus unserer heutigen Welt einbringen. Es gab bei Jesus doch auch nicht die Trennung zwischen

Gott *und* Welt, Seel- *und* Leibsorge, Gottes- *und* Nächstenliebe, Abendmahl *und* Fußwaschung. Jeder Teil unserer Welt, zumal die Schöpfung, kann theologisch gedeutet werden. Auch die Propheten bedienten sich in ihrer Verkündigung »profaner« Gegenstände: So schleppte Jeremia ein hölzernes Joch durch die Stadt (Jer 27, 1–14; 28, 1–17) und zerschlug vor aller Augen einen Töpferkrug (Jer 19, 1–13), oder Ezechiel lief mit Fluchtgepäck durch die Stadt (Ez 12, 1–10), um damit die Botschaft Gottes zu verknüpfen.

4. JE MEHR SINNE bei der Verkündigung kommunizieren können, um so tiefer wird sie treffen. Wenn hierzulande Weihnachten als wichtigstes Fest eingestuft wird, obwohl es das theologisch von seiner Bedeutung her nicht ist, dann hängt das damit zusammen, daß Weihnachten bis in die Nase hinein sinnlich wahrnehmbar ist. Ergebnisse der Verhaltensforschung sagen, der Mensch behalte lediglich 20% des Nur-Gehörten. Dann zählt es doch zur »Nächstenliebe« des Predigers, dem Zuhörer durch anschaulichere Methoden das Aufnehmen zu erleichtern. Immerhin behält der Mensch 50% von dem, was er sehen *und* hören kann. Ein gezeigtes Symbol oder ein symbolisiertes Zeichen holt nicht nur die Welt in die Kirche und die Kirche in die Welt, sondern erhöht die Aufmerksamkeit und erleichtert das »Sich-Erinnern«.

5. ALS »GAGS« und »modische Mätzchen« wird manche Anschauung abqualifiziert, als wolle der Priester sich zum »Showmaster« hochstilisieren. Mit dem Vorwurf muß man wohl leben. Wer aber besonders in Schulmessen die nervösen und unkonzentrierten Kinder und Jugendlichen vor sich sieht, weiß, wie viele »Zwischentüren« erst zu öffnen sind, um die Teilnehmerinnen und Teilnehmer abzuholen und an die Geheimnisse der unsichtbaren Welt heranzuführen. Genau darum geht es.

Ich würde mich freuen, wenn Ihnen dabei die Vorschläge dieses Buches helfen. Herzlichen Dank allen, die das Manuskript kritisch begleitet haben: Gerhard Dane/Köln-Worringen, Renate Meis/Sindorf, Margret Vogt/Düsseldorf sowie Hildegard Görke für ihre Schreibarbeit.

Willi Hoffsümmer

Hinweise

1. FÜR JEDES ALTER. Jedes Symbol hat »unter dem Strich« eine Aussage für Menschen jeden Alters. In diesem Buch habe ich nicht näher gekennzeichnet, ob die Predigt sich an Kinder, Jugendliche oder Erwachsene richtet. In der sonntäglichen Gemeinde haben wir ja alle Jahrgänge vor uns. Sie merken es aber meistens an der Formulierung, welche Zielgruppe ins Auge gefaßt ist. Es wird Ihnen leicht fallen, die Aussagen auf andere Altersgruppen zu übertragen.

2. MISSBRÄUCHE. Ein gutes Symbol oder ein symbolisiertes Zeichen darf nicht schon bei der Begrüßung verpuffen oder nur als Aufhänger oder »Hinführung« dienen. Es steht vielmehr im Zentrum der Ausführungen und wird immer wieder durch seine vielfältigen Deutungen in den Mittelpunkt gerückt. – Es darf auch keine Inflation geben: Wer zu jedem Gottesdienst ein Symbol mitbringt oder gar in eine Feier mehrere einbaut, züchtet Erwartungshaltung oder auch wieder Eintönigkeit. Es gibt so viele anschauliche Wege der Verkündigung, ob mit Kurzgeschichten, Spiel, Dias, Fotokarten, Overheadprojektor, Flanelltafel …! Bitte abwechslungsreich bleiben! – Außerdem muß ein Symbol positiv eingesetzt werden. Es ist ja vieldeutig, z.B. kann Wasser Leben spenden, aber auch Leben vernichten. Im Gottesdienst werden die positiven Deutungen vor Augen gestellt, weil sie sich ja einprägen sollen.

3. SICH SELBST EINBRINGEN. Es genügt nicht, ein Symbol mitzubringen und sich die Zeilen dazu aus diesem Buch einzuprägen. Entscheidend ist, sich die Idee zu eigen zu machen, ihr Atem einzuhauchen und die eigenen Glaubenserfahrungen einzubringen. Darum finden Sie oft nur Stichworte, um nicht »zum Kopieren« zu verführen.

4. KÜRZE. Die Menschen – nicht nur Kinder – können sich heute nicht mehr lange konzentrieren. Wenn die Gedanken zum Symbol schon nach drei, vier Minuten stehen, dann bitte anschließend nicht das Ganze zerreden. Denken wir auch an Stille, dann kann das Gesagte in die Tiefe wirken und Gott »dazwischenkommen«.

5. UNTERTRIEBEN ist wieder die Zahl im Titel: Sie finden unter mehreren Nummern weitere Ideen. Besonders wertvolle aus der Flut der Fachbücher sind stichwortartig eingefangen, damit Sie einen Überblick haben, wo auch anderswo die Verkündigung des Wortes Gottes veranschaulicht wird.

Wagen Sie sich heran, und das Echo wird Ihnen zeigen, daß Sie auf dem richtigen Weg sind.

Hilfen

Unter mehreren Predigten steht der Hinweis »ausformulierter Gottesdienst«. Wurde dieser in den Zeitschriften »Familien- und Jugend-Gottesdienste«, »Kindermeßbörse« oder »Prediger und Katechet« veröffentlicht, kann ich Ihnen diesen gegen DM 2,50 in Briefmarken (für Porto und Fotokopien) gerne zuschicken. *Meine Anschrift:* Pfr. Willi Hoffsümmer, Glescher Str. 54, D-5010 Bergheim-Paffendorf.

Bücher des Autors, die in diesem Buch unter folgenden Kurztiteln zitiert werden:

»133« = 133 Kinderpredigten. Mit Gegenständen aus dem Alltag
»144« = 144 Zeichenpredigten durch das Kirchenjahr. Mit Gegenständen aus dem Alltag
»99« = 99 Kinderpredigten. Mit Gegenständen aus dem Alltag
»2 × 11 Bußfeiern« = 2 × 11 Bußfeiern. Mit Gegenständen aus dem Alltag
»3 × 7 Bußfeiern« = 3 × 7 Bußfeiern. Mit Gegenständen aus dem Alltag
»Kurzgeschichten 1« = 255 Kurzgeschichten für Gottesdienst, Schule und Gruppe
»Kurzgeschichten 2« = 222 Kurzgeschichten für Gottesdienst, Schule und Gruppe
»Kurzgeschichten 3« = 244 Kurzgeschichten für Gottesdienst, Schule und Gruppe
»Kurzgeschichten 4« = 233 Kurzgeschichten für Gottesdienst, Schule und Gruppe

Zeitschriften, die im Text zitiert werden:

»FaJu« = Familien- und Jugend-Gottesdienste (bis 1989: Gottesdienste mit Kindern und Jugendlichen), Verlag Bergmoser + Höller, D-5100 Aachen
»KiBö« = Kindermeßbörse. – Zu beziehen beim Verlag Kindermeßbörse, Hoher Turm 5, 3200 Hildesheim 5
»PuK« = Der Prediger und Katechet, Erich Wewel Verlag, München

FESTZEITEN IM JAHRESKREIS

Advent

1. Vom Strohhalm zum Stern

(Jeder erhält einen Strohhalm und einen ca. 50 cm langen Faden. Die bunten Fäden sollen an die einzelnen Farben des Regenbogens erinnern.)

Lesungen: Jes 42, 1–4 (Das zerknickte Rohr zerbricht er nicht); 1 Kor 3, 10–15 (Bauen wir am Haus unseres Lebens mit Gold, Holz oder Stroh?); Mt 3, 1–12 (Die Spreu wird verbrennen)

Habt ihr auch etwas Angst bekommen bei den starken Worten Johannes des Täufers?: »Jeder Baum, der keine guten Früchte bringt, wird umgehauen und ins Feuer geworfen!« (Mt 3, 10); »Die Spreu wird in nie erlöschendem Feuer verbrennen!« (Mt 3, 12). Sind wir denn nicht oft Menschen, die keine guten Früchte bringen und wie Spreu und Stroh wertlos, enttäuschend und leer sind? Wer fühlt sich denn schon wie Weizen: kostbar und erfüllt?
Zunächst aber erkläre ich kurz, wie früher geerntet wurde: Nachdem das Korn geschnitten war, wurde auf die Garben mit Prügeln oder Dreschflegeln eingeschlagen, oder Tiere trampelten mit angehängten schweren Hölzern so lange auf den Ähren, bis die Körner herausfielen. Dann wurde das Gedroschene hochgeworfen. Der Wind trug das leere Stroh und die Spreu fort, während die gewichtigeren Körner sofort auf den Boden fielen. Dann wurde der Weizen in der Scheune eingelagert, die Spreu und die Strohschnipsel aber wurden verbrannt.
Johannes greift dieses Bild der Ernte auf und stellt die Frage: »Sind wir Weizen oder nur Spreu?«
Jesus zeigt uns einen anderen Gott: Er verurteilt nicht gleich, was wir versäumt oder falsch gemacht haben. Jesus tritt auf wie der Gott, den der Prophet Jesaja verkündet hat: »Er wird das geknickte Rohr nicht zerbrechen und den glimmenden Docht nicht auslöschen!« (Jes 42, 3 oder Mt 12, 20). Ja, Jesus selbst wird bei seinem Kommen auf leeres Stroh gelegt, auf unsere Spreu der Oberflächlichkeit, auf unser Stroh des Versagens und der Armseligkeit.
Jetzt wißt ihr also, warum wir heute alle einen Strohhalm bekamen: Zeichen für unsere Fehler, für unsere leeren Hände.
Jesus hat die Maßstäbe unserer Zeit »durchkreuzt« – bis zum Tod am Kreuz. Darum brechen wir jetzt unseren Strohhalm in der Mitte durch und legen die beiden Stücke über Kreuz zusammen. Wir erhalten ein Kreuz!

Der Ruf des Johannes bleibt allerdings gültig: »Kehrt um! Bereitet dem Herrn den Weg!« (Mt 3, 3). Aber wer mit leeren Händen dasteht, bekommt nicht mehr eine Drohung zu hören. Er soll, wie er ist, hinter Jesus hergehen: »Wer nicht sein Kreuz auf sich nimmt und mir nachfolgt, ist meiner nicht würdig!« (Mt 10, 38). Als Zeichen unserer Umkehr und unseres guten Willens, Jesus nachzufolgen, brechen wir jetzt vorsichtig beide Hälften unseres Strohhalmes noch einmal durch. Nun haben wir vier Stücke, aus denen wir zwei Kreuze zusammenfügen können. (Vielleicht helft ihr eurem Banknachbarn ein wenig dabei!)

Das erste Kreuz ist unser Kreuz, das wir manchmal ganz schön schwer auf den Schultern fühlen. Das zweite Kreuz ist das eines anderen Menschen, des »Nächsten«, das wir mit-tragen sollen, damit es nicht zu sehr drückt.

Wenn ihr jetzt das eine Kreuz etwas verschoben auf das andere legt, habt ihr einen achtstrahligen Stern. Den packt ihr mit der linken Hand genau in der Mitte, nehmt mit der rechten Hand den Faden, den ihr am Eingang erhalten habt, und umwickelt jetzt den Stern, damit er Halt bekommt. (Helft euch wieder gegenseitig: Bindet zunächst einmal einen Stern und dann den anderen!) Schau beim Umwickeln auf die Farbe deines Fadens: Der eine hat einen grünen, der andere einen gelben, der dritte einen roten oder blauen: Grün = Stern der Hoffnung; gelb = Stern, der schon etwas von der himmlischen Herrlichkeit widerspiegelt; rot = Stern der Liebe; blau = Stern der Treue; violett = Stern der Besinnung und Umkehr … Alle Fäden zusammen aber zeigen die Farben des Regenbogens. Erinnert ihr euch? Der Regenbogen stand nach der Sintflut in den Wolken als *Zeichen der Versöhnung* Gottes mit den Menschen.

Euer achtstrahliger Stern, den ihr zu Hause auf den Adventskranz legen und Weihnachten in den Christbaum hängen könnt, soll uns sagen: Wir glauben an einen Gott, der in Jesus seine Güte und Menschenfreundlichkeit gezeigt hat (Tit 3, 4). (Vers 5: Er liebt uns, nicht weil wir Werke vollbracht hätten, die uns gerecht machen können, sondern aufgrund seines Erbarmens. – Auch dieser Vers zeigt noch einmal, daß der Gott des Neuen Testaments die Botschaft des Johannes übersteigt.) Wir danken dem barmherzigen Vater, weil er ein Herz für uns hat, auch wenn wir Fehler machen.

(Nach Ideen von Ute Stricker, Lore Kufner und Seelsorgeamt Freiburg i. Br., »Materialdienst«.)

2. Brachzeit

(Im Winter: ein Zweig mit Knospen, der saftlos trocken ist. *Oder:* In einer großen Schale eine ungebrochene Ackerscholle, die vom Herbstpflügen liegenblieb.)

Lesungen: Koh 3, 1–8 (Es gibt eine Zeit zum Schweigen und zum Reden); Mt 4, 1–11 (ähnlich Mk 1, 12 f; Lk 4, 1–13: Jesus verbringt 40 »unproduktive« Tage in der Wüste)

Über die Brachzeit möchte ich heute sprechen. Es ist die Zeit, in der früher (als es noch keine künstlichen Düngemittel gab) ein Acker unbestellt blieb, damit der Boden sich erholen konnte. In der Dreifelderwirtschaft der Germanen lag sogar ein ganzes Jahr lang ein Drittel der Ackerfläche unbearbeitet, damit der Boden nicht auslaugte und er nach der Ruhezeit wieder reiche Ernte bringen konnte.

Auf den ersten Blick eine tote Zeit, auf den zweiten Blick eine Zeit zum Kräftesammeln, zum Ausruhen. So erscheint dieser Zweig hier trotz seiner Knospen tot, saftlos; aber er hat all seine Kräfte nach innen versenkt, um sie bald nach außen zu treiben. (Oder bei der Ackerscholle: Diese grobe Scholle muß im Frost erst zerbrechen, damit »zärtliche« Krumen das weiche Sprießen des Kornes zulassen.)

Brachzeit klingt zuerst negativ wie »Winter« im Geschäftsleben oder in einer Ehe. Aber wenn wir nicht wieder mehr von der Natur lernen, werden wir noch kränker. Uns verrät allein schon die Sprache: »In kürzester Zeit« muß alles geschehen; wir spekulieren immer auf »Wachstum«, brauchen den »Erfolg«. Schon im Blumenladen sehen wir den Jahresrhythmus auf den Kopf gestellt, und wir leben auch dementsprechend: Im Winter fliegen wir zu Badeferien, im Sommer fahren wir Ski, und wenn eine Stadt einmal von Schneeflocken, den »Tänzern des lieben Gottes«, zugedeckt wird und sich alles für Stunden langsamer bewegen *muß*, dann sehnen wir die Streuwagen herbei, um die gewohnte Hektik zu erreichen.

In der Natur aber zieht sich das Leben der Pflanzen in Knollen und Zwiebeln zurück, Tiere halten Winterschlaf in Höhlen und Nestern, Bäume und Sträucher ruhen aus. Als es die Elektrizität noch nicht gab, verbrauchte sich der Mensch im Sommer in 16 Stunden Arbeit, aber schlief dafür an langen Wintertagen 12 Stunden. Da konnte er wieder Distanz gewinnen, den Sommer verarbeiten, Pläne schmieden, der Phantasie Raum geben; er fand Stille zum Nachdenken, zum Erinnern. Auch deshalb ist unsere Gesellschaft krank, weil wir verkehrt schlafen (bis in die Nacht Fernsehen und Videos anschauen und am Wochenende weit in den Tag hinein schlafen), weil der Leistungsbogen das ganze Jahr gespannt sein muß und die Tugend der Geduld verloren gegangen ist.

Brachzeit ist keine tote Zeit. Unter der gefrorenen Erde liegt verborgenes Leben, das sich auf Blühen und Früchtetragen vorbereitet. Oder wie es Dichter ausdrücken: »Es wächst und keimt in unsichtbaren Kammern im Winter schon das junge Brot« (Pirmin Hugger).

»Vom Winter wieder lernen, sich überschneien lassen ohne Furcht« (Eveline Hasler).

»Unbestellt ruht das Ackerland – vom Aufbruch des Pfluges in sich gekehrt – und birgt sein stilles Geheimnis unter groben, erdigen Schollen gegen rauhen Sturm und fast unendliche Nächte aus Eis, bis der Vorgeschmack der tanzenden Frühlingssonne den bergenden Kern zerbricht« (Fridolin Löffler).

Das heißt für uns: Wir brauchen die »Brachminuten« am Tage, die Momente der Stille, die Zeit zum Nachdenken, das Verarbeiten der bewegten Stunden. Wie ein gebrochenes Bein nur in Ruhestellung heilt, so benötigt eine angeknackste Seele Spaziergänge, »Wüstentage«, das Spielen, um sich wieder zu erholen.

Die Zeit des Advents bietet dazu einen besonderen Rahmen – oder drehen wir uns in dieser Zeit der inneren Chancen noch etwas schneller?

Wir stehen auch in einer winterlichen Zeit der Kirche, in der vieles brachliegt. Das Geheimnis der Brachzeit kann uns trösten: In Ruhe und Geduld warten (Pr zeigt wieder den Zweig), bis erneut Saft in die Knospen steigt und neues Leben hier und da hervorbricht.

(Vgl. »144«, Nr. 5: Zeiten der Ruhe; sowie Vreni und Bruno Dörig, Brachzeit, edition noah im Verlag am Eschbach 1983.)

3. Endlich aufwachen!
(Ein Wecker)

Lesungen: Röm 13, 11–14 (Es ist Zeit, vom Schlafe aufzustehen); Lk 21, 25–28.34–36 (Wacht allezeit!)

Ihr kennt den Kindervers: »Advent, Advent! Ein Lichtlein brennt. Erst eins, dann zwei, dann drei, dann vier: Dann steht das Christkind vor der Tür!« Schülermund hat ihn auf die »Schippe genommen« und noch etwas weitergedichtet: »Und wenn das fünfte Lichtlein brennt, dann hast du Weihnachten verpennt!«

Um das zu verhindern, habe ich diesen Wecker mitgebracht. Ihr wißt, wie wichtig er morgens ist; wehe dem, der sein Klingeln überhört, obwohl es durch Mark und Bein gehen kann. (Den Wecker einmal durchs Mikrophon klingeln lassen!) Selbst mit Eile kann man dann nicht mehr alles gutmachen.

1. So ein Wecker für Weihnachten ist der Advent: Eine Zeit des Aufrüttelns und Wachwerdens. Gott kommt ja überraschend »mit Pauken und Trompeten«, wie uns das Evangelium eindrucksvoll bezeugt. Wir haben beim Hören ja fast Angst bekommen, was alles geschieht, wenn die Zeit zerbricht, wenn die Welt untergeht, wenn Christus wiederkommt mit Macht und in Herrlichkeit. »Wacht und betet allezeit«, heißt es im Evangelium, dann kommt er für uns nicht unerwartet.

2. Der Advent als Wecker kann uns die Augen öffnen für das, was am Ende der Welt und unseres Lebens wirklich zählt: Unsere Hilfsbereitschaft und Freundlichkeit, durch die andere die Nähe Gottes spüren können. Advent auch als Zeit für die Familie und die Liebe zum Nächsten in Not.

3. Der Advent als Wecker kann uns endlich die Masken von den Gesichtern nehmen, denn vor dem Kind in der Krippe kann nur das Ehrliche bestehen, das Einfache und Zarte. Einem Kind brauchen wir nichts vorzuspielen … Wir können die Oberflächlichkeit ablegen, unsere dummen Sprüche, unsere Angeberei und protzigen Geschenke. Auch vor dem wiederkommenden Christus wird nur das bestehen können, was ehrlich und einfach dasteht.

Advent – es ist Zeit, vom Schlafe aufzustehn! (vgl. Lesung).

(Noch einmal den klingelnden Wecker ans Mikrophon halten!)

(Stark verkürzt nach Martin Schwedhelm, D-3062 Bückeburg; vgl. auch »133«, S. 14.)

4. Die Tür ist offen
(Ein Türkranz)

Lesungen:
    1 Petr 4, 8f (Seid gastfreundlich);
    Joh 10, 9 (Ich bin die Tür)

Ein neuer Brauch zur Adventszeit setzt sich immer mehr durch: Ein Türkranz schmückt die Eingangstür. Er erinnert uns an den Adventskranz in der Wohnung und sagt den Vorübergehenden: »Diese Tür ist offen. Tritt ein! Feiere mit uns Advent, die Ankunft Jesu Christi!« Ihr merkt, wie ideal das wäre in der Hektik des Advents, bei der Begegnung mit jedem Menschen aufmerksam zu sein, ob »der Herr« in ihm bei uns anklopfen will. Weil wir in jedem Menschen Christus selbst begegnen können, sagt uns dieses Symbol natürlich, wenn es von Christen aufgehängt wird: »Komm, Herr Jesus, sei du unser Gast!« (GL 107: Macht hoch die Tür!).

In Südamerika hängt übrigens der Bräutigam seiner Braut einen Türkranz auf und sagt ihr damit: »Ich habe dich gern. Komm, teile mit mir das Leben!« Der Kreis des Türkranzes und des Adventskranzes erinnert auch an die Sonne. In den kürzesten Tagen des Jahres können wir uns daran erinnern, daß die Sonne stärker ist als das Dunkel und daß in der »Sonne der Gerechtigkeit« (GL 644) der kam, der alle Finsternis überwunden hat.

Im Advent zeigt sich heutzutage immer mehr, daß wir nicht warten können: Da wird schon »Stille Nacht« gesungen; da brennen die Lichter an Tannenbäumen. Auch auf den Türkränzen sollten keine kleinen Geschenke oder bunte Kugeln o. ä. befestigt sein, sondern Symbole, die uns auf den hinweisen, der einmal die letzten Türen öffnen wird: Die Schleife sollte violett (= Zeit des Wartens auf das zweite Kommen des Herrn) oder höchstens rot (= Zuletzt zählt allein die Liebe) sein. Als »Zutaten« ein knospender Zweig (=Reis aus der Wurzel Jesse), ein kleiner Schlüssel (= Schließe uns die Türen zu Gott und zu manchen Menschen auf), ein Stern (= Licht in der Finsternis) oder eine Nuß (= Brich meine Schalen auf! Laß mich zum Kern, zur Herzmitte gelangen! Hilf uns, die Nüsse des Lebens zu knacken!).

5. Was uns die Krippenfiguren sagen können

(Krippenfiguren: Maria, Josef, Elisabet – wegen des Evangeliums, Hirt, Sterndeuter, Esel, Ochse, Lamm; leere Krippe)

Lesung: Lk 1, 39–47 (Maria begegnet Elisabet = 4. Advent, Lesejahr C)

Vorbemerkungen:
1. Dieses Lesespiel weist große Abweichungen von meinem ähnlichen Vorschlag in »99«, Nr. 7 auf; darum erneut eine Veröffentlichung.
2. Die Figur »Elisabet« ließen wir nicht extra anfertigen. Überlegen Sie, ob eine Hirtenfrau oder sonst eine Heiligenfigur aus dem Kirchenjahr für Elisabet verwendet werden kann; bei uns »paßte« mit etwas »Dekoration« die hl. Katharina.
3. Dieser Vorschlag läßt sich mit leichten Änderungen auf alle Lesejahre übertragen.

Hinweis: Nach dem Text zu jeder Figur etwas Stille lassen, damit das Gesagte »eindringen« kann.

In den Tagen vor Weihnachten suchen wir wieder die Schachteln, die ein Jahr lang beiseite standen. Dann werden die Figuren vorsichtig herausgeholt und hingestellt: Ja, ich meine die Krippenfiguren! Wir machen das jetzt auch und überlegen dabei, *warum* die Figuren an der Krippe stehen. Die Krippe selbst bleibt natürlich noch leer. – Wir beginnen mit Maria, von der wir eben im Evangelium hörten: »Gesegnet bist du mehr als alle anderen Frauen. Und gesegnet ist die Frucht deines Leibes!«
Eine Jugendliche kommt mit der Figur MARIA: Ich stelle Maria an die Krippe. Sie kann uns sagen: All meine Angst habe ich überwunden in meinem Ja: »Ja, hier bin ich. Ich bin die Magd des Herrn. Ich habe dieses Ja nie bereut. In meinem Leben habe ich dann auch in den dunklen Stunden erfahren: Gott führt alles zu einem guten Ende.«
Ein Mann bringt die Figur JOSEF: Ich bringe den Josef. Von ihm sind in der Bibel keine Worte berichtet. Aber er könnte sagen: Maria hat mich mit ihrer Freude und Zuversicht angesteckt, mit Hilfe des Himmels richtig umgedreht! Und als ich dann mehr auf Gott und das Kind sah, machte mir das Gerede der Leute nichts mehr aus – auch nicht die ungewisse Zukunft.

Eine ältere Frau mit der Figur ELISABET: Ich trage eine Figur, die sonst nicht an der Krippe steht: Elisabet, die ihre Verwandte Maria herzlich begrüßte. Sie sagt uns: Bei Gott ist kein Ding unmöglich! Er erhört unsere Bitten, auch wenn es lange dauert. Noch im Alter hat er mir eine sehr wichtige Aufgabe anvertraut.

Ein älterer Mann bringt den HIRTEN: Ich stelle einen Hirten an die Krippe. Er will sagen: Bei den Menschen stand ich damals immer im Abseits. Aber Gott hat mir durch seinen Engel gesagt: Dieses Kind kommt besonders für alle, die ausgestoßen und verlassen sind.

Ein Erwachsener bringt den (schwarzen) STERNDEUTER: Ich bringe einen der Sterndeuter. Dieser Weise aus dem Morgenland kann uns sagen: Lange bin ich ziellos durch die Nacht des Lebens geirrt. Da leuchtete mir der Stern auf. Er wies mir den richtigen Weg. Jetzt weiß ich: Aller Reichtum kann mich *innerlich* nicht zufrieden machen, auch nicht alles Wissen und alle Macht. Nur der König in der Krippe kann es! – (Bei einem *schwarzen* »König« bitte den Gedanken mithineinnehmen, daß vor dem Kind in der Krippe jede Hautfarbe bedeutungslos ist.)

Ein Kind kommt mit dem ESEL: Ich stelle den Esel hin. Er könnte als dienendes Tier sagen: Wie viele Fußtritte habe ich schon bekommen, wieviel Schläge und Ungerechtigkeiten erduldet! Ich weiß, hier an der Krippe ist meine Last angenommen. Hier werde ich geachtet. Und wie schön: Auch Jesus ist gekommen, um zu dienen. Sonst wäre er – als König – nicht auf einem Esel in Jerusalem eingeritten.

Ein Jugendlicher bringt den OCHSEN: Der Ochse hier kann uns sagen: Mit all meiner Kraft, die ich besitze, möchte ich dem Gotteskind dienen. Ich will mich vor seinen Pflug spannen lassen. Und hier an der Krippe werde ich erst einmal das Kind mit meinem Atem wärmen.

Ein Kind kommt mit einem LAMM: Ich stelle ein Lämmchen an die Krippe. Es darf hier ganz nahe stehen. Denn es fühlt sich geborgen bei Jesus, dem guten Hirten. Er gibt sogar sein Leben für die Schafe. Und er hat nicht nur davon geredet: Als »Lamm Gottes« hat er es auch getan.

Ein Kind mit der LEEREN KRIPPE: Ich bringe die leere Krippe und freue mich, wenn in der Heiligen Nacht Jesus in diese Krippe gelegt wird. Wenn es ihn nicht gäbe, dann hätten alle anderen Krippenfiguren keinen Sinn und keine Mitte. Ich wünsche allen hier, daß an Weihnachten die Krippe für uns nicht leer bleibt.

Danach spricht eine Jugendliche: An der Krippe ist noch ein Platz frei! Da könntest du oder ich stehen. Es gilt nur, aus ganzem Herzen zu sagen: Hier bin ich, Jesus! Kannst du mich gebrauchen – so wie ich bin: so krank – behindert – enttäuscht – verbittert – ausgebrannt – alleingelassen – von Zweifeln geplagt? – Ich vertraue darauf, daß du mich auch so gebrauchen kannst.

(Ein Gottesdienst mit diesem Sprechspiel, entstanden in Zusammenarbeit mit dem Familienmeßkreis St. Pankratius in D-5010 Bergheim-Paffendorf, wurde am 4. Advent 88 vom ZDF übertragen. Vgl. »KiBö« 89-3, S. 8f.)

6. Weihnachtsgeschichte – mit Kerzen erzählt

(Eine große, dicke Kerze (= Gotteskerze), die (schon ziemlich abgebrannte) Osterkerze (= Jesuskerze), eine blaue Kerze (= Maria), eine rote Kerze (= Josef), lange, dünne, weiße Kerzen (= Engel), drei braune Kerzen (= Hirten) sowie Weihnachtskerzen in der Anzahl der Besucher (am besten mit Windschutz versehen). Verschiedene Kinder in Kostümen halten die Kerzen; nur die Gottes- und die Osterkerze stehen auf Leuchtern. – Ein abgedunkelter Raum)

Vorbemerkung: Es wird immer schwieriger, mehrere Kinder auf *einen* Termin zu bestellen. Darum stellt der folgende Entwurf den Versuch dar, das Proben auf ein Minimum zu beschränken.

Erzähler:
Wir brauchen Bilder, Sinnbilder, um auszudrücken, was nicht auszusprechen und nicht zu erklären ist. So sagen wir: Gott ist das Licht. Es kann alles hell machen, was dunkel ist. Darum zünden wir jetzt die Gotteskerze an: Sie brennt seit ewigen Zeiten.

(Die Gotteskerze mit einem Docht von den Altarkerzen her entzünden.)
Das Erbarmen Gottes mit den Menschen fing damit an, daß ein Bote Gottes, ein Engel zu Maria kam.

(Eine Engelkerze wird an der Gotteskerze entzündet.)
Der Engel sprach: »Freu dich, Maria. Gott ist mit dir. Fürchte dich nicht! Du bekommst einen Sohn. Der soll ›Jesus‹ heißen. Und Gott ist mit ihm.«

(Die Marien- wird von der Engelkerze aus entzündet.)
Auch zu Josef kam ein Engel und sprach: »Josef, fürchte dich nicht, Maria als deine Frau zu dir zu nehmen; denn das Kind, das sie erwartet, ist vom Heiligen Geist.«

(Die Josefkerze wird von der Engelkerze her entzündet.)
Neun Monate später wurde das Kind in Betlehem geboren: Jesus, der Retter, der Heiland der Welt. Der Evangelist Johannes hat es so beschrieben: »Und das Licht leuchtet in der Finsternis. Das wahre Licht, das jeden Menschen erleuchtet, kam in die Welt.«

(Jesuskerze = Osterkerze wird von Marienkerze aus entzündet.)
Die harte Krippe weist auf das hin, was kommen wird: das harte Holz des Kreuzes. Die roten Wunden in der Osterkerze zeigen es an!
In der Gegend von Betlehem hielten Hirten Nachtwache bei ihren Herden. Da umstrahlte sie plötzlich das Licht des Herrn. Und der Engel sprach:

(Kind mit Engelkerze tritt einen Schritt auf die Hirten zu.)

»Ihr braucht überhaupt keine Angst zu haben! Denn ich verkünde euch eine große Freude: Heute ist euch der Heiland geboren, der Retter, ein Kind, in Betlehem!« Und plötzlich war bei dem Engel ein großes himmlisches Heer, das Gott lobte.
(Die restlichen Engelkerzen werden von der Engelkerze her entzündet.)
Die Engel sprachen: »Verherrlicht ist Gott in der Höhe, und auf Erden ist Friede bei den Menschen.« Da gingen die Hirten nach Betlehem und fanden Maria und Josef und das Kind, das in einer Krippe lag. Und sie freuten sich sehr.
(Hirtenkerzen an der Jesuskerze entzünden.)
Und sie erzählten, was die Engel gesagt hatten. Alle, die es hörten, staunten über die Worte. Maria aber bewahrte alles in ihrem Herzen und dachte darüber nach. Die Hirten kehrten zurück, priesen Gott und erzählten allen, die sie trafen, daß der Heiland geboren war.
(Einige Weihnachtskerzen der Umstehenden werden entzündet.)
Die Menschen hörten ihnen zu. Sie wunderten und freuten sich. Je mehr sie zuhörten und glaubten, um so heller wurde es ihnen. Und auch sie erzählten es weiter. So ist das Licht von der Krippe bis heute unterwegs – bis zu uns. Das Licht von Jesus macht die Menschen froh und glücklich. Und wenn wir es weitergeben, wird die Welt immer heller.
(Jetzt wird das Licht durch die ganze Kirche gereicht. – Dabei wird ein Lied gesungen, z.B. GL 147: Sieh, dein Licht will kommen *oder* der Liedruf: Es werde Licht, das die Nacht durchbricht!)
Am Schluß der Feier: Tragt nun das Licht hinaus in die dunkle Welt, damit das Licht von Jesus alle Finsternis vertreibt.
(Die Kerzen mit dem Windschutz werden bis nach Hause und zu den Nachbarn getragen, um damit das Licht an der häuslichen Krippe zu entzünden.)

(Nach einer Idee von Irmgard Tromm, Goethestr. 27–30, 1000 Berlin 12, in umfangreicher Version geschildert – mit Augustuskerze usw. – im evangelischen »Materialdienst« Nr. 42, S. 22ff, des Rhein. Verbandes für Kindergottesdienst, Clarenbachweg 2, 4010 Hilden. Hier in einer vom Autor gestrafften und veränderten Form.)

7. Erkennungszeichen: Windeln!
(Eine Windel)

Lesung: Lk 2, 1–12 (–20) (Ihr findet ein Kind in Windeln gewickelt)

Dieses kleine, weiße Stück Stoff ist kein Kopftuch – die sind meist bunt; auch kein Taschentuch – dafür ist es zu groß und paßt nicht in meine Hosentasche. Es ist eine – Windel! Ja, ein Stück Stoff, in das wir Babys wickeln, weil sie noch in die Hose machen.

Kleine Kinder sind stolz, wenn sie keine Windeln mehr brauchen, und Eltern sind froh, wenn sie nicht mehr diese schmutzige Arbeit machen müssen (bzw. das Geld für Papierwindeln einsparen können). Und wir Erwachsenen denken manchmal bei ihrem Anblick mit Beklemmung daran, daß wir als ganz alte Leute vielleicht wieder Windeln tragen müssen, also ganz auf andere Menschen angewiesen sind.

Warum ich die Windel mitgebracht habe? Der Engel – wie wir eben hörten – nennt den Hirten sehr deutlich das Erkennungszeichen für den Retter: »Ihr werdet ein Kind finden, das in Windeln gewickelt, in einer Krippe liegt.« Ein Kind, klein, hilflos, abhängig, ausgeliefert. Das muß die Hirten wie ein Schock getroffen haben! Sie hatten sich unter dem Retter einen mächtigen König wie einst König David vorgestellt, der die verhaßten Römer aus dem Land jagt. Ja, wie auch wir uns einen König vorstellen mit einer goldenen Krone auf dem Kopf, einem Zepter in der Hand, einem kostbaren Schwert an der Seite, vielen Rangabzeichen und Orden auf der Brust …! Und da nennt der Engel eine »Windel« als Erkennungszeichen!

Nun begreifen die Hirten langsam: Jesus wird ein anderer König sein. Die harte Krippe wird zur ersten Kreuzwegstation. Dieser König wird schreiend vor Angst und Schmerzen am Kreuz sterben. Stephanus, der erste Märtyrer, den wir am zweiten Weihnachtstag feiern, bekam als erster die harte Wirklichkeit zu spüren, als er von den Steinen tödlich getroffen wurde.

Dieser König in der Krippe »kämpft« mit anderen Waffen, zum Beispiel mit dem Lächeln eines Kindes, das alle Türen öffnen kann. Wie sagte mir vor kurzem ein Vater: »Die ganze Nacht konnte ich nicht schlafen, weil ich immer wieder nach dem kranken Kind sehen mußte. Wie gerädert ging ich morgens zur Arbeit, um dort hundertprozentig meinen Mann zu stehen. Aber wenn das Kind einen dann wieder anlächelt, ist alles vergessen!« Das Lächeln eines Kindes rührt an, bewegt Menschen.

In Jesus zeigt sich uns ein Gott, der nicht unendlich fern bleibt, sondern er kommt zu uns als Mensch, der mit uns Ängste und Sorgen teilt; der so sehr Mensch wird, daß es über seinen Windeln unangenehm in die Nase steigt. Das haben auch wir zum Zeichen: Ein Kind in Windeln in einer Krippe. Hier schon können sich die Geister scheiden: Die einen lachen und sagen: »Gott – und dann Windeln?« Die anderen werden nachdenklich!

Haben wir eben beim Evangelium richtig hingehört? – Die Hirten glaubten!

(Verändert nach »Evang. Materialdienst«, Nr. 38, S. 64f.)

8. Die Krippe ist leer
(Eine leere Krippe)

Lesung: (Wenn an Weihnachten:) Lk 2, 16–20 (Sie fanden das Kind in der Krippe)

Voriges Jahr gab es in einer Nachbargemeinde am Heiligen Abend große Aufregung: Der Küster (Mesner) hatte vergessen, vor der Christmette für Familien das Christkind rechtzeitig in die Krippe zu legen! Die Krippe war leer – so wie diese hier. Wie das passieren konnte? Der 4. Adventssonntag war (1989) zugleich Heiligabend. Die Weihnachtskrippe mit allen Figuren mußte also schon am Adventssonntag hergerichtet sein, natürlich noch ohne göttliches Kind. Und schon nachmittags begann der Heilige Abend. Ihr ahnt vielleicht, wie viele Handgriffe vor einer Christmette noch zu machen sind, und da entfiel ausgerechnet das Allerwichtigste!
Es gibt auch einige Geschichten, in denen die Tatsache der leeren Krippe große Panik hervorrief, denn das Jesuskind war daraus gestohlen worden ... Schon eine davon gehört? (– – –)
Ihr könnt euch vorstellen, wie überrascht ich war, als ich erfuhr, daß die wahrscheinlich erste Krippe, die Franz von Assisi drei Jahre vor seinem Tod im Wald von Greccio aufbaute, eine zwar mit Heu gefüllte, aber *leere* Futterkrippe inmitten von Ochs und Esel gewesen sein soll.
Ungefähr in jener Zeit des Mittelalters wurden die Glasfenster der Kathedrale von Le Mans geschaffen. Sie zeigen, was normalerweise zu einer Krippe dazugehört: Maria und Josef, Ochs und Esel, ein gemauerter Krippentrog – aber auch hier ist er *leer.* Hat der Glasmaler das Kind mit Absicht nicht hineingemalt, um herauszufinden, ob es überhaupt einer bemerkt? Oder wollte er verhindern, daß die Betrachter am *kindlichen* Jesus hängenbleiben, sich an dem *niedlichen Kind* erfreuen, wo es doch später immer wieder auf den »großen«, den erwachsenen Jesus ankommt, der durch Tod und Auferstehung ging und uns in seine Nachfolge ruft?
Folgende Möglichkeit ist aber die wahrscheinlichste Deutung, die auch bei Franziskus zutrifft: Unser eigenes Herz soll zur »Krippe« für dieses Kind werden, »denn«, so sagt Angelus Silesius, »wird Christus tausendmal zu Betlehem geboren und nicht in dir, du bleibst doch ewiglich verloren!«
Jeder Christ soll also ein Christophorus, ein Christusträger sein. Die leere Krippe fordert uns auf, Jesus *zu suchen,* sowohl den des Evangeliums als auch den, der uns heute in den Menschen begegnet, vor allem in denen, die Not bedrückt.
In der Lebensbeschreibung des hl. Franziskus steht noch: Als er in jener Nacht leidenschaftlich vor der leeren Krippe predigt, da sieht ein Zuhörer in einer Vision das Jesuskind erst wie leblos in der Krippe liegen; es war ja damals wie heute bei vielen vergessen. Aber als Franziskus dann in seiner Begeisterung hinzutritt, erwacht das Kind wie aus tiefem Schlaf: Jesus wurde durch den Dienst und die Mission des hl. Franz zu neuem Leben erweckt.

Heute ist es unsere Aufgabe, unser Dienst, unsere Mission: manche Leere in unserer Welt mit diesem lebendigen Christus zu füllen.

(Verkürzt und verändert, frei nach Bruno Faupel/Günter Lange in: Katechetische Blätter 12/89, S. 900f.)

9. Sich tief bücken

(Ein leerer Krippenstall mit ziemlich niedrigem Eingang – eventuell etwas verkleinern)

Lesungen: Hebr 1,1–6 (Die Engel sollen sich vor ihm niederwerfen); Mt 1, 18–24 (Das Kind ist vom Hl. Geist); Lk 2, 15–20 (Sie fanden das Kind); Joh 1, 1–5.9–14 (Die Welt erkannte ihn nicht)

Wer an Weihnachten in diesem Stall das Kind in der Krippe sehen will (*nach Weihnachten anders formulieren!*), muß sich schon ziemlich tief bücken, so niedrig ist der Eingang. Das erinnert mich an Betlehem. Wer dort heutzutage in die Geburtskirche zu der Stelle gehen will, an der Christus geboren sein soll, der muß sich durch einen niedrigen Eingang zwängen. Am Gemäuer ist leicht zu erkennen, daß der Zugang einmal viel höher war. Es wird erzählt, daß Menschen, die nicht an Jesus glaubten, das heilige Land eroberten und mit ihren Pferden in diese älteste Kirche der Christen hineinritten. Um das zu verhindern, mauerte man die hohe Tür bis auf einen niedrigen Eingang zu. Da mußten sie von ihrem »hohen Roß« heruntersteigen – wie jeder, der an die Stelle treten will, an der Gott Mensch wurde.

Dazu möchte ich euch eine Geschichte erzählen, eine Fabel: Ihr wißt ja, mit den Tieren sind Menschen gemeint. Und wenn jetzt große und kleine Tiere genannt werden, dann überlegen wir ruhig, zu welchen wir uns zählen. Diese Fabel berichtet:

Als sich die Hirten längst in alle Winde verlaufen hatten und die alten Streitigkeiten überall wieder aufflackerten, da wollten auch die Tiere das Wunder sehen.

Die großen Tiere bestimmten natürlich die Reihenfolge, und die kleinen wagten keinen Widerspruch. Der Adler erhob sich in die Lüfte, der Löwe peitschte mit seinem Schwanz den Sand und brüllte laut »Ich bin der Erste«, der Elefant posaunte los, und die Giraffe lief in eleganten Bewegungen, ihren Kopf auf dem langen Halse wiegend, hinterher. Maus, Spatz, Maulwurf und Biber aber blieben traurig weit zurück und besahen die gewaltige Staubwolke, die die großen Tiere aufgewirbelt hatten. »Uns hat Gott ja wohl auch nicht gemeint«, sagten sie zueinander, »wo wir doch so klein sind«.

Währenddessen schwebte der gewaltige Adler in Betlehem ein. Mit weit ausgebreiteten Schwingen kam er vor der Stalltür an. Aber sie war zu schmal für ihn. So schlug er mit beiden Flügeln gegen die Pfosten der Tür und stürzte zu Boden. »Vielleicht ist es besser«, krächzte er, »die Aufwartung zu viert zu machen« und sprang auf einen Stab mit rundem Knauf, so daß von seinen scharfen Krallen die Späne flogen.

Da kam auch schon der Löwe angehetzt. Mit großen Sätzen wollte er durch die Tür, er der König der Tiere, aber sein großes Maul hinderte ihn daran, die enge Stalltür zu passieren.

Nun erreichte die Giraffe ihr Ziel. Aber weil sie die Nase so hochgereckt hielt, war ihr der Zugang zum niedrigen Stall unmöglich. Doch sie wollte nicht aufgeben und fraß das Stroh vom Dach des Stalles, um hineinzusehen. Und weil es in Betlehem gerade regnete, ergoß sich nun das Wasser in den Stall ...

Als schließlich noch der Elefant anlangte und versuchte, sich mit seinem ganzen Gewicht durch die enge Stalltür zu zwängen, wankte das erbärmliche Gebäude in seinen Grundfesten.

Da war es Josef dann doch genug! Er streckte seine Hand nach seinem Wanderstab, um der Bande da draußen gute Sitten beizubringen, und mußte feststellen, daß er den Stab vor der Tür hatte stehen lassen, und der war mittlerweile von des Adlers Krallen total ramponiert. Als ihn dann noch ein Wasserschwall von oben traf und er vor der Hütte in ein tiefes Morastloch trat, das der Elefant verursacht hatte, da mußte Maria schon ein mahnendes »Josef!« rufen, damit kein falsches Wort am heiligen Ort fiel.

Viel, viel später gelangten auch die kleinen Tiere an. Das ging ja alles nicht so schnell: Die Maus hatte zu kurze Beine, der Maulwurf kam in seiner Blindheit ständig vom Wege ab, der Biber keuchte dauernd, weil ihm das Wasser fehlte, und der Spatz verlor einen halben Flügel an einen Falken. Aber sie schafften es dann doch, weil sie so viel erwarteten. Die Hoffnung auf etwas ganz Großes gab ihnen immer wieder neue Kraft. Als sie ankamen, gelangten sie mühelos in den Stall: Keiner war zu groß, zu breit, zu laut, zu hochnäsig. Aber wie sah es im Stall aus! Wasserlachen auf dem Boden, vor der Tür Morast, das Dach halb abgedeckt, die Tür hing aus den Angeln, das Kind schrie, Maria war verzweifelt, Josef wütend ... (also fast wie bei euch zu Hause ein paar Stunden vor der Bescherung).

Die kleinen Tiere merkten, gefeiert wird hier erst später, zunächst werden wir gebraucht. Und dann ging's los: Der Spatz ordnete die Strohhalme im Dach. Die Maus sprang in die Krippe und häckselte in Windeseile das Stroh, der Maulwurf grub eine Abwasserleitung quer durch den Stall, dann auch davor, und der Biber nahm sich Josefs Stockknauf vor: Wieder flogen die Späne, aber diesmal in geordneten Bahnen (und es entstand ein neuer Knauf, spiegelglatt mit wunderbaren Einkerbungen). Dann machte sich der Biber an die Tür, die aus den Angeln hing. Josef trat hilfreich zur Seite und da – da bewegte sich auch draußen etwas: Der Elefant hob mit seinem Rüssel die schwere Türe an, die Giraffe legte Stroh in Bündeln auf das Dach, und der Adler fächelte mit seinen Flügeln Luft in den Stall, damit alles wieder trocknen konnte. Nur der Löwe stand da und staunte. Er verstand noch nicht, welch ganz anderem König er hier begegnete, einem König »von unten«. Doch er konnte immer noch nicht vor ihn treten: Mit seinem großen Maul paßte er einfach nicht durch die Tür. Erst als der Maulwurf ihn bat: »Nimm mich doch bitte, wo ich fast blind bin, mit zu dem neuen König!«, da nahm er den kleinen, schwarzen Gesellen auf seine Tatze. Und weil er dabei auf ihn achtete und seinen Kopf schräg zur Seite nach unten legte, konnte er mühelos mit dem Maulwurf zusammen durch die Tür in den Stall gehen.

So dauerte in Betlehem die Weihnachtsgeschichte noch ein paar Tage länger: Der Stall war trocken, das Dach dicht, die Krippe mit weicher Spreu gefüllt und – Friede unter den großen und kleinen Tieren. Gott war ganz nah bei seiner Schöpfung, bei Menschen und Tieren – nicht irgendwo hoch da droben.

(Verkürzt nach Ulrich Kaiser, Hüserstr. 36a, 5620 Velbert 11, in »Evang. Materialdienst« 40, S. 49f.)

Wenn ich den niedrigen Eingang an diesem Krippenstall hier betrachte, dann weiß ich, warum manche das Kind in der Krippe an Weihnachten gar nicht erblicken: Entweder laufen sie gehetzt an diesem Stall vorbei, oder sie lassen sich vom herrlich geschmückten Weihnachtsbaum und den vielen Geschenken ablenken, oder sie bücken sich nicht tief genug, um das Kind in der Krippe sehen zu können. – Wißt ihr, was ich meine? (Stille).

10. Die Botschaft des Esels an der Krippe
(Der Esel von der Weihnachtskrippe)

Lesungen: Röm 8, 19–22 (Ochs und Esel vertreten die gesamte »Schöpfung, die bis zum heutigen Tag seufzt und in Geburtswehen liegt«); Gal 6, 1–5 (Einer trage des anderen Last); Lk 1, 46–52 (Er erhöht die Niedrigen)

(Pr hält den Esel noch versteckt.) Habt ihr schon bemerkt, wer in unserer Krippe fehlt? (– – –) So einem Esel behagt unser oft naßkaltes Wetter nicht; darum lebt er bei uns meist matt und traurig, geht mit gesenktem Blick und kann sehr störrisch sein. Selbst sein glänzend silbergraues Fell wurde bei uns mattgrau. Im Orient fällt er als Hausesel viel munterer aus, mit fröhlichem Blick. Dort würde man nicht verstehen, wenn – wie bei uns – sein Name zum Schimpfwort wird für alles, was dumm, faul, träge und plump ist.

Warum steht er an der Krippe? Was kann er uns sagen? (Bitte aus folgenden Punkten auswählen!)

1. Ein Esel lebt sehr einfach und anspruchslos. Er ist schon mit ein wenig Heu oder Stroh, spärlichem Gras, Disteln, ja dornigen Sträuchern zufrieden. Nur in einem

Punkt wird er anspruchsvoll: Er verlangt nach klarem Wasser, trübes verachtet er.

Das kann uns sagen: Reich ist, wer wenig braucht, und nicht, wer viel hat. Und arm ist nicht, wer wenig hat, sondern wer viel begehrt. – Liebt das Saubere, Ehrliche!

2. Der Esel war und ist im Orient das Lasttier der armen Leute, die sich kein Kamel oder Pferd leisten können. Als Packesel ein geduldiger Lastenträger war er für den Krieg nie tauglich; da brauchten die Soldaten schnelle, stolze Pferde. Der Esel ist also ein Tier für die Zeiten des Friedens. Auch von Jesus wissen wir: Er kam, um Frieden zu bringen und die Sorgen mitzutragen.

3. Der Esel wird oft angetrieben, auch geschlagen. Er kann sich nicht wehren. Dann schweigt er und klagt nicht, selbst wenn er blutig geknüppelt wird. Er ist dem Lamm ähnlich, das seinen Mund nicht auftut vor seinen Schlächtern. So steht neben dem Lamm auch der Esel als Sinnbild dafür an der Krippe, daß dieser Jesus einmal demütig seinen Weg geht und im Leid nicht klagen wird.

4. Der Esel hat lange Ohren; ob er gut hören kann? Gut hören können ist besser als viel reden. Und nur wer gut hinhört, vermag auch die Stimme Gottes zu vernehmen. In der wohl schönsten Tiergeschichte der Bibel wird von einem Esel erzählt, der auch viel besser sehen kann als sein Herr und Prophet Bileam (Num 22, 22–35): Als Reittier mit seinem Herrn auf dem Rücken sieht er viel eher den Engel des Herrn, der dreimal mit gezücktem Schwert den Weg verstellt. Zweimal weicht der treue Esel dem zürnenden Engel aus, um seinen Herrn vor dem Schwert zu retten. Beim drittenmal geht er in die Knie, und wieder schlägt ihn der zürnende Prophet mit dem Stock. Erst dann öffnet Gott dem Esel den Mund und dem Propheten die Augen, und dieser erkennt, wie sehr sein Esel ihn geschützt hat.

5. Wer weiß, wie ein Esel schreit? Ja, III-AAA! Das Leiden der ganzen Schöpfung liegt in diesem klagenden Ruf. Aber auch noch in all seiner Klage liegt das kleine Wort »JA« darin. Das Wort Ja, das auch Maria sprach. Das Wort Ja, das soviel bewirken kann, wenn ich es in unabänderlicher Not und im Leid sagen kann. (Hier kann auch die köstliche Geschichte von Heinrich Waggerl erzählt werden: »Der störrische Esel und die süße Distel« in ders.: Und es begab sich, Otto Müller-Verlag, Salzburg 1953, S. 37ff: In der Nähe des göttlichen Kindes wird des Esels beabsichtigtes Nein immer wieder zum Ja.)

6. Am Palmsonntag wählt Jesus als in Jerusalem einziehender König nicht das stolze Pferd, wie es einem König geziemen würde, sondern das dienende Lasttier, um anzudeuten, welche Art von König er sein will; und er erfüllt damit das Wort der hl. Schrift, daß er demütig auf einem Esel einreiten wird, um zu helfen (Sach 9, 9). Er versteht sich als König »im Dienst nach unten«. Am Gründonnerstag wäscht er, der Meister, seinen Jüngern die Füße und stellt damit alle Rangordnungen auf den Kopf (Joh 13, 1–20). Er ist der Friedensfürst, der die Niedrigen erhöht und die Mächtigen stürzen läßt (vgl. Evangelium Lk 1, 52).

7. Das älteste Kreuzbild ist ein Spottbild mit einem Esel. Es wurde entdeckt als Wandkritzelei an der Kasernenwand einer römischen Legion, mit der ein römischer Soldat seinen christlichen Kameraden verspotten wollte. Die Darstellung zeigt einen Esel, der am Kreuz hängt. Davor kniet ein Mann. Darunter das Wort: »Alexamenos betet seinen Gott an«! Solch ein Spott kann auch uns treffen, wenn uns einer bedeutet: Dein Glaube ist eine Dummheit, eine Eselei. Als Jünger stehen wir nicht über dem Meister!
8. Max Bolliger hat ein herrliches Gleichnis von zwei Weihnachtseseln geschrieben (vgl. Kurzgeschichten 4, Nr. 13): Der geprügelte Esel versteht auf einmal, was der Glaube an den neuen König bedeutet, der auch die Hilflosen von ihren Lasten befreien wird: Dieser Retter nimmt die Last nicht ab, aber er gibt die Kraft, sie zu tragen. Und er kann sogar die Last des anderen, noch ungläubig gebliebenen Esels mittragen. (Allein mit dieser Geschichte ist schon eine Predigt möglich.)
9. Wer an die Krippe treten und diesem Kinde nachfolgen will, muß den Rollentausch von Roß und Reiter vornehmen: Bei Jesus gibt es nur eine »Karriere nach unten«, bei der einer bereit ist, sogar die Last der anderen mitzutragen (vgl. Gal 6, 1–5).

11. Die Botschaft des Weihnachtssterns
(Ein Weihnachtsstern = Topfblume)

Lesung vom Fest

Habt ihr die vielen Blumen gesehen, die hier in der Kirche und überall zu Weihnachten aufgestellt werden? Wie heißen sie? (Weihnachtsstern)
(Pr nimmt einen Weihnachtsstern in die Hand:) Manchmal ist der Stern in der Mitte *weiß:* Wie die Sterne (= Planeten) am Himmel, die unsere Sonne widerstrahlen, die der Nacht etwas von der Finsternis nehmen; die nachts eine Karawane oder Seeleute, denen die technischen Geräte zur Orientierung ausgefallen sind, sicher ans Ziel bringen.
So ein Stern ist für uns Jesus, der die Finsternis hell gemacht hat. Wer sich an ihm orientiert, kann nicht in die Irre gehen.
Aber mehr liebe ich die Weihnachtssterne in *rot:* Sie sagen mir, Gott hat uns in seinem Sohn Jesus sein Herz geschenkt. Dieser Jesus ist Mensch geworden mit Fleisch und Blut. Dieser Jesus liebt uns. Das alles sagt die Farbe Rot: Herz, Blut, Liebe.
Die grünen Blätter sind Symbole für die Hoffnung: Mitten im kalten Winter, wo draußen alles erstarrt, haben wir die Hoffnung auf neues Leben; darauf, daß Jesus uns nicht allein läßt und wiederkommen wird. Darum wählen wir ja auch den Tannenbaum mit seinem immergrünen Kleid als Symbol für Christus: Dieser Jesus ist ein Gott, der immer bei uns, immer für uns da ist - wie sein Vater.

Wer Weihnachtssterne vermehren will, hat zwei Möglichkeiten:
Er bricht das Herz heraus und setzt es wieder in die Erde. Dann schlägt es Wurzeln, oder er nimmt den Samen, der hier im Herzen des Sterns wächst, und sät ihn aus. Das sehe ich symbolisch: Wer in der Familie etwas weitergeben will, das Wurzeln schlagen soll, muß mehr aus seinem Herzen als aus dem Verstand weitergeben. Nur die Liebe schlägt Wurzeln. Auch wer die Botschaft vom »Jesus-Stern« weitergeben will, muß aus seinem Herzen austeilen.
So steht der Weihnachtsstern zu Recht in der Nähe des Altars. Wir *glauben* an die *Liebe* Gottes, die in Jesus Fleisch und Blut wurde. Darauf gründet all unsere *Hoffnung*.

12. Stets die Richtung zum Ziel finden
(Ein Kompaß – auch groß auf Folie oder Poster, für alle sichtbar)

Lesung: Joh 14, 1–6 (Ich bin der Weg, die Wahrheit und das Leben)

Wir wissen nicht, was im neuen Jahr auf uns zukommt: Erfolg oder Leid, freudige Überraschungen oder Schicksalsschläge … Wenn Dunkelheit uns wie Nebel bedroht, hätten wir am besten einen Kompaß dabei – ähnlich wie diesen hier. Ihr wißt, wie der Kompaß auch gedreht wird, die Nadel zeigt immer nach Norden: Das Ziel ist leichter zu finden, ob im dichten Wald, auf dem Meer oder in den tiefhängenden Wolken der Berge. Auf einen guten Kompaß ist Verlaß.
Hätten wir doch für das neue Jahr ein ähnliches Gerät, das unsere Nadel immer auf Jesus Christus ausrichtet! Der Glaube an ihn und das Vertrauen auf seine Nähe wären doch ein Kompaß, der uns auch in den Stürmen des Lebens den richtigen Weg zeigt, selbst im Abgrund des Todes!
Die Nadel eines Kompasses kann freilich abgelenkt und verzogen werden, wenn ein starker Magnet in seine Nähe kommt. (Das läßt sich an einem großen gebastelten Kompaß auch wirkungsvoll zeigen: ein kleiner Magnet richtet die Eisendraht-Nadel auf den Norden aus; ein größerer kann sie wegziehen; allerdings ist durch ein Gummi oder eine Feder zu verhindern, daß die Nadel dabei ganz nach unten fällt und so später wieder in den Nordstand zurückschlagen kann.) Das kann auch mit dem Kompaß unseres Glaubens an Jesus geschehen, wenn uns harte Schläge oder eigene Schuld »aus der Richtung« bringen. Dann zittert die Nadel, wird vielleicht sogar aus der festen Eichung (Justierung) gezogen: Ich muß meine Ausrichtung überprüfen. Vieles hilft uns, die Kompaßnadel des Glaubens wieder ins Lot zu bringen: Das Gespräch mit glaubenden Menschen, eine Gemeinschaft, die zu einem hält, das Gebet, der Gottesdienst … Manchem starken Magneten muß ich auch aus dem Weg gehen: »Tischerücken« ist kein Ersatz für einen Gottesdienst, brutale Videos verziehen auf die Dauer meine innere Ausrichtung, zuviel Wohlstand

»verklebt« mir die Sinne … ich komme langsam vom Ziel ab. Zum neuen Jahr wünsche ich uns allen, daß die Nadel unseres inneren Kompasses auf Jesus Christus ausgerichtet bleibt, der für uns *der* Weg ist, *die* Wahrheit und *das* Leben (vgl. Evangelium).

(Verkürzt und verändert nach Konrad Baumgartner in »PuK« 1/88, S. 58f.)

13. Die Mitte suchen
(Ein gemalter, gewaltiger kreisförmiger Wirbel, darin aufgeklebt ein Bild von Maria mit dem Kind)

Lesung: Lk 2, 16–21 (Die Hirten fanden Maria und das Kind)

Ein asiatisches Sprichwort lautet: »Im Herzen des Taifuns kann ein Kind schlafen.« Jedes Jahr lesen wir von der zerstörenden Kraft eines Wirbelsturms. Gelingt es aber einem Menschen, einem Schiff auf See oder einem Flugzeug, die Mitte zu erreichen, das »Auge« des Taifuns, das viele Kilometer breit sein kann, so sind sie geschützt und außer Gefahr – jedenfalls vorübergehend.
Dunkelheit oder Katastrophen gab es im letzten Jahr genug (Aktuelles einfügen), auch oft im persönlichen Lebensbereich. Gewiß hält auch das neue Jahr wieder einiges davon für uns und die Welt bereit. Was könnte die Mitte sein, in die wir uns flüchten können, ein Zentrum, um das alles kreist, das aber selbst nicht erschüttert werden kann?
Die christliche Antwort sehen wir auf unserem Gemälde: Das Kind auf dem Schoß (Arm) Mariens ist die Mitte, wo wir sicheren Boden unter den Füßen haben. Im Evangelium hieß es: Die Hirten *fanden* Maria, Josef und das Kind in der Krippe und waren gerettet. An Maria können wir erkennen, wie die ganze ungewisse Zukunft und die dunklen Ereignisse ihres Lebens sie innerlich ruhig bleiben ließen, weil das Vertrauen zu ihrem Sohn und zu Gott sie hielt. So viele Menschen haben es auch schon erlebt: Wer Christus zur Mitte seines Lebens macht, hält Leid, Verfolgung, die Unbegreiflichkeit Gottes und die Stürme des Lebens aus. In dieser Mitte ist er geborgen. Allerdings kann er sie nicht einfach festhalten. So wie das Zentrum des Wirbelsturms wandert, müssen wir ein Leben lang täglich neu diese Mitte suchen. Ich wünsche uns den Halt und das Ausruhen in dieser Mitte für das kommende Jahr.

14. Vom Vergehen und Vertrauen
(Eine Sense und ein Bischofsstab, z. B. vom Nikolaus)

Lesung: Jes 40, 6–11 (Von der Vergänglichkeit und der Zuversicht. Aus dem zweiten Teil des Jesajabuches, dem Trostbuch aus der Zeit des Exils. Jesus muß dieses Buch besonders gut gekannt und geliebt haben)

(Pr zeigt die *Sense:*) 365 Tage sind aufgeblüht und abgemäht (vgl. Lesung). Nie wieder schreiben wir in einem Brief als Absendedatum 199 … Die Stunden sind unwiderruflich vorbei. Aus unserer Gemeinde sind … Christen im vergangenen Jahr gestorben. Der »Sensenmann«, der vor allem in der Barockzeit auf den Gräbern dargestellt war und der uns aus so vielen Bildern bekannt ist, kommt auch noch auf mich zu; es ist sinnlos und ungesund, ihn zu verdrängen. In einem Lied heißt es: »Es geht ein Schnitter, heißt der Tod, hat G'walt vom großen Gott!«
Mähen ist notwendig, damit geerntet werden kann; damit Neues wachsen kann. Der Tod gehört zum Leben. Unser Leben will nicht festgehalten sein; es muß wieder in den Ursprung zurückkehren.
»Jetzt ist Sense« sagen wir manchmal und wollen eine klare Entscheidung, einen neuen Abschnitt. Vielleicht überlegen wir jetzt ein paar Augenblicke still, mit welcher schlechten Gewohnheit, mit welchem Zustand, welchem »Wildwuchs« ich entschieden Schluß machen muß … (Stille).
(Pr zeigt den *Hirtenstab:*) Aber im Text der Lesung war nicht nur von der Vergänglichkeit die Rede. Da stand auch noch ein wunderschönes Bild des Trostes für den nächsten Abschnitt des Lebens, für das neue Jahr. Da hieß es: »Wie ein Hirt führt er seine Herde zur Weide! Er sammelt sie mit starker Hand!« (Jes 40, 11a).
Bischöfe, auch Heilige wie Nikolaus …, die solch einen Hirtenstab tragen, erinnern uns immer wieder an *den* Hirten Jesus Christus. Wenn wir uns auch im neuen Jahr manchmal wie dumme und oft wehrlose Schafe fühlen, dann dürfen wir seine starke Hand ergreifen. In der Lesung hieß es auch: »Seht, Gott, der Herr, kommt mit Macht, er herrscht mit starkem Arm!« (Jes 40, 10a). Das Vertrauen in diese Macht und in diesen starken Beistand ist seit Jahrtausenden unzerstörbar.
Was auch kommen mag – gemäht wird auch kommendes Jahr: *Er* geleitet uns, *Ihm* vertrauen wir uns an.

(Gerhard Dane, D-5000 Köln-Worringen.)

15. Und das Licht leuchtet in der Finsternis
(Ein geschmückter Weihnachtsbaum, der ja in der Regel zur Weihnachtszeit im Chorraum steht)

Lesung: Joh 1, 1–5.9–12 (Das Licht leuchtet)

Wenn wir den Weihnachtsbaum im Glanz der Kerzen sehen, vergessen wir, was für ein garstiger, ja feindlicher Baum so eine Fichte eigentlich ist. Jeder Laubwald läßt am Boden Leben zu, aber im Fichtenwald wird kein Pflänzchen geduldet. Wie mühselig ist es, durch einen Fichtenwald zu gehen: Von den zurückschnellenden Ästen des Vorangehenden kann ich empfindlich ins Gesicht getroffen werden. Und wie unangenehm ist es, wenn ich eine Fichte schlagen und zum Transportieren zusammenrollen will. Je edler eine Fichte, um so mehr pikt sie; ohne Handschuhe ist es fast nicht möglich, mit ihr umzugehen. Und selbst, wenn sie nach Weihnachten wieder aus dem Zimmer geschafft wird: Sie ärgert uns bis zuletzt, denn die Spur der abgefallenen Nadeln ist im ganzen Haus zu beseitigen und manchmal besonders mühselig vom Teppichboden. Er ist nicht nur ein garstiger Baum, er ist regelrecht »feindlich«.

Aber all das vergessen wir im Lichterschein der Heiligen Nacht: Der Weihnachtsbaum ist umhüllt von Freundlichkeit und Wärme und erleichtert das Öffnen unserer Herzen. Im Lichte von Weihnachten breitet sich Friede aus!

Wie diese Fichten gibt es auch garstige Menschen, die uns mit ihrem Haß ins Gesicht schlagen können, die kein Leben um sich dulden und in deren Nähe wir es nur mit »Handschuhen« aushalten. Selbst wenn sie fort sind, ärgern wir uns noch über sie, weil ihre spitzen »Nadeln« weiterwirken. Manch einer wird sagen: »Ja, ich kenne solche Feindschaft!«

Auseinandersetzungen gibt es in jeder Gemeinschaft – auch den christlichen. Da darf auch nichts um des billigen Friedens willen unter den Teppich gekehrt werden. Aber *Feindschaft* darf es keine geben. *Im Licht des göttlichen Kindes* besehen, können wir mit jedem Menschen leben – soweit der Friede an uns liegt. Das ist gerade das Revolutionäre der christlichen Botschaft, daß Jesus uns das Gebot gegeben hat: »Liebt eure Feinde!«

(Nach einer Idee von Heinz Bußmann, Lübeck, in den »Lübecker Nachrichten« vom 20. 12. 87.)

Sicherlich warten auch im kommenden Jahr Ereignisse auf uns, die wir nur mit »Handschuhen« aushalten. Auch hier gilt: Im Glanze des Kindes in der Krippe können wir sie in einem ganz anderen Licht sehen! Hier zeigt sich die Kraft des Glaubens! Selbst wenn am Ende unseres Lebens keine Hoffnung auf ein neues Leben mehr bliebe, wären wir mit Hilfe der Worte Jesu leichter durchs Leben gegangen.

Daher wünsche ich Ihnen und mir zum Beginn des neuen Jahres, Menschen und Ereignisse im Lichte des göttlichen Kindes zu sehen!
Lothar Zenetti sagt: »Menschen, die aus dem Glauben leben, sehen alles in einem anderen Licht.«

16. Vier Kerzen als Wegbegleiter durchs Leben
(Eine Tauf-, Erstkommunion-, Trau- und Sterbekerze »sprechen lassen«)

Lesung: Lk 2, 25–32 (Ein Licht, das die Menschen erleuchtet)

Wie arm wäre unsere Liturgie ohne Kerzen! Sie begleiten uns nicht nur in der Weihnachtszeit und am heutigen Tag, sie umrahmen auch unser ganzes Leben. Vier besondere Kerzen habe ich mitgebracht, die uns etwas erzählen wollen. (Pr entzündet sie jeweils vorher an der Osterkerze.)

1. Ich bin deine *Taufkerze.* Dein Pate (Vater) hat sie für dich getragen. Sie wurde an der Osterkerze entzündet mit den Worten »Empfange das Licht Christi!« Damit sollte gesagt sein: Wenn es einmal um dich dunkel ist, dann schau auf dieses Licht der Osterkerze. Von dort, von Christus, kann Licht in dein Leben kommen. (Jetzt kann »Fest soll mein Taufbund immer stehn« oder ein anderes in der Diözese bekanntes Tauflied gesungen werden.)

2. Ich bin die zweite Kerze in deinem Leben. Neun Jahre nach deiner Taufe hast du mich selbst getragen: Ich bin die *Erstkommunionkerze.* Voll Freude bist du damals an den Altar getreten und hast mich empfangen. Du warst groß genug, jetzt schon selbst die Welt etwas heller zu machen. Brennt das Licht des Glaubens immer noch so hell in dir?

3. Ich bin die *Traukerze.* Am Tag der Hochzeit brenne ich. Ich möchte Hilfe und Trost sein, wenn es in der Ehe schwer wird und sich Enttäuschungen einstellen. Dann schau auf mich! (Jetzt kann das Lied »Liebe ist nicht nur ein Wort« oder »So nimm denn meine Hände« gesungen werden.)

4. Mich wirst du nicht mehr selbst anzünden: deine *Sterbekerze.* Hoffentlich stehen dann Menschen bei dir, die in meinem Lichtschein mit dir oder für dich beten. Mein Licht will dir dann hinüberleuchten in das Reich Gottes. Ich wünsche dir, dann zufrieden mit dem alten Simeon sagen zu können: »Nun läßt du, Herr, deinen Knecht ... in Frieden scheiden. Denn meine Augen haben das Heil gesehen, ... ein Licht, das alle Menschen erleuchtet« (vgl. Lk 2, 29–31).

(Leicht verändert nach Martin Ebner/Stefan Mai in »PuK« 2/89, S. 142ff; vgl. auch »144«, Nr. 14.)

Fastnacht / Karneval

17. Hinter den Kulissen
(Die Schellenkappe eines Gauklers und/oder eine Schellentrommel)

Lesungen: 1 Kor 4, 9–13 (Wir sind Narren um Christi willen); Mt 19, 16–30 (ähnlich Mk 10, 17–31; Lk 18, 18–30: Vom Reichtum und von der Nachfolge)

Statt dieser Schellentrommel eines Gauklers hätte ich auch eine Maske mitbringen können oder ein Clownsgesicht oder eines eurer tollen Kostüme. »Kleider machen Leute« , sagen wir. Das ist wahr – und wir fallen leicht auf das Äußere eines Menschen herein ...
Heute möchte ich euch von einem Gaukler erzählen, so eine Art Tänzer, Sänger und Wahrsager, eine Art »Till Eulenspiegel«, der an den Höfen der Großen und Mächtigen hinter der Maske des Humors einige Körnchen Wahrheit ausstreute. Die Geschichte will uns sagen: Schaut nicht aufs Äußere, schaut mehr auf das Herz des Menschen – das nur zählt einmal vor Gott.

Die Geschichte beginnt in Konstantinopel (dem heutigen Istanbul) mit dem vornehmen Mann Hermius, der reich und angesehen war und die Wahrheit liebte. Eines Tages beschloß er, Jesus ganz nachzufolgen, verkaufte alles, was er hatte, und schenkte es den Armen. Dann suchte er sich an einem einsamen Ort eine Felsenklippe, die in der Höhe nur Platz für einen einzigen Menschen bot, und wollte hier alle Bosheit und Heuchelei der Welt vergessen. Aber die Leute in der Gegend erfuhren von diesem »Säulenheiligen«, brachten ihm täglich zu essen und zu trinken und legten ihre Kranken in den Schatten der Säule.
Wieder einmal dachte Hermius hoch oben über die böse Welt da unten nach und befürchtete, der Himmel müsse leerstehen bei so vielen Sündern in der Welt; da war es ihm (jetzt ein Schlag mit der Schellentrommel), da war es ihm, als höre er die Stimme: »Steig herab und schau dir in der Stadt Damaskus den Menschen Pamphalon an!«
Hermius stieg nach dreißig Jahren zum ersten Mal von seiner Säule, und so wie er war, mit ungepflegten Haaren und Fingernägeln und zerfetztem Kleid machte er sich auf nach dem verrufenen Damaskus. Mit Mühe ließ ihn der Wächter durchs Tor ein. Überall, wo Hermius anklopfte, verriegelten die Menschen aus Angst vor Dieben und Faulpelzen die Tür; nur eine Tür stand offen, die des Gauklers und Possenreißers Pamphalon. Hermius wäre am liebsten weitergegangen, aber auf den unsicheren Straßen fürchtete er um sein Leben. Er trat ein und fand den Gaukler sitzend auf einer Kiste, das Gesicht geschminkt, das Haar schon angegraut; bei jeder Bewegung klirrten die vielen Ringe und Schellchen. Hermius wollte nicht bewirtet

werden, er wollte sofort wissen: »Wie kommt es, daß dein Leben Gott gefällt?«
Und er erzählte dem Gaukler den Grund, warum er den weiten Fußmarsch aus seiner Einsamkeit heraus gemacht habe.

Pamphalon schüttelte den Kopf: »Ich soll Gott gefallen? Mit meinem unbeständi-
gen Leben, in dem ich immer nur tanzen und singen und Arme und Beine verrenken
muß, damit ich das Nötigste zum Leben habe?« Während er seinem Gast die staubi-
gen Füße wusch, schüttelte auch Hermius den Kopf. Er glaubte, an die falsche Tür
geklopft zu haben, und fragte: »Deine Haare werden schon grau und dennoch
treibst du Späße mitten unter leichtsinnigen Menschen, von denen niemand die
Gebote Gottes hält. Hast du nie daran gedacht, dein ekelhaftes Gewerbe unter diesen sittenlosen Menschen aufzugeben und ein neues Leben zu beginnen, damit du
nicht ewig verlorengehst?«

»Ja«, entgegnete Pamphalon, »einmal wollte ich mit allem aufhören. Ich hatte im
Hause der stadtbekannten Asella vor vielen reichen, betrunkenen Ausländern
getanzt. Weil Asella sie anstachelte ›Wer will den Gaukler glücklich machen?‹,
warf jeder ein Goldstück auf meinen Mantel. Zweihundertdreißig Goldstücke
zählte ich im Morgengrauen. Dafür hätte ich mir ein Feld kaufen können und
auch genug Geld zum Lebensunterhalt gehabt.« Pamphalon sah still vor sich
hin.

»Und weiter«, drängte Hermius, »warum hast du die Sünde nicht hinter dir
gelassen?«

Pamphalon schaute den Einsiedler an – (wieder ein Schlag mit der Schellentrommel) und fuhr fort: »In der Stadt erzählte man sich schnell, ich sei nun steinreich.
Bevor ich Zeit hatte, den Acker zu kaufen, kam in der Nacht eine vermummte
Gestalt in meine Hütte; eine Frau, die mich früher einmal verspottet hatte. Sie war
von ihren Eltern mit einem heuchlerischen Mann vermählt worden, der die Mitgift
der Frau nur brauchte, um die Gläubiger ruhig zu halten. Jetzt waren sie soweit
heruntergekommen, daß die Gläubiger die Frau, den Mann und die beiden Kinder
auf dem Sklavenmarkt verkaufen wollten, um wenigstens noch etwas Geld her-
auszuschlagen. Als ich diese furchtbare Not sah, dachte ich nicht mehr an ein neues
Leben. Mein weiches Herz schlug mir bis ins Gewissen. Meine Goldstücke reichten
nicht, die Familie loszukaufen. Ich ging alle reichen Häuser der Stadt ab, um noch
Geld für die Frau zu erbetteln. Aber gerade die Tugendhaften schlugen empört die
Türe zu. Lediglich Asella gab mir damals ihren teuren Schmuck. Und so konnte ich
die Familie vor ihrer tiefsten Erniedrigung bewahren. Nun weißt du, warum ich
auch weiter ein Gaukler bleiben muß, ein Spaßmacher, ein liederlicher Mensch, der
herumspringt und spielt, die Schellentrommel schlägt und mit dem Kopf wak-
kelt.«

Da stand Hermius froh und beruhigt auf und sagte (zwei Schläge auf die Schellentrommel): »Die Ewigkeit wird nicht leerstehen, weil viele von denen, die diese Welt
verachtet, ein gutes Herz haben. Viele, auf die ich hochmütiger Einsiedler stolz her-

abgesehen habe. Ich will wieder gehen und sehen, wem ich mit meiner letzten Kraft dienen kann.« Und sie verneigten sich voreinander.

(In Anlehnung an die Erzählung »Der Gaukler Pamphalon« von Nikolaj Lesskow, frei nacherzählt.)

Schauen wir nicht auf die Maske oder das Kostüm oder die Kleider der Menschen! Gott schaut hinter die Kulissen! Er schaut auf das Herz des Menschen. Wie hieß es im Evangelium? »Viele aber, die jetzt die Ersten sind, werden dann die Letzten sein, und die Letzten werden die Ersten sein!«

Aschermittwoch / Fastenzeit / Passion

18. Fasten erlöst
(Ein Stück Brot und ein Glas Wasser)

Lesungen: Tob 12, 6–10 (Es ist gut, zu beten und zu fasten); Jes 58, 6–8 (Was ein Fasten ist, wie Gott es liebt); Mt 6, 16–18 (Vom Fasten); Mk 1, 14f (ähnlich Mt 4, 12.17; Lk 4, 14f: Kehrt um)

Wenn das Aschenkreuz auf der Stirn kein leeres Zeichen bleiben soll, darf Fasten kein leeres Wort sein. Dabei meine ich natürlich nicht das Diätfasten. Wir sind erst vor dem Ziel, wenn so ein Stückchen frisch gebackenes Brot für uns wieder eine Wonne ist und so ein Glas Wasser fast ein Fest!
Fasten bedeutet überhaupt nichts Negatives, womöglich in Sack und Asche herumlaufen und ein trauriges Gesicht machen (vgl. Mt 6, 16). Fasten ist ein Prozeß der Befreiung und Lebensfreude.
Schauen wir genauer hin: Seitdem im Westen der Geist verdrängt wird und die Materie, die tausend Dinge, angebetet werden, greifen doch die großen Verwüstungen um sich, die letztlich den Menschen entmutigen und verzweifeln lassen. Warum hat sich denn die Zahl der Selbstmorde in manchen westlichen Ländern in den letzten Jahren verdoppelt? Ohne Geist leben d. h.: Wir schwimmen im Luxus und wissen nicht mehr, wofür wir leben. Wir besitzen alles und haben fast an nichts mehr richtige Freude. Unsere Wurzeln sind faul geworden durch die Überbewertung von Geld und Besitz, durch eine kranke Lebensweise in verschmutzter Umwelt mit unnatürlicher Nahrung, in einem zerbrochenen Tagesrhythmus, der die halbe Nacht zum Tag macht. Unsere Träume zerbrechen an den vollen Bäuchen und leeren Herzen, die der Konsumgesellschaft wie einer tödlichen Riesenkrake ausgeliefert sind, die mit den Fangarmen der Reklame alle Reste von Geist und Freiheit aus

uns heraussaugt. Und die Zwangsjacke von Geldverdienen und Geldausgeben gibt uns den Rest.

»Faste, um zu sehen«, sagt ein alter Meister (Philoxenes). Fasten heißt:
- sich entschlacken, reinigen und heilen vom krankmachenden Überfluß;
- einfacher, genügsam leben; weniger verbrauchen und dafür bewußter genießen;
- die Fesseln der tausend toten Dinge abstreifen, die uns aufgeschwatzt werden;
- sich selbst beherrschen; Egoismus und Habgier nicht nachgeben;
- wieder den Mitmenschen und Gott in die Mitte stellen;
- wieder Augen bekommen für die Wunder, die uns umgeben, und sie dankbar annehmen.

Dann wächst auch wieder der Raum für die Liebe zum Menschen, für Geborgenheit, für Gastfreundschaft, für das Teilen.

Der hl. Augustinus nannte Gebet und Almosen die »Flügel des Fastens«.

»Man wird uns das Brot aus dem Mund nehmen, wenn wir nicht lernen, es miteinander zu teilen!« (Julius Kardinal Döpfner). Teilen heißt immer: Ein Stück von sich selbst geben. Andernfalls ist es nur ein Abknapsen, das nicht befreit. Ohne Verzicht kommen wir nicht zu dieser Liebe. Es fängt mit dem Verzicht an, Zeitungen und Illustrierte ausführlich zu lesen. Wer Stille um sich und in sich erreichen will, muß auch das Radio und den Fernsehapparat abschalten können; darf nicht wie besessen auf Arbeit und Geschäfte starren. Gemeint ist auch der Verzicht auf Feindbilder, die wir so gerne pflegen, der Verzicht auf zu viele Worte, der Verzicht auf den Kaufzwang ...

Die Worte eines krebskranken Menschen können dabei eine Hilfe sein: »Nur die Dinge und Haltungen, mit denen du sterben kannst, sind es wert, damit zu leben!«

(Pr hebt noch einmal Brot und Wasser hoch.) Erst dann haben wir das Ziel vor Augen, wenn so ein Stückchen frisch gebackenes Brot für uns wieder eine Wonne ist und so ein Glas Wasser fast ein Fest!

(Viele Formulierungen aus dem Buch von Phil Bosmans, Gelöster leben, Herder Verlag, Freiburg 1989, flossen hier ein.)

19. Fasten

(Ein Brot, ein Krug mit Wasser, ein Gürtel)

Lesungen: Jes 58, 5–11 (Ein Fasten wie ich es liebe); Joel 2, 12–17 (Aufruf zur Buße); Mt 4, 1–4 (ähnlich Lk 4, 1–4: Jesus weist den Versucher ab, der ihn vom Fasten abhalten will)

In der jungen Kirche hatte das Fasten seinen festen Platz. Auch bei den Marienerscheinungen (seit 1981 in Jugoslawien) wird immer wieder empfohlen, einen Tag pro Woche bewußt nur von Wasser und Brot zu leben. Das schwächt nicht den Leib, wie man meinen könnte, es »erhebt« ihn! Sollen wir es versuchen, einen »Wüstentag« pro Woche in der Fastenzeit, am besten freitags, einzulegen?

Beim Fasten lerne ich das *Wasser* (Pr zeigt Krug) wieder schätzen, das meinen Körper entschlackt und reinigt ... (Kneipp-Kur). Das *Brot* (Pr zeigt Brot) in meiner Hand wird mir wieder kostbarer. Das Leben »bei Wasser und Brot« befreit mich aus dem Gefängnis meiner Wünsche und Begierden, die mich abhängig machen. Je freier ich werde, um so mehr Spielräume entstehen für das geistige und geistliche Leben. Danach werde ich das eucharistische Brot, das ewiges Leben schenkt, ganz anders in die Hand empfangen. Dieses und das tägliche Brot erlebe ich wieder als unverdiente Geschenke.

Den »Gürtel enger schnallen« (Pr zeigt *Gürtel*) schon aus Solidarität mit den »Hungergürteln« der Erde, wie der Sahelzone, in der die Ärmsten der Armen leben. Unsere Überfluß- und Wegwerfmentalität ist auf Dauer nicht möglich! Wenn *alle* Menschen überleben sollen, müssen wir unser Anspruchsdenken reduzieren, uns mehr am »Riemen reißen«.

Darum stand das Fasten früher auch immer im Zusammenhang mit Almosen geben; als Zeichen der Buße und Sühne, bei dem unser ganzes Verhalten korrigiert wurde (vgl. Lesung Jesaja); es war ein Weg der Läuterung, der zur inneren Heilung führte, wie es in der Präfation heißt: »Durch das Fasten des Leibes erhebst du den Geist, spendest Tugendkraft und Lohn ...« Fasten schafft wirklich den Freiraum, »über« manchen Dingen zu stehen und den Horizont zu erweitern, wenn wir die Triebe des Leibes nicht herrschen lassen. Fasten hat aber in den Augen Gottes nur Wert, wenn es nicht zur Selbstdarstellung dient (vgl. Mt 6), wenn ich es freiwillig und gern (und regelmäßig) tue! (Vielleicht ist ein Ordensmann / eine Ordensfrau eines Bettelordens bereit, über die Erfahrungen des regelmäßigen Fastens zu berichten.)

(Dazu ein ausformulierter Gottesdienst von Franz Melcher in »FaJu« Febr. 88: »Fasten – wozu?«)

20. Ganz nahe gehen

(Ein postkartengroßes Blatt mit Blindenschrift; wir zerschnitten dazu alte Zeitschriften für Blinde, die Sie z.B. über die Blindenschriftdruckerei, Andreasstr. 20, D-4790 Paderborn, Tel. 05251/26109, oder über die nächstgelegene Bücherausgabe für Blinde erhalten können. *Oder* eine große Lupe – durch den Tageslichtprojektor vergrößert.)

Lesungen: Eph 5, 8–14 (Christus wird dein Licht sein); Joh 9, 1.6–7.34–38 (Jesus ging bei der Heilung des Blinden ganz nahe = 4. Fastensonntag, Lesejahr A)

1. Habt ihr schon einmal kleine Kinder beobachtet, die sich zu dieser Jahreszeit Schneeglöckchen oder Krokusse ansehen? Sie gehen ganz nahe heran, bücken sich (= gehen in die Hocke) und möchten die Blume am liebsten greifen. Indem sie ganz nahe herangehen, lernen sie, richtig zu sehen. Wir nehmen jetzt einmal das Blatt mit der Blindenschrift in die Hand und führen unsere Fingerkuppen ganz bewußt über die Punkte der Schrift. Unbewußt senken wir dabei auch unseren Kopf. Schließen wir die Augen, damit wir noch besser auf unsere Fingerspitzen konzentriert sind!
Stellt euch vor, wir wären blind und könnten nur noch auf diese Art und Weise lesen ...
(Wer möchte, kann seine Augen weiterhin geschlossen halten und mit den Fingern lesen, während ich weiterspreche.)

2. Jesus ging bei dem blinden Mann auch ganz nahe heran. So nahe, daß wir fast sagen möchten: »Baah! Mit Spucke über die Augen streichen!«
(Hier könnte ein Auszug aus Wilhelm Willms, der geerdete himmel, Butzon & Bercker, Kevelaer 1986, 5.5, im Ausschnitt vorgelesen werden: Jesus ist *ganz nahe* gegangen bei der Heilung des Blinden.)
Wir hörten im Evangelium weiter: Der Mann wirft sich vor Jesus nieder und sagt: »Ja, Herr, ich glaube!«
Da haben wir es wieder: Das Kind bückt sich – der Geheilte wirft sich auf die Erde.

3. In dieser gebeugten Haltung liegt die Antwort auf die Frage, warum heute so viele Menschen Gott und Jesus nicht finden. Eine kleine Geschichte drückt es so aus:
Ein gelehrter Mann kam zu einem Rabbi und sagte: »So viele Bücher habe ich gelesen und so viele Jahre studiert, aber Gott ist mir noch nie begegnet.« Da antwortete der Rabbi: »Dann hast du dich noch nicht tief genug gebückt.«
Ganz nahe gehen und sich bücken: Dann sehen wir erst richtig. Dann können wir sogar das sehen, was unsichtbar ist.

4. Wer mit den Augen nicht sehen kann, ist arm. Blindsein ist eine der schlimmsten Behinderungen, die ich mir vorstellen kann: Von Gottes schöner Welt nichts mehr sehen; das Gesicht derer, die wir lieben, nicht mehr sehen; kein Fernsehen mehr verfolgen können ...
Doch wer mit dem Herzen nicht sehen will oder kann, der lebt noch ärmer. Vielleicht meint er, sich selbst zu genügen; oder er ist so erfolgreich und glaubt, die anderen nicht nötig zu haben – er hebt stolz den Kopf. Um so härter ist das Erwachen. Erst im Nahe-Gehen, im Dienen, im Sich-Bücken, verlieren die Augen des Herzens ihre Trübung. Oder Tränen müssen die Augen der Seele erst klarer spülen.
Nur das reine Auge der Seele kann das Licht Gottes aufnehmen. Nur im reinen Herzen kann Christus aufleuchten: Er hat uns aus der Finsternis gerufen

(vgl. Lesung). Wenn wir ganz nahe an Ihn, das Licht der Welt, herangehen, dann können wir sein Licht als Kinder des Lichtes widerspiegeln.

(Dazu ein ausformulierter gleichnamiger Gottesdienst des Familienmeßkreises Bergheim-Paffendorf in »FaJu«, Febr. 90, durch Abschnitt 4 ergänzt.
Zum Thema paßt gut die Geschichte Nr. 27 in: Kurzgeschichten 2: Die Heilung eines Blinden: Erst nach schwerer Krankheit kann der Mann wieder mit dem Herzen sehen.)

21. Vom Hören und Angehören
(Ein übergroß gemaltes Ohr oder Hörgerät; eventuell ein altes Hörrohr aus dem Museum; vielleicht für jeden das Bild von Toni Zenz »Der Hörende«)

Lesungen: 1 Sam 3, 1–10 (Rede, Herr, dein Diener hört = 2. So. i. J., Lesejahr B); 1 Kön 3, 5–13 (Salomo wünscht sich ein hörendes Herz); Jak 1, 19.21–25 (Hört das Wort und handelt danach = 22. So. i. J., Lesejahr B); Mt 13, 1–23 (Nur beim Hörenden kann die Saat aufgehen); Mk 4, 21–25 (ähnlich Lk 8, 16–18: Vom rechten Zuhören); Mk 7, 31–37 (Heilung des Taubstummen); Joh 8, 43–47 (Ihr könnt nicht zuhören); Joh 14, 23–24 (Das Wort, das ihr hört, stammt vom Vater = 6. So. der Osterzeit, Lesejahr C)

(Wenn ein übergroßes Ohr gezeigt wird, soll zunächst das Staunen über die »Superantenne Ohr« herausgearbeitet werden; sonst:)
Wer solch ein Hörgerät tragen muß, kann ein Lied davon singen, wie schlimm es ist, wenn das Gehör nachläßt. Ein richtiges Gespräch ist kaum möglich, weil der Schwerhörige nicht immer wieder nachfragen will, und wenn sich mehrere unterhalten, dann hilft ihm auch ein Hörgerät nicht viel; er gerät ins Abseits. Ein gutes Ohr, notfalls ein Hörgerät, ist wichtig, um lebendig in einer Gemeinschaft stehen zu können.
Ihr Kinder könnt noch sehr gut verstehen und doch oft nicht »gut hören«. Könnt ihr mir den scheinbaren Gegensatz erklären? (– – –)
Wir wollen das Hören einmal üben und werden ganz still (eine Minute Stille): Was jetzt alles zu hören ist, was vorher durch Geräusche übertönt war …! Nun legt einmal eure Hände wie Muscheln hinter die Ohren – jetzt »horcht« ihr wie kleine Parabolspiegel, wie große Antennen ins Weltall hinaus … (Hier kann eventuell das Bild von Toni Zenz gezeigt werden, auf dem »der Hörende« ja auch mit Ohr und Händen ins Weltall horcht. Bei anderer Gelegenheit kann hier auch »Flüsterpost« gespielt werden: Von Ohr zu Ohr wird leise ein Wort weitergegeben; beim Letzten angekommen, wird das ursprüngliche Wort mit dem Ergebnis der Weitergabe verglichen und meistens festgestellt, wie ungewollt manchmal Informationen verändert werden – bis hin zum Rufmord.)
Der kleine Samuel konnte gut zuhören – wie wir in der Lesung erfuhren. (Hier eignet sich die Kurzgeschichte Nr. 136 aus Bd. 3: Momo konnte sogar so gut zuhören,

daß Menschen dabei verwandelt wurden.) Deshalb konnte er das Wort Gottes hören und gehorchen. Und um diesen Vorgang geht es: Wer zum Glauben an Jesus kommen will, muß zuerst gut hören können, denn Glauben kommt vom Hören – Gehorchen – Angehören, d. h. schließlich kann er ganz fest Gott vertrauen. Wer schon die erste Stufe verfehlt und nicht auf Gott hört – in der Gefahr stehen wir heute alle –, der braucht sich nicht zu wundern, wenn er immer weiter von dem leisen Geheimnis »Gott« abdriftet. Schon Jesus warf seinen Zuhörern einmal vor: »Warum versteht ihr nicht, was ich sage? Weil ihr nicht imstande seid, mein Wort zu hören!« (Joh 8, 43).

Aus dieser Überlegung hat der Künstler Salvador Dali die Krippe nicht in einen Stall, sondern in ein riesiges Ohr gesetzt (Abbildung im unten angegebenen Gottesdienstentwurf S. 12.24): Es kommt darauf an, »ganz Ohr zu sein«, höchste Aufmerksamkeit zu zeigen, wenn nicht nur im Evangelium Gott zu uns sprechen will. (Die christliche Religion ist die des Gesprächs, des Dialogs zwischen Gott und den Menschen, und der beste Weg zu diesem Gespräch ist zunächst das Zuhören-Können.) Wir wollen noch einmal einen Augenblick still werden und beten. Auch beten heißt zunächst einmal, auf Gott hören (eine Minute Stille).

(Nach Peter Frowein; dazu ein ausformulierter Gottesdienst in »FaJu«, Nov. 89, »… eine Superantenne«.)

22. Niemand kann zwei Herren dienen
(Ein goldener Fisch und ein Swimmy-Fisch auf den ein Jesus-Zeichen als Auge geheftet ist)

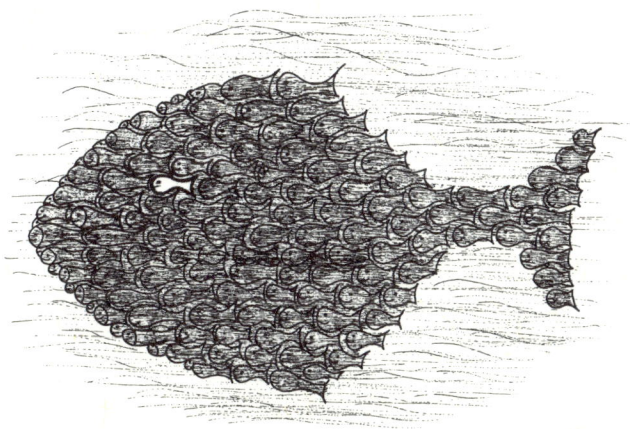

Lesungen: 1 Petr 1, 18–23 (Jesus erschien euretwegen); Jak 5, 1–8 (Der Reichtum verfault – wartet auf den Herrn); Mt 4, 1–11 (ähnlich Lk 4, 1–13: dritte Versuchung: Alle Reiche der Welt will ich dir geben); Mt 6, 24 (Ihr könnt nicht Gott und dem Mammon dienen); Mt 19, 16–30 (ähnlich Mk 10, 17–31; Lk 18, 18–30: Von Reichtum und Nachfolge)

Im Leben können wir uns entscheiden: Jagen wir dem »goldenen Fisch« nach, oder schwimmen wir mit dem »Jesus-Fisch« durch die gefährlichen Wasser dieser Welt zu Gott?
(Zuerst wird die Geschichte von Max Bolliger »Der goldene Fisch« dargestellt, erzählt oder vorgelesen; siehe »Kurzgeschichten 4«, Nr. 186, oder »KiBö« 87–1, S. 5: In einer Art moderner Schöpfungsgeschichte »mit Sündenfall« jagen Mann und Frau den Fisch mit den goldenen Schuppen; alle ihre Gedanken sind vom Wunsch beherrscht, das Gold zu besitzen – bis die ganze Umwelt zerstört ist.
Dagegen wird dann die christlich gedeutete »Swimmy«-Geschichte gesetzt: Seit der Taufe können wir »kleinen Fische« in und mit Jesus stark sein; das Auge des Fisches, der aus vielen kleinen Fischen besteht, erhält ein Christusbild oder -zeichen. In einer Art Entscheidung könnten Gottesdienstteilnehmer »ihren« Fisch in den großen »Jesusfisch« einfügen; dann müßten natürlich auch kleinere Fische vorbereitet sein.)
Jesus schaute dem jungen Mann traurig nach, der ihm nicht nachfolgen wollte, weil er ein großes Vermögen hatte. Wir möchten dem »Goldrausch« nicht verfallen, der unseren Planeten immer mehr ausbeutet, und mehr Verantwortung für die Schöpfung zeigen. Das geht nicht ohne Verzicht, nicht ohne »alternatives« Leben.
(Jetzt müßten konkrete Vorschläge folgen, wie das Vorhaben spürbar in die Tat umgesetzt werden kann.)

23. Von Blinklichtern in dieser Welt
(Eine Blinkleuchte)

Lesung: Mt 5, 14–16 (Ihr seid das Licht der Welt)

(Die Blinkleuchte wird zu Beginn und am Ende der Predigt eine Zeitlang betätigt.)
Blinklichter begegnen uns oft:
An Baustellen rufen sie: Vorsicht! Achtung! – Als Warnlicht am Auto: Vorsicht, Stau! Oder: Bei mir ist etwas defekt, kannst du mir helfen? – Als Blaulicht: Fahre zur Seite (wenn das Polizeiauto oder der Krankenwagen vorbei will)! , oder: Fahre zügig an der Unfallstelle vorbei, damit der Stau nicht noch länger wird! – Das Blinklicht vom Leuchtturm signalisiert: Du kannst dich an mir orientieren, damit du heil zum sicheren Hafen gelangst! – Am unbeschrankten Bahnübergang: Halt, sonst wirst du vom Zug überrollt! – Die Blinklichter können also warnen, auffordern und helfen.

Blinklichter gibt es auch im übertragenen Sinn: Ein »blauer Brief« von deiner Schule zum Beispiel signalisiert: Es ist höchste Zeit, daß du etwas änderst! Oder die unsichtbaren Blinklichter: Zahn- oder Herzschmerzen. Warnsignale, die wir beachten müssen!

Jeder Mensch hat auch in sich eine Blinklichtanlage, die funktioniert, wenn sie »Strom« hat: Jetzt hast du schon wieder gelogen! – Eigentlich hast du fremdes Eigentum beschädigt! – Siehst du nicht die Tränen des anderen? – Spricht jemand eine Selbstmorddrohung aus, dann ist das wie ein Warnsignal vor einem Bahnübergang: Ein Übersehen kann tödlich enden.

Diese Blinklichtanlage in uns ist das Gewissen ...

Eltern und Erzieher sollten mit dem Blinklicht ihres Gewissens dem Kind Grenzen aufzeigen und nicht vorschnell um des lieben Friedens willen falsche Kompromisse schließen. Auch Priester sollten ihr Blinklicht nicht verstecken und der Gemeinde auch Unangenehmes sagen. Jedes Evangelium ist ein Blinklicht: Eigentlich sollten die Ministranten es nicht mit ruhig brennenden Kerzen hervorheben, sondern mit Blinkleuchten: »Achtung! Jetzt spricht Jesus zu uns. Überlege, ob dein Leben mit seiner Weisung übereinstimmt!« (Hier sollte die wichtigste Aussage des Sonntagsevangeliums als Orientierungshilfe herausgestellt werden.)

An jeder Heiligenfigur in der Kirche müßte eigentlich ein Blinker stehen: »Halt, lauf nicht vorbei! Schau auf mein Leben, ob es dir helfen kann auf deinem Weg!« Heilige sind wie Wegweiser, wie Leuchttürme, an denen wir uns orientieren können.

Es gibt auch Gemeinschaften und Organisationen, die wie Blinklichter sind: Zum Beispiel der »Dritte/Eine-Welt«-Kreis, eine Behindertenvereinigung ... oder AI (= Amnesty International). Letztere blinken uns an, wenn in irgendeinem Land plötzlich wieder Personen verschwinden, weil sie anderer politischer oder religiöser Überzeugung sind und nun keine Lobby haben, sie aus dem Gefängnis oder der Folter zu holen. Was uns diese Gruppe besonders sympathisch macht, ist: Sie blinken nicht nur »Achtung!«, sondern steigen auch »aus ihrem Wagen« aus und helfen dem, der unter »die Räuber« gefallen ist (Samaritergleichnis Lk 10, 29–37) – und sei es »nur« mit einer Unterschriftensammlung.

(Die Blinkleuchte wieder einschalten.) Gesucht sind Menschen, die nicht blind an den Blinklichtern Gottes in dieser Welt vorbeilaufen. Gesucht sind Menschen, deren innere Blinklichtanlage noch funktioniert. Gesucht sind Menschen, die Gefahrenstellen beachten. Gesucht sind Menschen, die uns christliche Orientierung geben auf unserem Weg zum ewigen Ziel.

(Nach einer Idee von Karl Heinz Sülzenfuß in der »KiBö« 88–4, S. 17. – Vgl. auch meine Predigt mit dem Akzent auf »Heilige« in »PuK« 2/1990, S. 158f.)

24. Die erhöhte Schlange, die rettet

(Eine Spielzeugschlange *oder* ein Dia mit der Ehernen Schlange *oder* das Misereor-Hungertuch aus Haiti)

Lesungen: Num 21, 4–9 (Wer gebissen wurde und zur Kupferschlange aufblickte, blieb am Leben); Joh 3, 14 (Der Menschensohn muß erhöht werden, um ewiges Leben zu schenken)

1. Wir kennen die Schlange als gefährliches, todbringendes Unheilstier. In der Lesung hörten wir von einer rettenden Schlange: Wer gebissen war, aber auf die eherne Schlange schaute, überlebte das tödliche Gift (s. Lesung Num).
   (Wir kennen die »positive« Schlange als gewundene Schlange am Äskulapstab, auch als Symbol der Heilkunst für Apotheken und bei Ärzten – z. B. am Auto. Schon Paracelsus sagte: »Allein die Dosis macht, daß es Gift ist.« Das bedeutet: Wohldosiert kann Gift eben Heilmittel sein.)
2. Auch heute leiden wir unter dem Biß vielfältiger Schlangen, die in uns sitzen oder uns mit gespaltener Zunge in Menschengestalt begegnen können: Wir sind verwundbar vom Biß des Neides und der Habgier, vom Gift der Hoffnungslosigkeit und des Zweifels. Wir kranken am Biß des Stolzes und des Hasses, am Gift der Begierden in Kopf und Händen. Wir werden heimgesucht vom Biß des Leidens und der Lüge, vom Gift der üblen Nachrede und der Einsamkeit. Vor allem bedrängt uns der Biß des Todes und das Gift, nicht an ein Weiterleben glauben zu können. (Dieser Abschnitt sollte von eindrucksvollen Beispielen leben, z. B. »das Gift der spitzen Zunge«: »Du wirst dich doch wohl nicht zum religiösen Wochenende für Männer anmelden? Die wollen dir doch nur den Heiligenschein polieren!« Oder »der Biß des Negativen«: »Jetzt laßt ihr euch kurz vor der Erstkommunion alle mal blicken, aber danach geht ihr doch wieder auf Tauchstation!«)
3. Die Schlange, die am Holz des Baumes im Paradies siegte, wurde am Holz des Kreuzes besiegt: Wer zur Kupferschlange aufschaute, blieb am Leben. Wer auf den Gekreuzigten schaut und nicht wie hypnotisiert auf die Schlangen starrt, bleibt am Leben: Verschlungen wird der Tod vom Leben. Tod, wo ist dein Stachel? (vgl. Evangelium Joh).
   So wird die eherne Schlange zum Hoffnungszeichen: Ein Zeichen dafür, daß Jesus uns befreite aus der Macht der Bosheit und des Todes. Er hat der alten Schlange den Kopf zertreten. – Das Misereor-Hungertuch aus Haiti zeigt diese Glaubenswahrheit: Hinter dem Gekreuzigten, der an einen Baum genagelt ist, sehen wir die rettende Schlange aus der alttestamentlichen Begebenheit. Die Fülle der rettenden Macht Jesu wird dabei in den riesigen, überreichen Früchten deutlich, die die des Paradieses um ein Mehrfaches übertreffen. (Zum Biß der Schlange vgl. das geistliche Spiel auf der LP »Unterwegs in das Land der Ver-

heißung. Ich will euch Zukunft und Hoffnung geben«, vom 85. Deutschen Katholikentag 1978 in Freiburg, Seite B, Abschnitt 3, »Das Zeichen der Schlange«, Impulse Musikverlag, D-4406 Drensteinfurt.)

25. Die sieben Wurzelsünden und die sieben Heilkräuter

Verwendbarkeit:
Fast jeden Sonntag einsetzbar, da eine der Wurzelsünden oder ein »Heilkraut« meist Gegenstand der Lesungen ist.

Vorbemerkungen:
1. Dieses Thema könnte Gegenstand von zwei Gottesdiensten werden: Einmal die bekannten sieben »Todsünden« oder Hauptsünden als Wurzelsünden und zum anderen die sieben Heilkräuter als Heilmittel dagegen.
2. Eine *einfache* Veranschaulichung besteht darin, die jeweils sieben Wörter auf Karton zu schreiben und von Jugendlichen vorzeigen zu lassen (die Wurzelsünden in schwarzer Farbe, die Heilkräuter in roter). Vielleicht werden sie in Pyramidenform aufgeheftet:
Die negativen Begriffe nach unten: Die positiven Begriffe nach oben:

3. Eine *aufwendigere* Veranschaulichung wären Pflanzen (= Heilkräuter) und Schlingpflanzen (= Sünden), die dann über die »Heilkräuter« gelegt werden. Dann sollten allerdings die Gottesdienste in umgekehrter Reihenfolge stattfinden: Zuerst die sieben Heilkräuter, dann erst die sieben Schlingpflanzen. Achtung: In diesem Fall bitte die Texte von »Wurzeln« auf »Schlingpflanzen« und auch sonst noch ändern. Folgende »Schlingpflanzen« wären dann an folgende »Heilkräuter« zu heften: Stolz auf Demut; Neid auf Liebe; Zorn auf Sanftmut; Unkeuschheit auf Reinheit; Habgier auf Wohltätigkeit; Unmäßigkeit auf Selbstbeherrschung und Trägheit auf Fleiß.
4. Thematik und Ausdrucksform dieses Vorschlags sind nicht besonders auf Kinder zugeschnitten; wohl aber die Anschaulichkeit. Zum Vortragen der Texte SprecherInnen ab 14 Jahre aussuchen, denn Kindermund sollte nicht vortragen, was er nicht versteht.

Lesung: Mt 13, 1–9 (ähnlich Mk 4, 1–9; Lk 8, 4–8: Gleichnis vom Sämann)

SPRECHSPIEL ZU DEN SIEBEN WURZELSÜNDEN
(früher »Tod-« oder »Hauptsünden«)

Pr.: Wer seinen Garten säubern will, entdeckt zwischen seinen Nutz- und Zier-pflanzen eine Menge Wildkräuter. Manche von ihnen betrachten wir als Unkraut. Wer es ausreißen will, stößt oft auf ein dichtes Geflecht von Wurzeln, das manchmal über einen Meter tief in die Erde reicht, so daß es immer wieder nötig wird, Unkraut zu jäten.

So gibt es auch in unserem Herzen Unkraut, das schnell ein verborgenes Wurzelgeflecht wuchern läßt. Wenn wir nicht auf der Hut sind, treiben immer neue Ableger, die den guten Pflanzen die Nahrung wegnehmen, sie überwuchern und sogar ersticken. Wer das zuläßt, macht etwas Wichtiges falsch: Er begeht eine Sünde. Sieben Wurzelsünden sind besonders folgen-schwer.

(Jetzt kommen nacheinander Jugendliche, die den Namen einer Wurzel-sünde vorzeigen und dann den Text lesen.)

1.: Der **Stolz** ist die schlimmste Wurzelsünde. In seinem Hochmut glaubt der Mensch, er habe Gott und den Menschen nicht nötig. Stolz läßt die Augen zuwachsen für die Sicht, daß uns Menschen letztlich alles von Gott oder den Menschen geschenkt ist. Stolz macht selbstgerecht, angeberisch, äußerst emp-findlich und übertrieben ehrgeizig. – Ein stolzer Mensch kann nicht mehr wirklich danke sagen.

Es gibt auch einen gesunden Stolz, der sich über alles freut, was wir mühsam erreichen.

2.: Der **Neid** träufelt dem Menschen Gift in die Augen, bis er nur noch den Näch-sten belauert und ihm nichts gönnt, was er selbst nicht hat. Der Neid läßt alles menschliche Zusammenleben sterben. Das Gift des Neides gebiert die Ableger »schlechtes Gerede« und »Schadenfreude«. – Ein neidischer Mensch ist ein trauriger Mitmensch.

3.: Der **unbeherrschte Zorn** packt den Menschen, bis er ganz außer sich ist und nicht mehr Herr seiner Sinne. Zorn beginnt mit Ungeduld, Rechthaberei und Streitsucht. Er endet in zerstörender Aggression, in Rache, Totschlag und anderen furchtbaren Dingen. – Ein zorniger Mensch ist ein gefährlicher Mit-mensch. Dagegen soll die Kraft eines **gerechten** Zornes jeden Menschen erfüllen, damit er sich mit allen Kräften für das Gute in der Welt und gegen das Böse einsetzt.

4.: Die **Unkeuschheit** ist **eine** unter vielen Verirrungen der Liebe. An sich ist die geschlechtliche Lust in uns Menschen gut und kostbar: Sie ist uns geschenkt, um uns gegenseitig zu beglücken. Wer sie aber in sich wuchern läßt, der kann aus ihr ein wildes Tier machen, das sich losreißt und über jedes Opfer herfällt – in Gedanken, Worten und Werken – und im Menschen nur noch einen Gegen-stand sieht.

5.: Viel gefährlicher als die Unkeuschheit ist die **Habgier**. Sie hat schon viele Menschen um den Schlaf und das Leben gebracht. Denn aus Habgier wächst die Machtgier, die Kriege verursachen und ganze Völker morden kann. Ein Ableger der Habgier ist der Geiz, der skrupellos macht. – Ein habgieriger Mensch ist ein hartherziger Mitmensch, der über Leichen gehen kann.

6.: **Unmäßigkeit** ist auch eine Wurzelsünde. Der natürliche Hunger nach Speise, Trank und Besitz braucht die Zügel unseres Willens, sonst wuchern in uns Triebe, die immer entfesselter ihr Recht fordern. Der Mensch wird regelrecht süchtig, dem Körper all das zuzuführen, wonach er schreit – ob es nun Zigaretten, Alkohol oder sonstige Genußmittel und Ziele sind. – Ein unmäßiger Mensch ist ein rücksichtsloser Mitmensch.

7.: Die Wurzel der **Trägheit** verrät jeder von sich, wenn er oft sagt: »Ich habe keine Lust!« Die Trägheit scheut alles, was anstrengend ist oder mit Leistung oder Verzicht zu tun hat. Träge Menschen können sich schließlich zu nichts mehr aufraffen und machen alles von Lust und Laune abhängig. Sie verpassen eine Chance nach der anderen.

Ein träger Mensch ist langweilig. Deshalb sagt er auch oft: »Ist das langweilig!« Noch schlimmer als Trägheit ist die Ohnmacht, die mir einflüstert: Ich kann in all meinem Bemühen doch nichts bewirken!

Pr.: Jede dieser Wurzeln ist stark genug, einen Menschen zu ruinieren. Darum wurden sie früher Todsünden genannt. Sie überwuchern und ersticken das Gute und Schöne in unseren Herzen. –

Am nächsten Wochenende hören wir von den sieben Heilkräutern oder Pflanzen, die uns vor dieser tödlichen Bedrohung retten können.

Lesung: Mt 13, 18–23 (ähnlich Mk 4, 13–20; Lk 8,11–15: Deutung des Gleichnisses vom Sämann)

SPRECHSPIEL ZU DEN SIEBEN HEILKRÄUTERN (Tugenden)

Pr.: Letzten Sonntag haben wir die sieben Wurzelsünden kennengelernt, die alle guten und schönen Samenkörner in unserem Herzen überwuchern und ersticken können. Heute lernen wir die sieben Heilkräuter kennen, die uns vor dieser tödlichen Bedrohung schützen können. Wenn diese guten Pflanzen sich kräftig entwickeln, nehmen sie dem Unkraut die Sonne und das Wachstum.

(Jetzt kommen nacheinander Jugendliche, die den Namen eines Heilkrautes vorzeigen und dann den Text lesen.)

1.: Das wichtigste Heilkraut gegen den **Hoch**mut ist die **Demut**! **Demut** bedeutet: Ich habe Mut zum Dienen! Ich bin bereit, Gott und den Menschen zu vertrauen. Das aber kann ich erst, wenn ich mich selbst gefunden habe. Wer »Ja« zu sich selbst sagen kann, weil er sich angenommen weiß, der kann sich verschenken. Er dient, um zu danken. So heilt er unsere Welt, die oft zu stolz ist, sich noch zu bücken.

2.: Die **Liebe** ist das wichtigste Heilkraut. Gott, der die Liebe ist, schuf die Welt und den Menschen. Diese Liebe macht Leben immer wieder möglich. Diese Liebe heilt, sie hört nie auf. Sie kann auch den Neid ersticken. Dieses Heilkraut darf ich nicht bei anderen suchen, es wächst in uns für die anderen. Jesus sagte und bewies es durch seinen Tod: »Es gibt keine größere Liebe als die, wenn einer sein Leben gibt für seine Freunde.« Und Jesus sagte auch: »Das ist mein Gebot: Liebt einander, wie ich euch geliebt habe!«

3.: Das heute wenig gebräuchliche Wort **Sanftmut** nennt das Heilkraut gegen den Zorn. Es gehören Mut und Geduld dazu, nicht mit gleicher Münze zurückzuzahlen, einen friedlichen Weg zu suchen und Gott das Gericht zu überlassen. In der Bergpredigt heißt es: Freuen dürfen sich alle, die Frieden stiften. Sie werden nicht nur Freunde, sie werden Söhne und Töchter Gottes genannt! (Mt 5, 9).

4.: Das Heilkraut gegen die Unkeuschheit ist die **Reinheit:** Sie fängt im Herzen beziehungsweise in den Gedanken des Menschen an. Wer sich um Reinheit in Gedanken, Worten und Taten bemüht, kämpft gegen alles, was würdelos macht und die Scham verletzt. – In der Bergpredigt steht: »Freuen dürfen sich alle, die ein reines Herz haben; denn sie werden Gott schauen!« (Mt 5, 8).

5.: Gegen die Habgier hilft die **Wohltätigkeit,** die weiß, daß Geben und Schenken nicht ärmer machen. Die Wohltätigkeit ist auch ein Kampf für mehr Gerechtigkeit, weil unser Reichtum sich nur durch Unrecht auf dem Rücken der Armen halten kann. Der Wohltätige denkt daran, daß wir Menschen **eine** große Familie auf der Erde sind.

6.: Das Heilkraut der **Selbstbeherrschung** kann die Unmäßigkeit eindämmen. Immer die »goldene Mitte« oder das rechte Maß einzuhalten, gelingt nur wenigen. Erlaubt ist nicht alles, was machbar ist. Das Heilkraut der besonnenen Selbstbeherrschung kämpft gegen alles hemmungslose Besitzen und Genießen, das mir ja zusteht, weil ich dafür bezahlt habe.

7.: Gegen die Trägheit, die immer mehr einlullt, hilft das Heilkraut **Fleiß.** Dieses Heilkraut ist zielstrebig, ausdauernd und mutig. Es nimmt auch Rückschläge in Kauf.

Pr.: Wenn wir in unserem Herzen diese sieben Heilkräuter wachsen und gedeihen lassen, dann verhindern sie Ausbreitung und Schäden von Unkraut. Wir können sicher sein, in unserem Bemühen Gott auf unserer Seite zu haben.

26. Einander erlösen – sich erlösen lassen

(Ein Stück Kordel von knapp einem Meter für jeden; eine Schere; eine Person sitzt mit hängendem Kopf an Händen und Füßen von Fäden = Kordeln gehalten wie eine Marionette)

Lesungen: Röm 6, 17–23 (Stellt eure Glieder jetzt in den Dienst der Gerechtigkeit); Lk 13, 10–17 (Jesus heilt die gekrümmte Frau am Sabbat)

1. Alle binden das Stück Kordel an *einem* Handgelenk des Nachbarn fest: So verliert jeder an Einfluß, wird ein Stück gegängelt, gerät in Abhängigkeit – wie ein Kind bei den Eltern, ein Lehrer bei den Schülern ... Ein Kranker zu Hause bindet, wie auch eine depressive Stimmung oder die Angst vor der Zukunft. Wir hängen an vielen Fäden. Wir brauchen Erlösung. (Ab und zu darf auch an der Kordel »gezogen« werden.)
2. Die lebende Marionette vorne (wie oben beschrieben) hängt an vier Fäden:
   – z.B. am Leistungsfaden: es überall zu etwas bringen müssen;
   – am Mehrheitsfaden: Mode, Trend, Meinungen, an denen viele sich ausrichten, wenn sie kein Rückgrat haben;
   – am Wohlstandsfaden: Wachstum, Wachstum über alles!
   – am Schicksalsfaden: »Da kann man doch nichts machen ...«
   (Beim Sprechen auch an den entsprechenden Fäden ziehen!)
   Wer kann uns befreien?
3. Jesus zeigt im Evangelium, wie wir die vier Fäden unseres Marionettendaseins durchschneiden können (jeweils bei der Marionette die Fäden durchschneiden):
   – Er befaßt sich mit einer völlig »unproduktiven« Frau, seit 18 Jahren krank und dazu noch eine Frau! (Gegen den Leistungsfaden)
   – Er scheut nicht die Auseinandersetzung mit dem Synagogenvorsteher und dessen Beeinflussung der Leute ... Ihr wißt ja, wie das mit der Manipulation ist: Pro Klasse genügen drei Schüler, sie zu verändern! (Gegen den Mehrheitsfaden)
   – Er legt der Frau die Hände auf, ist *ganz nahe* gegangen. (Gegen die Wohlstandsfassade, hinter der so viele »Seelen« alleine sind)
   – Er kann die Frau heilen, weil sie ihm vertraut, und führt sie aus ihrem »Jammertal«. (Gegen den Schicksalsfaden)

Jetzt befreit einer den anderen von der Kordel der Abhängigkeit. Mit den Kordeln kann eine Art »Friedensnetz« geknüpft werden, in das jeder verwoben ist, das trägt und hält.
(Als ausformulierter gleichnamiger Gottesdienst in »FaJu« März 92) Dazu paßt in »Kurzgeschichten 2«, Nr. 100 »Die Gebeugte« als Meditation, auch das Lied »Ich bin eine nette Marionette« von A. Albrecht/P. Janssens in »Wir ist mehr als ich + du«, Peter Janssens Musik Verlag, Telgte 1977.)

Andere Idee

Er hat unsere Schuld getilgt

(Ein Holzkreuz, ca. 2 m hoch, in einer Bodenvase mit Sand. In diesem Kreuz stecken viele kleine Nägel, an die später die Schuldscheine [= ca. 5 × 7 cm große Zettel] gesteckt werden.)

Vorbereitungen: Auf dem Schuldschein *kann* stehen »Ich bin schuldig«. Es *können* auch Schreibstifte ausliegen, damit jeder Teilnehmer / jede Teilnehmerin die Unterschrift auf den Schuldschein setzt. – Die Schuldscheine *können* auch durch die Osterkerze entzündet und verbrannt werden – allerdings ruft bei manchen ein »Kreuz in Flammen« Unbehagen hervor. (Feuergefahr besteht beim Abbrennen nicht; die meisten Zettel verkohlen nur.)

Lesungen: Kol 2, 13b.14 (Er hat unseren Schuldschein durchgestrichen); Mt 18, 23–35 (Gleichnis vom unbarmherzigen Gläubiger); Mt 22, 35–40 (ähnlich Mk 12, 28–34; Lk 10, 25–28: Hauptgebot).

»Ich bin schuldig« steht auf unserem Schuldschein. Nach dem Hauptgebot sollen wir drei Richtungen überprüfen: Liebe ich Gott – den Nächsten – mich selbst? Oder besser: Was habe ich alles in diesen Richtungen *unterlassen?* Bin ich wie die anderen hauptsächlich hinter dem Geld her, leicht verführbar, egoistisch, unpolitisch, eigentlich gleichgültig im Glauben, versteckt hinter einer schönen Fassade? An welcher Stelle stehen bei mir tatsächlich Gott, Gebet, Gottesdienst? Habe ich zu einem Menschen alle Brücken abgebrochen? Habe ich spürbar mit den Ärmsten der Armen geteilt? Wie groß ist meine Selbstsucht? Wie gehe ich mit meinen Ängsten um?

Wir bekennen unsere Schuld ...

Wir tauschen die Schuldscheine mit unseren Nachbarn aus; denn wenn Versöhnung gelingen soll, muß ich auch das Versagen des anderen möglichst annehmen. Weil Christus unsere Schuld durch sein Kreuz getilgt hat (Kol 2, 13b.14), heften wir jetzt unseren Schuldschein ans Kreuz und kommen wie am Karfreitag zur Kreuzverehrung nach vorne ... (dazu Orgelspiel).

Als Zeichen der Vergebung Gottes verbrenne ich jetzt symbolhaft die Schuldscheine mit der Kraft, die von der Osterkerze ausgeht.

Jetzt könnten wir eigentlich beruhigt im Gottesdienst fortfahren, wenn es da nicht noch ein Evangelium gäbe ...

Jetzt erst wird das Gleichnis vom unbarmherzigen Gläubiger erzählt oder vorgelesen (Mt 18, 23–35). Der Stromkreis der Liebe Gottes kann nur wirken, wenn wir bereit sind, seine Vergebung weiterzugeben – wie wir das in jedem Vater unser beten: »Vergib uns unsere Schuld, *wie auch wir vergeben unsern Schuldigern.*«

(Am Ausgang *können* später bunte Heftpflaster verteilt werden, die uns daran erinnern sollen, daß wir draußen die Vergebung Gottes weiterschenken – bei all den Verwundungen, die wir durch unsere Taten oder Unterlassungen verursacht haben. – Dieser Gottesdienst erfordert zwar eine Menge Vorbereitung, aber das Echo wird die Mühe lohnend machen.)

(Vgl. Bußfeier Nr. 12 in »3 × 7 Bußfeiern«.)

27. Das Scherbenkreuz

(Ein Scherbenhaufen; ein aus rohen Brettern gezimmertes Hohlkreuz, darin eine flüssige Masse, z. B. Gips)

Lesungen: Ps 147,1–7 (Er heilt die gebrochenen Herzen); Lk 4, 16–19 (Die Zerschlagenen setze ich in Freiheit); Joh 3, 16 f (Er richtet nicht, sondern rettet die Welt); Joh 13, 1–20 (Die Fußwaschung)

Wir haben auf einzelne Scherben geschrieben, wo wir Porzellan zerschlagen haben oder was in uns und durch uns zerbrochen wurde: Egoismus, Jähzorn, Krankheiten, bedrohte Schöpfung, ungerechte Bezahlung, Scheidung, Kindesmißhandlung, Arbeitslosigkeit ... lese ich.

Jetzt legen wir unsere Lebensscherben in die Gußform des Kreuzes mit seiner noch flüssigen Masse: So entsteht ein Kreuz aus Tragbalken unserer eigenen Not und Schuld. Dieses Kreuz geht ein in das Kreuz Jesu Christi.

(Meditationsmusik – während die Scherben in das Kreuz gesteckt werden.)

An diesem Kreuz vor unseren Augen kann uns klar werden, was es heißt, Christus nachzufolgen: Uns zunächst erleichtern, indem wir Schuld und Not abgeben können. Aber auch die Scherben und das Kreuz der Geplagten, der Schwachen und Armen in uns aufnehmen und mittragen – wie Jesus es tat.

Wir haben uns dabei die Hände schmutzig gemacht, eine »Drecksarbeit«. Wer macht sich schon gerne die Hände für andere schmutzig? Aber Jesus hat bei seiner Fußwaschung den niedrigsten Dienst verrichtet und dabei auch Judas, den Verräter, und Petrus, den Verleugner, nicht ausgeschlossen. Wir können die Scherben nicht in »anständig« und »unanständig« vorsortieren. Alles darf hier Platz finden: Reiche und Habenichtse, Getraute und Ungetraute, Rechte und Linke, Unterdrücker und Unterdrückte. Jesus starb für alle ...

Wie oft wurde dieses Zeichen des Kreuzes mißverstanden: Mit Perlen und Edelsteinen herausgeputzt als Hoheitszeichen vorangetragen. So wird von Friedrich Joseph Haass, dem hl. Doktor oder auch »Engel« von Moskau (1780–1853), erzählt, daß er mit dem Metropoliten von Moskau befreundet war. Dieser, auf seiner Brust ein goldenes, mit Edelsteinen geschmücktes Kreuz, sagte eines Tages über die Strafgefangenen: »Wer bestraft wird, ist auch schuldig!« Da wurde der Doktor wütend, zeigte auf das goldene Kreuz und sagte in aller Schärfe: »Sie haben nur Christus vergessen!« (Gefunden in Anton Rotzetter, Gottes Leidenschaft ist Liebe, Herder Verlag, Freiburg 1990, S. 75 f.) Wie viele Frauen und Männer wurden im Fadenzeichen des Kreuzes inquisitorisch hingerichtet; ganze Völker wurden unter diesem Panier in blutige Kriege getrieben; es war auch auf den Koppelschlössern der deutschen Wehrmacht und schmückte manche Brust als Kreuz am Bande.

Wir haben ein Kreuz vor Augen mit den Bruchstücken menschlichen Scheiterns. Das Scherbenkreuz stellt uns deutlich Christus als den Gekreuzigten dar (Gal 3, 1), als »Notaufnahmelager« aller Mühseligen und Beladenen – ohne Glanz und Gloria. Wir wollen jetzt betend davor verweilen.

(Gekürzt und geändert nach Paul Schobel, Böblingen, in Publik-Forum 6/89, S. 5. – Vgl. auch Seniorengottesdienste 1, 177 Gottesdienste für ältere Menschen und andere Altersgruppen, Mainz ²1991.)

28. Verwandlungen des Petrus
(Ein Stück Kohle, wie sie für das Weihrauchfaß benutzt wird, mit einer Zange gehalten)

*Lesungen:*Apg 2, 14–21 (Pfingstpredigt des Petrus); Joh 18, 16–18. 25–27 (Petrus verleugnet Jesus dreimal) *und* Joh 21, 9. 15–17 (Petrus wird dreimal gefragt: Liebst du mich?)

Dieses Stück Kohle habe ich mitgebracht, weil wir im Evangelium zweimal von einem »Kohlenfeuer« gehört haben, an dem Entscheidendes geschah: Petrus verleugnet Jesus *dreimal* am Gründonnerstagabend. Und ein paar Tage später, nach der Auferstehung Christi – und das können wir genau drei Kapitel später lesen (obwohl die Kapiteleinteilung natürlich erst viel später erfolgte) –, wird Petrus am See von Galiläa (= von Tiberias) *dreimal* gefragt: »Liebst du mich?«
Es erging dem Petrus wie diesem Stück Kohle hier: In der Nacht der Gefangennahme Jesu war er kalt und hart wie diese Kohle, voller Angst, »verbrannt zu werden«. Und er leugnet, Jesus zu kennen.
Als Petrus erfahren hat, daß Jesus auferstanden ist, wurde er von der Liebe zu ihm neu durchglüht (jetzt die Kohle in eine brennende Kerze halten und warten, bis sie durchglüht ist). Petrus war wieder so voller Liebe, daß er spontan ins Wasser sprang, um möglichst schnell zu Jesus zu kommen, als Johannes ihm sagte: »Es ist der Herr!« Dann fragt ihn Jesus dreimal: »Liebst du mich?« Das dreimalige Fragen muß Petrus siedendheiß berührt haben, es erinnerte ihn an sein dreimaliges: »Ich kenne ihn nicht!« Darum wird Petrus auch traurig. Er beschwört um so intensiver und mit Reue in der Stimme: »Herr, du weißt alles; du weißt, daß ich dich liebhabe!«
Diese Kohle hier läßt noch etwas zu! (So kräftig pusten, daß die Funken sprühen!) Könnt ihr euch denken, was ich damit meine? Ja, die Funken erinnern an Pfingsten, an das, was wir in der Lesung hörten: Der Sturm des Hl. Geistes pustet Petrus und die Jünger so an, daß die Funken stieben. Plötzlich haben sie den Mut, hinauszugehen: Petrus hält eine so begeisternde Pfingstpredigt, daß sich anschließend dreitausend Menschen taufen ließen. Damit nicht genug: In der anschließenden Verfolgung der ersten Christen werden die Jüngerinnen und Jünger in alle Welt hinausgetrieben, um die Botschaft des Auferstandenen weiterzutragen.

Am Kohlefeuer geschah Entscheidendes: Ein kleines Stück Kohle stellt uns die Verwandlungen des Petrus vor Augen. Was bei Petrus möglich war, ist allen zugesagt, die sich auf das Feuer Gottes einlassen.

29. Sein Kreuz bis zur Erlösung tragen

(Zwei kräftige Balken, die zu einem Kreuz zusammengebunden und für ein Kind schwer zu tragen sind; eine gelbe Scheibe als Sonne; das Bild von einer Katastrophe; ein »Schuldschein« und ein dicker Filzstift; ein grün gemaltes Blatt oder ein grüner Zweig; ein Blatt mit den Umrissen zweier Hände; eine blau gemalte Traube; Klebeband zum Befestigen)

Lesungen: Phil 2, 5–11 (Das Beispiel Christi: bis zum Tod am Kreuz); Kol 2, 13–15 (Er hat den Schuldschein durchgestrichen); Mt 10, 37–39 (ähnlich Lk 14, 26 f: Vom Ernst der Nachfolge)

Hinweis: Bitte auswählen!

Pr.: Im Mittelgang der Kirche liegt ein Kreuz aus zwei kräftigen Balken.
Ein Kind wird es jetzt nach oben schleppen. Dabei überdenken wir die Worte, die Jesus uns eben gesagt hat: »Wer nicht sein Kreuz trägt und mir nachfolgt, der kann nicht mein Jünger sein!« (Lk 14, 27).
(Kind trägt Kreuz bis auf die oberste Stufe, stellt es hin und hält es fest.)
An dieses Kreuz heften wir jetzt noch einige Symbole, die uns aufschlüsseln, was das Zeichen des Kreuzes für uns bedeuten kann.

1. Spr.: Ich bringe eine *Sonne,* die ich gleich ans Kreuz hefte. – In der Hl. Schrift heißt es: »Gott hat seinen Sohn in die Welt gesandt, nicht, damit er die Welt richtet, sondern damit die Welt durch ihn gerettet wird« (Joh 3, 17). Christus, die Sonne der Gerechtigkeit, hat alles überwunden, was in der Welt querliegt. Die Sonne seiner Barmherzigkeit und Güte will auch uns retten.
(Spr. heftet die Sonne an die Stelle, wo die Balken sich kreuzen, währenddessen:)

Pr.: Jesus kam, um zu retten, nicht um zu richten!

2. Spr.: An einer anderen Stelle in der Bibel spricht der greise Simeon zu Maria: »Dieser Jesus ist dazu bestimmt, daß viele durch ihn aufgerichtet werden ... Dir selbst wird ein Schwert durch die Seele dringen« (Lk 2, 34 f).
Mein *Bild* hier zeigt die *Katastrophe* vom ... Wie vielen Müttern, wie vielen Menschen drang hier ein Schwert durch die Seele! Wir glauben daran, daß

alle, die sich auf Jesus einlassen, wieder aufgerichtet werden: Neue Hoffnung und neuen Mut zu einem neuen Anfang erfahren.

(Spr. heftet das Bild unten an den Längsbalken; währenddessen:)

Pr.: Auf wen stütze ich mich, wenn ein Schwert *meine* Seele durchdringt?

3. Spr.: Ich bringe einen *Schuldschein.* Darauf können wir eintragen, wo wir andere beleidigt und verletzt oder auf ihre Fehler festgenagelt haben ... Wie oft haben wir die Unwahrheit gesagt – feige geschwiegen – die Hilfeleistung unterlassen – Leben zerstört – zu wenig geteilt ...

Im Brief an die Kolosser schreibt der Apostel Paulus: Gott »hat den Schuldschein, der gegen uns sprach, durchgestrichen und seine Forderungen, die uns anklagten, aufgehoben. Er hat ihn dadurch getilgt, daß er ihn an das Kreuz geheftet hat« (Kol 2, 14). Ich darf also mit diesem Stift den Schuldschein, der uns anklagt, tilgen. Wenn wir das Kreuz um 45° drehen, wird es ja auch zum X, das alle Schuld durchstreicht. In jeder Beichte und Buße wird uns Versöhnung geschenkt.

(Spr. streicht Schuldschein durch und heftet ihn oben an den Längsbalken; währenddessen:)

Pr.: Unser Schuldschein ist durchgestrichen, wenn wir uns auf Jesus einlassen.

4. Spr.: Wir wissen, der Tod hat seit Ostern nicht das letzte Wort: Aus Leid kann Heil werden, aus Tod Auferstehung. Ich bringe ein *grünes Blatt* (oder einen grünen Zweig), denn das Kreuz ist zum Lebensbaum geworden für alle, die auf Gott und Jesus Christus vertrauen.

(Spr. heftet das grüne Blatt an den linken Querbalken; währenddessen:)

Pr.: Auch unsere Kreuze können wieder zu Lebensbäumen werden.

(Alternative: Drei große grüne Weinrebenblätter aus Pappe oder Papier werden oben und an den beiden Querbalkenenden angeheftet, so daß das Kreuz einem stilisierten Weinstock ähnelt.)

5. Spr.: Unsere guten Vorsätze, die wir auf das grüne Blatt schreiben könnten, reichen allein nicht aus. Jesus braucht auch unsere Worte und Taten. Darum hefte ich meine *umzeichneten Hände* an das Kreuz. Sie sollen sagen: Christus braucht auch unsere Hände und Füße, um heute zu heilen und auf Menschen zuzugehen, die auf Erbarmen hoffen.

(Spr. heftet die gemalten Hände an den rechten Querbalken; währenddessen:)

Pr.: Christus braucht *jeden* von uns.

6. Spr.: Diese große *Traube* hier hefte ich direkt unter die Sonne (oder auf die Sonne). Das Kreuz könnte ja auch ein Stützstab für den rankenden Weinstock sein. Erst wenn der Weinstock sich entfalten kann, bringt er Frucht. Die Frucht des Weinstocks aber, der Saft der Reben, fließt in jeder Meßfeier in den Kelch. Diese Frucht stärkt uns – verwandelt – auf der Pilgerschaft unseres Lebens. Wir danken Jesus Christus für die Liebe, die ihn das Opfer am Kreuz vollenden ließ.

(Spr. heftet die Traube auf oder unter die Sonne; währenddessen:)

Pr.: Darum ist die Feier der Messe die Mitte unseres Glaubens, die uns zusammenhält.

7. Spr.: Ich stelle die *Osterkerze* vor dieses Kreuz. Wir haben jetzt deutlicher erkannt, was Jesus damit meint, wenn er uns heute sagt: »Wer nicht sein Kreuz trägt und mir nachfolgt, der kann nicht mein Jünger sein!« Es ist nicht gemeint, daß wir in der Nachfolge Christi nur auf die Zähne beißen. Im Licht der Osterkerze kann die Last des Kreuzes leichter sein. Wir können die »brennende Liebe« Jesu verstehen, der uns sagte: »Mein Joch drückt nicht, und meine Last ist leicht.«

(Kreuz und Osterkerze werden gut sichtbar im Chor aufgestellt; währenddessen:)

Pr.: In diesem Zeichen des Kreuzes können wir unsere Pilgerreise bis zum Ziel durchstehen.

(Zuerst veröffentlicht in »PuK« 5/89, S. 580 ff; erweitert.)

30. Der Christus aus dem Ozean
(Das große Kreuz über oder hinter dem Altar)

Lesungen: Num 21, 4–9 (Wer zur Kupferschlange aufblickte, wurde gerettet); Joh 1, 19–34 (Seht das Lamm Gottes, das die Sünde der Welt hinwegnimmt); Joh 3, 14 (Der Menschensohn muß erhöht werden, um ewiges Leben zu schenken)

Wenn ich an unserem Kirchenkreuz den großen Längs- und Querbalken betrachte, zu denen schon so viele Menschen vertrauend und betend aufgeschaut haben, dann kommt mir oft die Geschichte eines Kreuzes einer französischen Küstengemeinde in den Sinn. Von diesem Kreuz wird folgendes erzählt:
Wieder hatte ein Orkan viele Männer auf See den Tod finden lassen, auch den Schiffer Jean Lenoël und seinen Sohn Désiré aus Saint-Valéry. Ihre Leichen wurden im großen Kirchenschiff aufgebahrt unter dem Gewölbe, an dem sie kurz zuvor als fromme Gabe an Maria einen Segler mit voller Takelage aufgehängt hatten.
Eines Tages entdeckten Kinder unter den vielen Wrackstücken, die an Land geschwemmt wurden, eine Gestalt, die auf dem Meer schwamm: Es war ein Christus in Menschengröße, eine alte Arbeit aus hartem Holz geschnitzt und mit natürlichen Farben bemalt. Um seine Stirn lag eine Dornenkrone, seine Füße und seine ausgebreiteten Hände waren durchbohrt. Aber die Nägel fehlten, ebenso die Bal-

ken. Die Kinder brachten den Corpus zum Pfarrer, und der freute sich, daß Christus mit ausgebreiteten Armen in das Küstendorf gekommen war, um die grausam geprüfte Gemeinde zu segnen. Er bestellte sofort schöne Balken aus massivem Eichenholz, hängte den Heiland mit neuen Nägeln daran und richtete das Kreuz auf. Da sah man erst, daß seine Augen voller Barmherzigkeit waren. Aber am nächsten Morgen waren alle überrascht, daß die Christusfigur ohne Kreuzesbalken auf dem Altar lag.

Sobald der Pfarrer Gewißheit hatte, daß niemand mit dem Kreuz in Berührung gekommen war, das Geschehen also ans Wunderbare grenzte, predigte er am folgenden Sonntag darüber und lud die ganze Gemeinde ein, durch ihre Spenden zur Herstellung eines neuen Kreuzes beizutragen, das schöner als das erste sein sollte und würdiger, den Erlöser der Welt zu tragen. Die armen Fischer gaben soviel Geld, wie sie konnten; selbst die Witwen brachten ihre Ringe! So wurde ein herrlich schimmerndes Kreuz aus schwarzem Holz bestellt mit einem INRI in goldenen Buchstaben. Zwei Monate später befestigte man die Christusfigur darauf – aber Jesus verließ es ebenso wie das erste Kreuz und legte sich noch in der Nacht auf den Altar.

Die Nachricht von diesem Wunder verbreitete sich in der ganzen Gegend. Jetzt kamen kostbare Spenden aus allen Teilen des Landes, so daß ein Goldschmied innerhalb von zwei Jahren ein Kreuz aus Gold und Edelsteinen schuf, mit einem Herzen aus Diamanten, eigens von der Frau des Marineministers gestiftet. Aber der Corpus entfloh wiederum dem kostbaren Kreuz und legte sich von neuem auf das weiße Linnen des Altares.

Aus Angst, Christus erneut zu kränken, blieb er dort zwei Jahre so liegen – bis Pierre, ein harmloser, schwachsinniger junger Mann, zum Pfarrer gelaufen kam und berichtete, er habe am Strand das richtige Kreuz des Herrgotts gefunden. Sie fanden auch zwei mit Nägeln besetzte Bretter eines zerborstenen Schiffes, die das Meer lange mit sich gewälzt hatte und die tatsächlich ein Kreuz bildeten. Dann entdeckten sie zwei schwarz aufgemalte Buchstaben, ein J und ein L, und es konnte kein Zweifel bestehen, daß dies ein Überrest des Bootes von Jean Lenoël war, der fünf Jahre zuvor mit seinem Sohn Désiré im Meer umgekommen war.

Wenn die Leute auch über den einfältigen Trottel lachten, der die gebrochenen Planken eines Schiffes für das Kreuz Christi gehalten hatte, so befahl der Pfarrer doch – nach einem Gebet für die Verstorbenen – die Wrackstücke auf die Schultern zu nehmen und in der Kirche abzulegen. Dann nahm er den Christus vom Altar, legte ihn auf die Bretter des Bootes und nagelte ihn eigenhändig mit den vom Meer zerfressenen Nägeln darauf fest.

Und der Christus aus dem Ozean löste sich nie mehr davon. Auf dem Holz wollte er offensichtlich bleiben, auf dem Menschen gestorben sind, die seinen Namen und den seiner Mutter angerufen hatten. Seitdem hängt er dort und sein etwas geöffneter Mund scheint zu den Menschen zu sprechen: »Mein Kreuz ist gemacht aus allem Leiden der Menschen; denn ich bin ein Gott der Armen und Unglücklichen.«

(Stark verkürzt nach einem gleichnamigen Bericht von Anatole France, in: Moderne französische Erzähler, Langewiesche-Brandt KG, Ebenhausen bei München.)

Wenn wir auf unser großes Kirchenkreuz schauen, dürfen wir uns an diese Geschichte erinnern, die uns den Gott der Geringsten, das Mitleiden Jesu mit seiner ganzen Schöpfung und die Barmherzigkeit Gottes vor Augen stellt. (Vielleicht kann das eigene Kirchenkreuz in seiner besonderen Aussage für die Gemeinde gedeutet werden.)

31. Eine Bibel ohne Worte

Jeder erhält eine »Bibel«, ein Heftchen, das aus vier Blättern ohne Worte besteht, aber durch die Farben spricht: schwarz, rot, weiß, gold [= gelb] – die »Baedeker-Bibel«: Karl Baedeker war ein Missionar, der 1877 zu den Zwangsarbeitern nach Sibirien kam, und jenen Männern, die zum Teil nicht lesen konnten, die wichtigsten Aussagen der Bibel in symbolischen Farben hinterließ, eben in dieser Bibel aus vier Blättern.)

Zunächst wird jede Farbe »erarbeitet«; dann eine Bibelstelle dazu vorgelesen oder erzählt:

Schwarz (= Angst, Grab, Trauer, Einsamkeit, Dunkelheit): Wir gleichen Kain, der Abel töten (Gen 4, 1–10), dem Menschen ein Wolf sein kann!

Rot (= Blut, Liebe): Jesus erniedrigte sich bis in den Tod (Phil 2, 6–8). Zur Vertiefung eignet sich aus »Kurzgeschichten 3« die Geschichte Nr. 59: Er erniedrigte sich selbst.

Weiß (= festlich, freundlich, rein, hell): Unsere Schuld ist vergeben (Kol 2, 13–14). Hier eignen sich auch die Wandlungsworte »... zur Vergebung der Sünden«, die uns die Erlösungstat immer wieder vergegenwärtigen. – Wir glauben auch an einen guten Vater im Himmel, der durch das Rot am Karfreitag das Schwarze in meinem Leben ganz weiß machen kann.

Gold (= Reichtum, Schönheit, Sonne, Herrlichkeit): Jesus ist auferstanden! Evangelium von Ostern, z. B. Joh 20, 1–10.

Unsere Bibel ohne Worte will uns also sagen: Schwarz = Wir werden immer wieder schuldig. – Rot = Jesus hat sein Blut für uns vergossen. So sind wir weiß geworden = wir können ganz anders leben. – Gold = Wir haben durch die Auferstehung Jesu eine große Zukunft und eine goldene Aussicht!

(Stark verkürzt und verändert nach Ralf Johnen, Mönchengladbach, in »Evang. Materialdienst«, Ausgabe 37, S. 21 ff.)

Andere Ideen

1. Schweiß und Tränen trocknen
(Ein Taschentuch, eventuell für jeden)

Lesungen: Eph 4, 29–32 (Seid barmherzig zueinander); Mt 7, 1–5 (Richtet nicht ... Vom Splitter und Balken); Mt 25, 41–46 (Das Unterlassene klagt uns beim Weltgericht an)

Dieses Tuch kann uns an das Schweißtuch der Veronika erinnern. Die christliche Tradition hat ihr die sechste Kreuzwegstation und zahlreiche Bilder geschenkt: Sie dringt als junge Frau mutig durch die gaffende Menge und die rohe Soldateska und bietet dem Herrn ihr Schweißtuch dar, in das er sein Antlitz drückt (vgl. GL 775, 6).

1. Oft stehen wir nur neugierig und gaffend herum, wenn etwas passiert ist; aber niemand hilft, schreitet ein oder zeigt Verständnis und Mitleid, wenn andere getreten, geschlagen und benachteiligt werden. Besonders Jungen und Männern geht es ab, Gefühle, Tränen und Zärtlichkeit zu zeigen, weil sie erzogen wurden, hart zu sein, nicht mit Puppen zu spielen, zu leisten, zu kämpfen und nur ja kein Schlappschwanz zu sein.
2. Wir alle besitzen ein Taschentuch, mit dem wir Tränen und Schweiß abwischen könnten, aber wir unterlassen oft die Schritte zum anderen und laden so Schuld auf uns. Veronika zeigte keine Angst.
Wir wissen über die Not in der Welt genau Bescheid durch die umfassenden Informationssendungen, aber wo engagieren wir uns, um an einer kleinen Stelle die Welt zu verändern? Gedankenlosigkeit ist schon schlimm, aber Gleichgültigkeit ist absolute Unmenschlichkeit; schlimmer als Haß! Das Unterlassene wird uns im Weltgericht anklagen (vgl. Mt 25, 41 ff).
(Dazu siehe »Kurzgeschichten 4«, Nr. 228: Selbst der Teufel weicht am Eingang der Hölle zur Seite, um mit einem vermeintlich guten Menschen, der absolut nichts gegen die Nöte in der Welt unternommen hat, nicht in Berührung zu kommen.)
3. Würden wir Menschen in Not *unterschiedslos* unser Taschentuch anbieten, oder würden wir einen Unterschied machen zwischen einem jungen Mädchen und einer alten Frau, zwischen einem Deutschen und einem Ausländer, einem Übersiedler und einem Asylanten? Wir sind nicht zum Richten aufgerufen, sondern zum Aufrichten (vgl. Mt 7, 1–5); denn in jedem Menschen begegnet uns Christus.
(Dazu eine harte Geschichte aus unserer unbewältigten Vergangenheit in »Kurzgeschichten 4«, Nr. 58.)
4. Viele Tränen brauchten nicht zu sein, wenn wir öfter einander Fehler verzeihen könnten. Besonders vor dem Zubettgehen ist ein Wort der Versöhnung angebracht, damit sich auch unsere Seele entspannen kann. Vor jeder Kirche sollte ein Baum mit bunten Tüchern der Vergebung einladen (vielleicht an diesem Sonntag zu verwirklichen?), getreu der Geschichte aus einem amerikanischen Song, in dem ein Strafentlassener sich als Zeichen der Vergebung und des Willkommenseins ein großes, buntes Tuch im Apfelbaum vor dem Elternhaus gewünscht hat. Als der Zug in die letzte Kurve biegt, steht ihm der Baum vor Augen: behangen mit tausend bunten Tüchern (vgl. »Kurzgeschichten 1«, Nr. 221). Wenn wir in jeder hl. Messe das Vater unser beten (»Vergib uns unsere Schuld, wie auch wir vergeben unsern Schuldigern«), dann dürfen wir den Stromkreis der Liebe durch Hartherzigkeit nicht unterbrechen; Jesus will uns in seinem Brot mit Gott und *untereinander* verbinden.

Wenn jeder ein Tuch bekommen hat: So hängt dieses Tuch zu Hause als Zeichen der Umkehr und Versöhnung an eine wichtige Tür, wenn der Haussegen wieder einmal schiefhängt, oder tragt es eine Zeitlang als Taschentuch, um euch an das mutige Beispiel der hl. Veronika zu erinnern.
(Als ausformulierte Bußfeier in »FaJu«, Febr. 91.)

2. Dienen statt Richten
(Ein Krug mit Wasser und eine Schüssel)

Lesungen: Gal 5, 13–15 (Dient einander); Mt 20, 20–28 (ähnlich Mk 10, 41–45; Lk 22, 24–27: Vom Herrschen und Dienen); Joh 13, 3–15 (Fußwaschung)

(Pr gießt Wasser in eine Schüssel; ein Handtuch kann daneben liegen.)
Zweimal ist in der Leidensgeschichte Jesu von einer Schüssel mit Wasser die Rede: Pilatus wäscht bei der Verurteilung Jesu aus Feigheit seine Hände in Unschuld (Mt 27, 24) und – Jesus gießt Wasser in eine Schüssel, um wie ein Sklave den Jüngern die Füße zu waschen. Zwischen diesen beiden Möglichkeiten muß auch unser Handeln angesiedelt sein: Versuchen, das Anti-Beispiel des Pilatus zu meiden und vom Beispiel Jesu zu träumen ...
Aber wie handeln wir?
Wir waschen allzu oft unsere Hände in Unschuld – aus Gedankenlosigkeit, Feigheit oder Gleichgültigkeit! Wir klagen z. B. über die zunehmende Gefährdung der Umwelt – und fahren 300 m mit dem Auto, um Brötchen zu holen. Wir wissen um Hunger und Not in der Welt – und kaufen mit nur ein paar Mark unser schlechtes Gewissen frei. Wir glauben, keine Zeit zu haben, eine kranke Nachbarin zu besuchen – und hängen stundenlang vor dem Fernsehapparat ... Sollte es nicht Gedankenlosigkeit sein, sondern Gleichgültigkeit, dann ist das absolute Unmenschlichkeit!
Jesus zeigt uns das Gegenteil. Er, der Meister und Herr, steht vom Mahl auf, um den niedrigsten Dienst zu leisten, zu dem nicht einmal ein Sklave gezwungen werden durfte: Er wusch den Jüngern die Füße. Die Handlung müßte eigentlich zum Sakrament erklärt werden, denn deutlicher als bei anderen Sakramenten sagt Jesus hier: »Wenn nun ich, der Herr und Meister, euch die Füße gewaschen habe, dann müßt auch ihr einander die Füße waschen. Ich habe euch ein Beispiel gegeben, damit auch ihr so handelt, wie ich an euch gehandelt habe« (Joh 13, 14f).
Wir möchten in unseren Träumen oft genug »die Größten« sein, und wenn schon waschen, dann anderen »die Köpfe«, aber Jesus zeigt uns, nach welcher Haltung wir leben sollen: »Wer bei euch groß sein will, der soll euer Diener sein ...« (Mt 20, 26f). Ein Beitrag zur Heilung der Welt. Wie es in einem Lied heißt: »Als Brot für viele Menschen, hat uns der Herr erwählt, wir leben füreinander und nur die Liebe zählt« (GL 620, 4. Str.).
(Im kleineren Kreis, z. B. bei einer Frühschicht, Gruppenmesse ... kann jetzt bei Hintergrundmusik das Tuch von Hand zu Hand gehen; dabei kann jeder überlegen, wo er steht in seiner Haltung: mehr bei Pilatus oder Jesus?)

3. An was das Leichentuch Jesu erinnern kann
(Ein weißes Tuch; eventuell für jeden)

Lesungen: Ps 22, 15–20 (Sie verteilen unter sich meine Kleider); Jes 53, 2–7 (Der Gottesknecht war wie einer, vor dem man das Gesicht verhüllt); Joh 19, 31–42 (Sie umwickelten den Leichnam Jesu mit Leinenbinden) oder Joh 20, 3–8 (Er sah die Leinenbinden und glaubte)

Hinweis: Bitte auswählen, z. B. 5. und 6. können entfallen!

Das weiße Tuch (in unseren Händen) kann uns auf viele Tücher hinweisen:

1. Heute zunächst auf das Leichentuch, in das sie Jesus hüllten (Joh 19, 40). Das war damals Begräbnissitte. So heißt es auch bei der Erweckung des Lazarus: »Seine Hände und Füße waren mit Binden umwickelt und sein Gesicht war mit einem Schweißtuch verhüllt« (Joh 11, 44). Es war der letzte Liebesdienst am Verstorbenen. – Heutzutage hüllen wir unsere Verstorbenen in ein weißes Totenhemd, das an das Taufkleid erinnert und jetzt erst seinen tiefsten Sinn erhält: Denk daran, du gehörst seit der Taufe Christus an!

2. Das weiße Tuch erinnert uns aber auch an den Leibrock Jesu. Die Soldaten rissen ihn Jesus vom Leib, um ihn unter sich zu teilen. Jesus stand nackt da, den Augen der Gaffer preisgegeben (Joh 19, 23).

3. Das Tuch weist uns hin auf die mutige Veronika, die sich aus der Masse löste und mit ihrem Schweißtuch Jesus Erleichterung brachte: Tränen, Schweiß und Blut konnte er damit wegwischen. (Christliche Tradition in der sechsten Kreuzwegstation.) Reichen wir »Taschentücher«, wenn wir jemanden leiden oder weinen sehen?

4. Dieses Tuch kann uns an das Leinentuch erinnern, mit dem Jesus seinen Jüngern die Füße abtrocknete (Joh 13, 4 f): Nur, wer bereit ist, diesen niedrigsten Sklavendienst auszuüben, gehört zu Jesus.

5. Solch ein Tuch trugen Blinde früher über den Augen, damit jeder von weitem schon deren Schicksal erkennen konnte. Wie vielen Menschen, die sehen können, müßten noch die unsichtbaren Tücher von den Augen genommen werden, bis sie mit den Augen des Herzens und des Glaubens sehen können?

6. Dieses Tuch erinnert uns an den Mann ohne hochzeitliches Gewand, der in die äußerste Finsternis geworfen wird (Mt 22, 13). Dieses Gleichnis stellt auch uns die Frage, ob wir das Kleid der Gnade, das uns in der Taufe übergestreift wurde, nach wie vor zu tragen bereit sind. Immer wieder werden wir an dieses Kleid erinnert, zu dem in der Taufe gesagt wurde: »Du hast jetzt Christus angezogen. Bewahre diese Würde für das ewige Leben!« Im Kommuniongewand, im Brautkleid, im weißen Kleid des Priesters und im Totenhemd steht uns diese Zeichensprache vor Augen. Im weißen Totenhemd, das wir als letzten Liebesdienst dem Verstorbenen überstreifen, steigen alle, die auf Christus getauft sind, mit ihm in die Wasser des Todes, aber auch hinauf zu neuem Leben aus der Quelle dessen, der auch Christus erweckte.

7. Die wichtigste Stelle zu diesem weißen Leinentuch steht bei Johannes: »Da gingen Petrus und der andere Jünger hinaus und kamen zum Grab; sie liefen beide zusammen dorthin, aber weil der andere Jünger schneller war als Petrus, kam er als erster ans Grab. Er beugte sich vor und sah die Leinenbinden liegen, ging aber nicht hinein. Da kam auch Simon Petrus, der ihm gefolgt war, und ging in das Grab hinein. Er sah die Leinenbinden liegen und das Schweißtuch, das auf dem Kopf Jesu gelegen hatte; es lag aber nicht bei den Leinenbinden, sondern zusammengebunden daneben an einer besonderen Stelle. Da ging auch der andere Jünger, der zuerst an das Grab gekommen war, hinein; *er sah und glaubte*« (Joh 20, 3–8). – Die leeren Tücher und das leere Grab ließen sie erstaunen, und der Auferstandene entzündete ihren Glauben.

Wenn wir jetzt zur Kreuzverehrung nach vorne kommen, dann senken wir in dieses weiße Tuch unsere unsichtbaren Tränen und Wunden, unseren ganzen Verrat an der Botschaft Jesu, aber auch unsere Hoffnung auf die Auferstehung, auf das kommende Leben, das »am Ende des Tunnels« von Leid und Kreuz erst beginnt.

(Wenn alle Teilnehmerinnen und Teilnehmer ein weißes Tuch bekommen haben, legen sie es vor das Kreuz. Einige MinistrantInnen knüpfen ca. zwölf Tücher zusammen und hängen sie in M-Form über das Kreuz.)

(Nach einer Idee der Pfarrei St. Theresia, D-4000 Düsseldorf 13.)

Ergänzung: Das Tuch kann auch noch an das große Leinentuch erinnern, das Petrus in seiner Vision (Apg 10, 11; 11, 5) vom Himmel herabkommen sah. Die vielen unreinen Tiere darin und die Aufforderung »Schlachte und iß!« versinnbilden die Glaubenswahrheit: *Alle* Menschen, auch die Heiden (es gibt kein »rein« oder »unrein« mehr) sind von Gott berufen.

Ostern

32. Unser Leben – wie ein Ei
(Ein großes Ei, z. B. ein Gänseei)

Lesung: von Ostern

Wir schenken uns Ostern buntbemalte Eier, denn das Ei ist ein Symbol für neues Leben, das wir Ostern in der Auferstehung Christi feiern. Es war für die Menschen immer schon ein Wunder, daß die Schale solch eines Eies plötzlich von innen her aufgesägt wird (mit dem sogenannten »Eizahn«, der über dem Schnäbelchen des Kükens sitzt und später nie mehr benutzt wird) und ein lebendiges Küken herausschlüpft.

Unser Leben ist wie ein Ei, will ich mit diesem großen Ei hier sagen: Es ist von Ewigkeit her befruchtet, vom Geiste Gottes, denn wir sind vom Anfang unseres Menschseins an Kinder Gottes. Wer diesen Gott und seinen Heiligen Geist in seinem Leben nicht an sich heranläßt, wird ein faules Ei, das in der »Nase« Gottes Todesgeruch verbreitet.

Wenn wir nun unser Leben als ein Ei sehen, das die Ewigkeit in sich hat, dann dürfen wir nicht zu sehr auf die Eierschale achten, sonst wird unser Leben nur ein oberflächlich bunt bemaltes Ei, und es bleibt alles bei der Schale, der Oberfläche, der Fassade stecken. Dann wird unser Leben wie ein faules Ei!

Ein Ei, das richtig ausgebrütet wird, bekommt Risse: Wenn alles richtig läuft in unserem Leben, dann muß unser Leben Risse bekommen durch Leid und Krankheit und Schmerz. Sie sind ein Zeichen dafür, daß sich unter der Schale, unter der Oberfläche schon das ewige Leben ankündigt, unser persönliches Osterfest.

Unser Sterbetag ist unser persönliches Osterfest, an dem die Eierschale abfällt. Was dann da beerdigt wird, ist nur die Eierschale. Ist es richtig, unsere »Eierschalen« so teuer zu beerdigen, wo es so viele Hungrige in der Welt gibt, die das viele Geld für die Beerdigung unserer »Eierschalen« zum Leben brauchen?

Im Himmel zählt nämlich nur das, was *in* der Eierschale war und was daraus gewachsen ist: Ob der Geist Gottes, der das Ei von Anfang an befruchtet hatte, darin stark werden konnte, alles durchdringen konnte. Und weil im Himmel nur zählt, wie stark der Geist Gottes und der seines Sohnes *im* Ei werden konnte, empfehle ich uns, jetzt schon mehr auf unser Inneres zu achten als nur auf unsere manchmal bunt bemalte Eierschalenoberfläche ...!

(Frei nach Wilhelm Willms, neu und älter gedacht. nur ein schlüssel und türen gehen auf; Butzon & Bercker, Kevelaer 1984, S. 141 ff.)

Feiern wir jetzt, daß wir von Ewigkeit her vom Geiste Gottes befruchtet sind und durch die Auferstehung Christi eine große Zukunft haben. Feiern wir das Fest der Feste!

Hinweis: Mit dieser Predigt soll nicht der schöne Brauch des Eierfärbens madig gemacht werden. – Da der Geist weht, wo er will, darf aufgrund dieser Aussagen auch nicht gedeutet werden, daß nur Fromm-Katholische in den Himmel kommen.

33. Ostern – das Fest der Feste

(Die Osterkerze brennt. Es liegen bereit: Adventskranzkerze, Tannenbaumkerze auf Tannenzweig, Opferlicht auf einem Kreuz, Taufkerze, Firmkerze, drei Kerzen zwischen Erntegaben, Grablicht, Ewiges Licht.)

Lesung: vom Fest

L = Lichtanzünder, der mit einer kleinen Osterkerze jeweils das Licht von der Osterkerze zu den einzelnen Kerzen bringt.

Wäre Christus nicht auferstanden, verlören alle Feste des Kirchenjahres ihren Sinn. Warum zum Beispiel Weihnachten feiern, wenn Jesus tot im Grab geblieben wäre? Warum Pfingsten feiern, wenn der Tod das letzte Wort gehabt hätte? Darum erhalten alle Feste, die fröhlichen und die ernsten, von Ostern her ihren Sinn. In einem Sprechspiel wollen uns Jungen und Mädchen das klar vor Augen stellen.

1. Kind (mit einer roten Adventskerze oder vier unterschiedlich abgebrannten Kerzen, vor denen ein Tannenzweig liegt):
Diese rote(n) Kerze(n) erinnert/erinnern uns an die Adventszeit. Weil Jesus lebt, lohnt es sich, immer wieder auf ihn zu warten. Weil es Ostern gibt, können wir mit ganzem Herzen Advent feiern und auf die Wiederkunft Christi warten.

L entzündet Adventskerze(n) von der Osterkerze her.
Liedruf eines Adventsliedes: Z. B. Freut euch, ihr Christen ... (GL 115).

2. Kind (mit einer typischen Tannenbaumkerze, die mit einem Kerzenhalter an einem Tannenzweig steckt):
Mit dem Geburtstag Jesu ist es hell geworden in der Welt. Denn Jesus kam zu allen Menschen, besonders zu den Traurigen, Armen, Kranken und Schuldigen. Jesus brachte Licht ins Dunkel. Aber Weihnachten wäre keine frohe Geburtstagsfeier, wenn Jesus nicht den Tod besiegt hätte. Darum erhält auch die Weihnachtskerze ihr eigentliches Licht von der Osterkerze.
L entzündet die Weihnachtsbaumkerze von der Osterkerze her.
Liedruf eines Weihnachtsliedes: Z. B. Kommt, lasset uns anbeten ... (GL 143).

3. Kind (mit einem Opferlicht auf einem kleinen gebastelten Kreuz): Wenn uns ein schweres Kreuz drückt, dann gehen manchmal die Lichter der Freude und der Liebe aus. Wenn die Angst, die Schuld, die Enttäuschung, ein Problem uns allzusehr niederdrücken, dann entzünden wir so ein kleines Opferlicht vor dem Kreuz oder dem Marienbild und bitten um die Hilfe des Himmels. Wenn Christus nicht auferstanden wäre, bliebe unser Bemühen sinnlos.
L entzündet das Opferlicht von der Osterkerze her.
Liedruf: Immer auf Gott zu vertrauen ..., das ist der rechte Weg.

4. Kind (mit einer Taufkerze):
Ich gehe dieses Jahr zur ersten hl. Kommunion. Diese Kerze in meiner Hand erinnert mich an meine Taufe. Früher wurden nur Erwachsene getauft, und zwar in der Osternacht. Christus, das Licht, soll in den Getauften leuchten und aller Welt Hoffnung und Orientierung geben. Christus lebt! Er will alle Menschen erlösen!
L entzündet die Taufkerze von der Osterkerze her.
Liedruf: Österliches Halleluja (GL 530, 7 oder GL 209, 4; 5).

5. Kind (mit der Kerze eines Firmlings):
Fünfzig Tage nach Ostern feiern wir Pfingsten. Das Feuer Gottes sprang auf die Jünger über. Die Tore der Urkirche öffneten sich. Die Christen waren »Feuer und Flamme«. Wie ein Lauffeuer ging die gute Nachricht um die Welt. Die Begeisterung der Christen lebt von der Freude über den auferstandenen Herrn. Seit der Firmung sind wir besonders dazu aufgerufen, selbst Licht für die Welt zu sein.
L entzündet die Firmkerze von der Osterkerze her.
Liedruf: Die Sache Jesu braucht Begeisterte ... (Peter Janssens Musik Verlag, D-4404 Telgte).

6. Kind (hält ein Tablett mit drei Tischkerzen, die von Erntegaben umrahmt sind):
Am Erntedankfest sagen wir Gott danke für all die guten Gaben, die wir letztlich aus seinen Händen erhalten. Wenn unsere Tische sich durchbiegen, vergessen wir so gerne, daß die Ernten in der Welt gerechter verteilt werden müssen; denn die mei-

sten Menschen auf dem Erdball leiden Hunger. Auch der Erntedank hat mit Ostern zu tun: Wenn Menschen glauben sollen, daß Jesus lebt, darf keiner mehr an Hunger sterben. Geteiltes Licht brennt heller!

L entzündet von der Osterkerze her alle drei Kerzen.

Liedruf: Wenn jeder teilt, was er hat, dann werden alle satt (Peter Janssens Musik Verlag, D-4404 Telgte).

7. Kind (mit einem Grablicht):
An Allerseelen stellen wir solche Grablichter auf die Gräber. Wir erinnern uns an alle Verstorbenen, die wir lieben. Wir wünschen ihnen, daß sie Jesus Christus finden, das ewige Licht. Wenn aber Christus nicht auferstanden wäre, könnte er nicht ewiges Licht für die im Dunkel des Todes und der Angst sein.

L entzündet von der Osterkerze her das Grablicht.

Liedruf: Es werde Licht, das die Nacht durchbricht! (Peter Janssens Musik Verlag, D-4404 Telgte).

8. Kind (mit Ewigem Licht vom Tabernakel):
Dieses »Ewige Licht« brennt immer am Tabernakel. Es sagt uns, daß Jesus alle Tage bei uns ist. Er will uns Weggefährte sein und in seinem »Brot des Himmels« uns auf unserer Wanderschaft durch diese Welt stärken, damit wir das Ziel unseres Lebens leichter erreichen.

L entzündet »Ewiges Licht« von der Osterkerze.

Liedruf: Halle-, Halleluja, wir werden auferstehn! Refrain des Liedes: Die Waffen verrotten zu Staub ... (Edition Schwann Musikverlag, Frankfurt/M.)

Pr: Danke euch allen für eure Mühe! Danke, daß ihr uns so anschaulich gezeigt habt: Ostern ist das Fest der Feste!

(Nach einer Idee von E. Engels, D-5483 Bad Neuenahr, aus »Evang. Materialdienst« Nr. 25, S. 31–34, stark verändert. Zuerst veröffentlicht in »PuK«, Heft 3/1990.)

34. Das Symbol der Kerze
(Eine mit Anker und Kreuz verzierte Kerze; vgl. Grafik)

Lesungen:
Phil 2, 12–18 (Leuchtet als Lichter in der Welt);
Mt 5, 14–16 (Ihr seid das Licht der Welt);
Joh 8, 12 (Ich bin das Licht)

Immer, wenn im Leben Wichtiges geschieht, sind Kerzen dabei, besonders in der Kirche: bei der Taufe, der Erstkommunion, am Hochzeitstag, am Sterbetag ... Vielleicht weil sich in der Kerze unsere Sehnsucht nach Wärme, Helligkeit und Geborgenheit widerspiegelt. Sie besiegt ja, auch wenn sie noch so klein ist, die Finsternis. Sie wärmt – und wir Menschen brauchen die Wärme der Liebe, der Güte und des Vertrauens. Sie verzehrt sich; zeigt uns also die wichtige Grundrichtung des Lebens, nicht krampfhaft alles für uns behalten zu wollen, sondern uns an andere zu verschenken.

Die Kerze spendet *still* ihr Licht: Wirklich große Dinge, wie Geburt und Wachsen, Leben und Sterben, vollziehen sich in der Stille.

Wir schauen noch genauer hin und deuten die Einzelheiten:

Die Kerze hat *Wachs* (= das Gute) nötig, um leuchten zu können.

Anker und Kreuz (siehe Grafik) sagen: Das Gute schöpft die Welt aus der Hoffnung in Christus und seinem Hl. Geist. Das *Licht* der Kerze ist Christus, der am dritten Tag neu und jetzt für immer aufleuchtet. »Ich bin das Licht der Welt«, sagte Jesus (Joh 8, 12).

Der *Docht*, der eingelassene Faden, sind wir Christen, die Christus, das Licht, weiterbrennen lassen, denn wir sind »das Licht der Welt« (Mt 5, 14). Der Docht muß »rein« (auf das Wort Gottes hören) sein, sonst flackert das Licht, und ohne Feuchtigkeit (= Sünde, Abkehr vom Licht), sonst verlöscht es. So leben wir Christen, angesteckt vom Licht Christi. Wir lassen andere seine Wärme und Liebe spüren. Wir bemühen uns, selbst Licht zu sein bis zum Ende.

(Nach Meditationen von Hans Erlemeyer und Martin Patzek.)

35. Der zweite Blick
(Ein Paket, ein Stein, ein Schmetterling, eine Hostie)

Lesungen: Sir 2, 1–15 (Im Feuer wird das Gold geprüft); 1 Kor 13, 4–8a (Die Liebe erträgt alles); Jak 5, 7 f.11 (Mahnung zur Ausdauer); Mt 21, 28–32 (Gleichnis von den ungleichen Söhnen: Beide sagen *erst* etwas anderes als sie *anschließend* tun); Joh 20, 11–18 (Maria aus Magdala sieht *zuerst* den Gärtner, *dann* erkennt sie Christus)

Vielleicht ging es euch auch schon so: Da kam mit der Post ein schäbiges Paket in grauem, verknittertem Papier verpackt. »Was mag das schon enthalten?« sagen wir mit abschätzigem Blick. Aber dann holen wir etwas Tolles, Überraschendes aus der alten Verpackung, das alle zum Staunen bringt.

Oder wir schauen in das Gesicht eines alten Menschen voller Falten, vielleicht verbittert, müde und krank. Aber wenn wir uns dann mit ihm unterhalten, entdecken wir plötzlich ein junges, spritziges, humorvolles Gemüt dahinter.

Darüber möchte ich heute sprechen: Nach der ersten Erfahrung möchten wir schon abschalten, aber der zweite Blick bringt es.

Ihr seht diesen Stein hier, Zeichen für etwas Belastendes: Er wurde einer jungen Palme in die Krone gelegt, um sie verkrüppeln zu lassen. Diese Last ließ sie ihre Wurzeln tiefer in den Boden treiben, um an das lebenswichtige Wasser zu kommen (vgl. »Kurzgeschichten 1«, Nr. 42). Auf den zweiten Blick war der Stein ein Segen; er machte die Palme stark.

In diesem Schmetterling hier habe ich den »zweiten Blick« eingefangen. Denn zunächst beobachten wir, wie sich die Raupe mühsam auf Stummelfüßen vorwärts bewegen muß. Wenn sie sich schließlich verpuppt, denken wir an das Ende, den Sarg, den Tod. Aber dann geschieht das Wunderbare: Ein geflügeltes Wesen hebt sich spielerisch leicht über alle Mauern und Gräben. Sinnbild für unsere Auferstehung aus dem Tod.

Oder dieses Stückchen Brot hier: Das Auge sieht und der Mund schmeckt nur ein kleines Stückchen Brot. Dahinter aber steht weit mehr: Verwandelt verbirgt es uns Gottes Gegenwart und wird zur Speise, gibt uns Kraft auf unserem langen Weg zum Ziel.

Christen sind Menschen mit dem »zweiten Blick«. Sie schauen auf den Auferstandenen, der am Kreuz auch scheinbar gescheitert war und dann die Erlösung brachte. Darum können Christen voller Geduld und Zuversicht warten.

Hierzu paßt gut das Märchen vom Salz des Lebens (vgl. »Kurzgeschichten 4«, Nr. 175): Die jüngste Königstochter wird vom Vater geächtet, als sie ihre Liebe zum Vater umschreibt mit: »Ich liebe dich wie das Salz!« Erst viel später erkennt er, wieviel sie damit ausgedrückt hat.

(Dazu der Gottesdienst »Auf den 2. Blick« von Peter Frowein in »FaJu«, Jan. 90.)

Andere Idee

Durch seine Wunden sind wir geheilt
(Osterkerze)

Lesungen: Apg 2, 14.22–28.32 (Gott aber hat ihn auferweckt); 1 Kor 15, 1–8 (Christus wurde begraben und auferweckt); Kol 3, 1–4 (Ihr seid mit Christus auferweckt); Mt 28, 1–10 (ähnlich Mk 16, 1–8; Lk 24, 1–12; Joh 20, 1–13: Er ist auferstanden)

Die fünf roten Nägel an dieser Osterkerze, Zeichen der Wundmale, künden von Christi Tod und Auferstehung.

1. Zwei Nägel erinnern an die Wunden seiner Hände: Hände können so Unterschiedliches wie zerstören, arbeiten und beten. Seit Ostern können wir im Geist Christi z. B. aus Fäusten helfende Hände machen: Der Kain in uns kann die Keule fallenlassen und den Friedensgruß anbieten. Wir können uns die Hände des hl. Franziskus, die mit den Wundmalen Jesu gezeichnet waren, nicht mit einem Maschinengewehr vorstellen, wohl aber gefüllt mit Brot, das er Hungernden anbieten will.
2. Ein Nagel deutet auf die Wunden seiner Füße: Füße tragen den Menschen in die Sünde oder in die Liebe, in den Tod und in das Leben. Wir sind in dieser Zeit Pilger, die nirgendwo endgültig zu Hause sind. Wenn unsere Füße sich an den Fußmalen Christi orientieren, dann

gehen wir nicht die Trampelpfade des Trends und der öffentlichen Meinung, dann gehen wir die engen Wege Gottes. So wie der Auferstandene verschlossene Türen überwand, so können wir versuchen, in manche versperrten Räume unserer Mitmenschen vorzudringen, oder sie aus Sackgassen wieder auf die Spur Jesu zurückzuholen.

3. Der Nagel in der Mitte erinnert uns an die Herzmitte Jesu, die seit seinem Tod für uns offensteht. Unser Herz kann zur Mördergrube und härter als Stein werden. Wer aber im Vertrauen auf Gott sprechen kann: »Bilde unser Herz nach deinem Herzen!«, weiß um Hoffnung und Freude mitten in Haß, Angst und Sehnsucht. Der hl. Benedikt sagte, auch im Blick auf dieses geöffnete Herz Jesu: »Ihr dürft an allem zweifeln, nur nicht an der Barmherzigkeit Gottes.«

4. Der oberste Nagel deutet auf die Wunde Jesu, welche die Dornenkrone verursachte: Verhöhnt und verspottet steht Jesus alleine vor seinen Peinigern; er, der den Menschen Friede und Heil bringen wollte.

Im Kopf läuft alles zusammen: Hier werden Krieg und Feindschaft geboren, aber auch Frieden und Trost. Die beiden Verbrecher am Kreuz hatten das Haupt Jesu vor Augen. Sie zeigten uns, was bis zuletzt auch unsere Freiheit ausmacht: Ich kann im Stolz mein Gesicht abwenden, ich kann es aber auch in Demut neigen und um das Erbarmen Gottes bitten.

Die fünf Wundmale an der Osterkerze umfassen alles, was den Menschen bewegt. Wenn wir sie zu Ostern zur Verehrung vor Augen haben, verkünden sie uns, daß wir durch Christi Wunden geheilt sind (1 Petr 2, 24). Sein Erbarmen strömt bis in unsere Zeit. Wer sich als österlicher Mensch darauf einläßt, darf auf die Hilfe Gottes hoffen: Denn Christus mit seinen verklärten Wunden sitzt zur Rechten seines Vaters und tritt für uns ein.

(Verkürzt und ergänzt nach Joachim Kardinal Meisner, Predigt zum Osterfest 1990 im Kölner Dom.)

Kommunion/Erstkommunion/Fronleichnam/ Christi Himmelfahrt

36. Das Brot der Liebe
(Ein großes Stück Brot, in graues Seidenpapier gewickelt)

Lesungen: 1 Kor 11, 23–26 (Der älteste Einsetzungsbericht); Mt 26, 20–28 (ähnlich Mk 14, 17–24; Lk 22, 14–20: Das Mahl); Joh 6, 48–58 (Ich bin das Brot des Lebens)

Dieses Brot hier, in Seidenpapier gewickelt, ist ein besonderes Stück Brot. Es ist schon Jahre alt, steinhart. Aber wer seine Geschichte hört, würde es zur Erinnerung für jeden auffällig hinlegen. Es ist wie mit dem Brot in der Monstranz, das wir manchmal ausstellen und heute hocherhoben durch die Straßen tragen. Welche Geschichte steckt nun hinter diesem Stück Brot? Ich möchte sie erzählen:

Als der alte Vater, ein Arzt, gestorben war, gingen seine Söhne daran, das Erbe aufzuteilen. Darunter befand sich auch ein Schrank, in dem Erinnerungsstücke aufbewahrt wurden. Behutsam nahmen sie Stück für Stück heraus. Beim untersten Fach stutzten sie: Da lag, in Seidenpapier eingewickelt, ein steinhart gewordenes halbes Brot. Sie riefen die alte Haushälterin, und die erzählte den erstaunten Söhnen:
In der schweren Notzeit nach dem ersten Weltkrieg (1914–1918) war der alte Herr schwerkrank geworden, und die behandelnden Ärzte hatten etwas von kräftiger Nahrung gemurmelt. Genau in dieser kritischen Zeit schickte ein Bekannter ein halbes Brot.
Aber der alte Arzt aß es nicht, denn er wußte, daß im Nachbarhaus die Tochter des Lehrers krank war und Hunger litt. »Das junge Leben braucht es nötiger«, entschied er, und die Haushälterin mußte das Brot nach nebenan bringen. Aber auch sie hatten es nicht behalten, wie sich später herausstellte. Das Brot trat eine regelrechte Rundreise an von einer Not zur anderen. Und schließlich erinnerte sich eine Frau daran, daß ein paar Häuser weiter der alte Arzt krank war, der ihr Kind kürzlich kostenlos behandelt hatte, und sie nahm das halbe Brot und ging damit zur Wohnung des Doktors.
Wir haben es gleich wiedererkannt, schloß die Haushälterin, und Ihr Vater sagte damals tief bewegt: »Solange noch diese Liebe unter uns ist, habe ich keine Furcht um uns. – Wir wollen es gut aufheben. Und wenn wir einmal kleinmütig werden wollen, dann müssen wir es anschauen.«
Da schwiegen die Brüder lange Zeit. Endlich sagte der älteste: »Ich denke, wir teilen das Brot unter uns auf. Dann hat jeder eine Erinnerung an den Vater und an diese verborgene Kraft, die Menschen auch in der bittersten Not behalten können!«
An diese Geschichte also erinnert dieses Stück Brot hier. Ich möchte es auf den Altar legen, weil es randgefüllt mit Liebe ist: Es hat sehr große Ähnlichkeit mit dem Brot, das wir heute durch die Straßen tragen. Solange dieses Brot der Liebe in der Monstranz und im Tabernakel mitten unter uns ist, brauchen wir keine Angst zu haben. Wenn wir wieder einmal mutlos sein sollten, dann schauen wir auf dieses Brot: Die unsichtbare Kraft der Liebe in unserer Mitte, die uns auch in der bittersten Not nicht verlassen will.

(Nach Günther Schulze-Wegner; ausführlicher in »Kurzgeschichten 4«, Nr. 71. Ähnlich zuerst veröffentlicht in »PuK« 3/89, S. 355 ff.)

37. Das Gleichnis vom Weinstock
(Ein alter knorriger Weinstock mit Wurzel oder eine Weintraube)

Lesungen: Ps 80, 8–16 (Bitte für Israel, den Weinstock Gottes = Kirche); Jes 5, 1–7 (Das Lied vom Weinberg); Joh 15, 1–8 (Ich bin der Weinstock, ihr seid die Reben)

Seht mal, wie knorrig dieser alte Weinstock sich in den Erdboden verkrallt hatte! Wie oft mag er geblüht und süße Frucht getragen haben? Wie oft mag er den Schweiß auf der Stirne des Winzers gesehen haben, der sich um ihn bemühte? Durch das Gleichnis von Jesus ist der Weinstock zum Symbol der Eucharistie geworden, das in jeder hl. Messe vor unseren Augen steht.

1. Heute am Tag der Erstkommunion steht der Weinberg in Blüte: So viele Kinder in festlichen Kleidern in unserer Kirche! Mit der Taufe wurdet ihr in den Weinberg Gottes eingepflanzt. Ihr tragt unsere Hoffnung, daß kein Frost der Enttäuschung und des Zweifels und keine Kälte der Bosheit eure Blüten verderben. Wir als Gemeinde, wir als Kirche, liebe Eltern und Gäste, tragen mit die Verantwortung, daß diese Blüten sich in einem Klima der Liebe und des Friedens entwikkeln können; daß die Sonne des Sommers die Trauben anschwellen und reifen läßt, denn andernfalls verderben wir uns den Geschmack an essigsauren Früchten.

   Ihr Kinder könnt aber auch selbst etwas dafür tun: Nur wer als Traube mit Christus, dem Weinstock, verbunden bleibt, kann wachsen und reifen, andernfalls verwelkt und verdorrt er. Im Gottesdienst und in der hl. Kommunion verbinden wir uns immer wieder mit ihm und den anderen Weinreben. Das stärkt unsere Gemeinschaft. Und nur, wer fest angebunden ist an dem Weinstock Christus, kann den Stürmen des Lebens trotzen, die uns losreißen und zerbrechen können. Auch das Gebet, das uns mit Christus verbindet, stärkt uns dabei.

2. Das Blühen und Fruchtbringen ist aber noch nicht alles. Ich muß auch bereit sein, mich als Traube pressen und zerstoßen zu lassen, damit der Saft unserer Traube sich mit dem Saft der anderen Trauben verbinden kann. Wie es in einem Lied heißt (Weizenkörner, Trauben, hört von unserm Glauben ... W. Willms/ O.G. Blarr): »Wer nicht in die Kelter fällt, wird auch nicht gepreßt – für das Fest!«

   Wer möchte schon leiden und sich ganz verschenken? Da hilft uns der Blick auf Jesus. Er sagte ja dazu, ließ sich auspressen und töten, um zum kostbaren Wein zu werden.

   Wenn wir bereit sind, wird im dunklen Keller langsam der Wein; der gute Wein, der anderen schmeckt und ihr Herz erfreut.

3. Unüberhörbar sind im Evangelium auch die strengen Töne: Gott, der Winzer, geht im Weinberg der Gemeinde oder der Kirche umher und sucht nach Früchten. Das ist sein Recht, darum hat er ja den Weinberg angelegt. Er wird tote Stöcke herausschlagen und neue einpflanzen. Ein Weinstock, der schon lange im Weinberg wächst, ist damit noch kein guter; denn Früchte und Erträge zählen. Damit sie *anderen* Menschen zugute kommen.

(Zum Teil nach Wilhelm Willms, Der Weinberg steht in Blüte, Butzon & Bercker, Kevelaer 1983, S. 65–78.)

38. Der unsere Sehnsucht stillen kann
(Ein großer runder Spiegel und eine möglichst große Konzelebrationshostie)

Lesung: Ps 34, 1–9 (Kostet und seht, wie gütig der Herr ist)

(Pr zeigt den großen Spiegel) Alle, die hier sind – so möchte ich behaupten – haben heute schon in einen Spiegel geguckt; andere sollen uns doch attraktiv und nett finden. Das ist ein Urwunsch des Menschen, gerne angesehen zu werden und damit Ansehen zu haben. Davon leben die Modebranche, die Kosmetikindustrie, die Solarien und Sonnenstrände der Erde ... Wir möchten »uns sehen lassen können« und brauchen diese Anerkennung wie das tägliche Brot.

Aber bekommen wir genügend Zustimmung und Anerkennung? Jetzt könnten wir sicher alle eine Menge erzählen: Von unseren Enttäuschungen, von dem geringen Lob, dem seltenen Dank ... Wie oft merkt der Vater nicht einmal, daß Mutter ein neues Kleid anhat oder beim Friseur war! Aber selbst Menschen, die gern gesehen, ja umjubelt werden, und deren innerer Brunnen der Zufriedenheit eigentlich überlaufen müßte, z.B. die Stars, haben immer noch Sehnsucht nach mehr ...

Aber was machen die, die meinen, ohne schönes Gesicht leben zu müssen? Die kein Geld für tolle Klamotten haben oder selten Beifall einheimsen können? Und da Gott viel tiefer schaut: Was machen wir alle mit unseren Macken und Fehlern, mit unserer Schuld und unseren schlimmen Unterlassungen?

Es gibt ein Heilmittel, rund wie dieser Spiegel (Pr hält jetzt die große Brotscheibe, die Hostie hoch):

In der hl. Kommunion hält uns Gott seinen Spiegel vor, seinen Sohn Jesus Christus in der Gestalt des Brotes. Und der spricht zu uns: »Kommt alle zu mir, die ihr euch plagt und schwere Lasten zu tragen habt. Kommt alle, die ihr wißt, wie arm ihr vor Gott dasteht, ich will euch heilen; ich bin der Arzt für die Kranken. Ich liebe dich, so wie du bist. Ich stille deine Sehnsucht. Du bist für mich so kostbar, daß ich mich dir ganz schenke. Solches Ansehen hast du bei mir, daß ich deine Speise sein will.«

Wie es in der Lesung der Psalm ausdrückt: So kostet und seht, wie gütig der Herr ist! Wohl dem, der sich zu ihm flüchtet. Blickt auf zu ihm, so wird euer Gesicht leuchten! (Ps 34, 9.6a).

Es täte uns gut, in diesen Spiegel öfter hineinzuschauen: Er kann uns bis in die Seele heilen.

(Nach Gerhard Dane, 5000 Köln-Worringen, der einen Gedanken von P.M. Zulehner aufgriff.)

39. Vergiß mein nicht!

(Ein Blumentopf voll blühender Vergißmeinnicht-Stauden, der in Geschenk-
papier eingewickelt ist)

Lesung: Mt 10, 32f (Wer sich vor den Menschen zu mir bekennt ...)

Heute möchte ich den Kommunionkindern eine Predigt halten, und ich hoffe, daß
auch die Erwachsenen etwas davon mitnehmen.
Die Erstkommunion ist für euch ein großes Fest. Der Priester aber ist an dem Tag
tief innen immer etwas traurig. Denn er hat monatelang nette Kinder erlebt, die mit-
gemacht haben, zum Teil begeistert sind, und trotzdem ist vierzehn Tage später die
Hälfte der Kinder nicht mehr zu sehen, auch – weil eure Eltern sich in der Zeit der
Vorbereitung nur wenig geändert haben. Euch Kindern kann man da keinen Vor-
wurf machen, denn ihr seid doch – ich darf es einmal so ausdrücken – noch in vielen
Bereichen auf eure Eltern angewiesen.
Kurz: Ich habe euch ein Geschenk mitgebracht – eine Blume, mit der ich euch etwas
Wichtiges sagen möchte. Ihr kennt den Brauch, daß Erwachsene bei einem Besuch
Blumen mitbringen. Jedem bringt man andere Blumen mit, das hängt ganz von dem
Anlaß oder der Jahreszeit ab oder von dem, was ich gerade sagen will. Ich schenke
leuchtende Anturien oder eine zauberhafte Orchidee oder einen bunten Frühlings-
strauß ...
Jetzt wollen wir mal sehen, welche Blume ich mitgebracht habe. Ich dachte mir, in
der ersten heiligen Kommunion kommt Jesus dich in besonderer Weise besuchen –
seit der Taufe hat er dich schon an die Hand genommen –, und welche Blume würde
Er dir wohl mitbringen? (Auspacken und die Kinder die Blume erraten lassen:
»Vergißmeinnicht!«)
Nun seid nicht enttäuscht, daß es nicht etwas besonders Großartiges ist: Jesus zeigt
sich immer im Unscheinbaren. Mit dieser Blume kann Jesus sagen: »Vergiß mein
nicht!« Zum Beispiel in wenigen Wochen, wenn der Fernsehapparat oder das Bett
dir zuruft: »Ach, hab keine Lust, zur hl. Messe zu gehen!« Und in ein paar Jahren,
wenn du merkst, daß in der Klasse nur noch wenige zum Gottesdienst gehen oder
beten, ruft Jesus: »Vergiß mein nicht!« Auch wenn du als Erwachsener einmal die
Hände voll haben wirst – voller Sorgen und Geld, ruft *Er:* »Vergiß mein nicht!«
Und wenn du selbst einmal Kinder hast und überlegst, was du ihnen mit auf den
Weg geben sollst: »Vergiß mein nicht!«
Vergiß auch nicht die, die mit dir zur ersten hl. Kommunion gegangen sind. Jesus
will uns ja mit Gott und untereinander verbinden. Wenn du sie also später im Bus
oder auf der Straße triffst, mußt du sie noch ganz anders grüßen als jeden anderen.
Es gibt zu dieser Blume eine alte Sage, die im Kern ja immer etwas Wahres erzählt:
Da schenkte eine Waldfee einem Hirten aus Dankbarkeit solch eine blaue Blume,
aber der wußte nichts Rechtes damit anzufangen und band sie an seinen Stab. Auf

seiner Wanderschaft berührte er damit einmal zufällig eine Felswand, und sofort sprang sie auseinander. Da sah er eine geheimnisvolle Tür, und als er die geöffnet hatte, traute er seinen Augen nicht: Es blinkte und glitzerte, als wären alle Schätze der Welt dort angehäuft! Sofort stellte er den Stock mit der blauen Blume in die Ecke, stopfte sich die Hosentaschen voll und zog das Hemd aus, um es mit Gold und Silber vollzupacken. Jetzt hatte er natürlich keine Hand mehr frei für den Wanderstab und überhörte auch die feine Stimme des blauen Blümchens, die rief: »Vergiß mein nicht!«

Kaum hatte er die Höhle verlassen, knallte der Fels hinter ihm wieder zusammen. Er erschrak furchtbar und glaubte schon, Banditen hätten ihn gepackt. Alle Schätze fielen ihm aus den Händen und stürzten in eine tiefe Schlucht. Da merkte der Hirte, daß er das Wichtigste vergessen hatte, denn erst mit der blauen Blume konnte er alle Türen öffnen ...

So ist das oft im Leben, liebe Kinder. Die meisten haben Jesus vergessen, wenn sie die Hände voll haben. Jesus möchte aber auf der Wanderschaft eures Lebens mit dabei sein. Und selbst, wenn ihr einmal mit leeren Händen dasteht, könnt ihr immer noch die feine Stimme in euch hören: »Vergiß mein nicht!«

Am liebsten würde ich jedem von euch (hier einige Vornamen der Kommunionkinder nennen) solch eine Blume mitgeben. Sie wächst in eurem Garten so gut, daß ihr jedes Jahr erneut daran erinnert werdet: »Vergiß mein nicht!« Jedes Kommunionkind kann sich aber nach dem Gottesdienst ein Vergißmeinnicht-Stengelchen von diesem Blumentopf mitnehmen, um es zu Hause zu trocknen und aufzubewahren. (Jetzt den Vergißmeinnicht-Topf gut sichtbar auf den Altar oder einen Hocker neben dem Altar stellen.)

(Frei nach Martin Ebner und Stefan Mai in »PuK« 3/88, S. 280 ff.)

40. Beten in den Sackgassen des Lebens

(Ein Sackgassen-Schild; später wird darüber ein Bild geklebt mit Straßen, die nicht geradeaus, aber nach rechts und links abbiegen lassen. Oder das andere Schild wird daneben- oder davorgestellt.)

Lesungen: Ijob 7, 11–21 (Ijob in der Sackgasse); Apg 1, 1–14 (Nach der Himmelfahrt Jesu verharren sie im Gebet); Mk 16, 15–20 (Jesus nimmt Abschied; die Jünger aber zogen aus); Lk 24, 46–53 (Sie verbrachten die Zeit zwischen Himmelfahrt und Pfingsten mit Gebet)

Wer schon einmal in eine Sackgasse geraten ist, weiß, daß der Weg schmäler oder einsamer wird, und schließlich geht es nicht mehr weiter. Der zurückgelegte Weg war vergeblich. Ich muß umkehren.

Den Ausdruck »Sackgasse« gebrauchen wir auch im übertragenen Sinne: Wir fühlen uns am Ende, wenn wir zum Beispiel das Klassenziel nicht erreichen oder wenn die Kinder ausziehen, wenn der Ehepartner stirbt oder die Gebrechen im Alter so zunehmen, daß das Leben keine Freude mehr macht (vgl. Ijob in der Lesung). Wie verhalten wir uns dann …?

Zwischen Himmelfahrt und Pfingsten befanden sich auch die Jünger in einer Sackgasse: Ihr Meister hatte sich verabschiedet, sie lebten im »Niemandsland« zwischen »nicht mehr« und »noch nicht«. Die Hl. Schrift berichtet von ihrer Reaktion widersprüchlich: Sie hockten ängstlich beieinander hinter verschlossenen Türen, aber auch: Sie verharrten im Gebet (Apg 1, 14), oder priesen Gott im Tempel (Lk 24, 53).

Das Beten und Zusammensitzen scheinen ihr einziger Halt zu sein: Sie fühlen sich nicht ganz allein, und dieses Gebet hilft, im Vertrauen auf Gott wieder zu sich selbst zu finden und sich zu öffnen für das, was vom Pfingstmorgen erzählt wird. Es begeistert sie der Geist Gottes aufs neue: Die Sackgasse öffnet sich, die Mauer verschwindet, ein ungeahnter neuer Anfang ist da.

(Hier wird das andere Schild aufgeklebt oder davorgestellt: Jetzt ist die Sackgasse zur Straße geworden, die zwar nicht mehr geradeaus geht, aber nach rechts und links Wege öffnet.)

Im Gebet und im Zusammensein können wir die Sackgassen unseres Lebens überbrücken.

(Nach einer Idee bei Piet van der Bruggen, … wünsch Dir gute Besserung, Herder Verlag, Freiburg 1987, S. 75 ff, geändert.)

Andere Ideen

1. Die Zukunft heranholen
(Ein Fernglas)

Lesungen: Apg 1, 1–11 (Was schaut ihr zum Himmel empor?); Mt 28, 16–20 (Ich bin bei euch alle Tage)

(Pr schaut mit dem Fernglas vor Augen in die Gemeinde.) An Christi Himmelfahrt kann ich mit diesem Fernglas viel anfangen: Z.B. möchte ich einmal feststellen, ob die Jünger, die Jesus zurückgelassen hat, heutzutage freundlicher und erlöster ausschauen als andere, die Christus nicht kennen. Oder heute, am sogenannten Vatertag, halte ich mal Ausschau nach den Männern: Warum stehen sie in vielen Kirchen von hier aus gesehen als Ring an den Mauern entlang, und im Herzen der Kirche sind (fast) nur Frauen? Oder ich schaue mir die Leute an den Türausgängen einmal genauer an: Sind die alle von der Freiwilligen Feuerwehr, um im Falle eines Alarms die Ersten zu sein, oder wollen die uns an den Türen beschützen vor Unbefugten und Attentätern? Vielleicht fühlen sie sich hier nicht ganz wohl, denn wenn sie sonst einen Besuch abstatten, bleiben sie ja auch nicht an der Tür stehen? Fragen über Fragen. (Pr setzt das Fernglas ab.)

Aber deshalb habe ich das Fernglas nicht mitgebracht, und ich bitte alle um Entschuldigung, denen ich jetzt einen erhöhten Pulsschlag verursacht habe. Der Grund ist: Das Fest Christi Himmelfahrt holt uns wie mit dem Fernglas die Zukunft heran. Wir können an diesem Fest wie von einem Berg Ausschau halten, was auf uns zukommt.

1. Die Jünger damals erfuhren an Christi Himmelfahrt, daß es noch eine andere Wirklichkeit gibt, die unsere Augen noch nicht sehen können. Wenn Jesus jetzt zur Rechten des Vaters für uns eintritt, dann heißt das ja nicht, daß er weit weg ist. Denn wir singen ja hier oft: »Wo zwei oder drei in meinem Namen versammelt sind, da bin ich mitten unter ihnen!« Und im Evangelium hieß es heute: »Ich bin bei euch alle Tage!« Wir stellen uns diese Wirklichkeit am besten so vor: Gott hat in Jesus Christus die Hände um uns und die ganze Welt gelegt. Er ist uns überall ganz nahe. Er läßt uns nicht fallen. – Erst müssen unsere Augen brechen, um diese Wirklichkeit zu sehen.

2. Die Jünger schauten Jesus nach, als er emporgehoben wurde. Dann entzog ihn eine Wolke ihren Blicken. So hieß es in der Lesung. Im letzten Buch der Bibel heißt es: »Siehe, er kommt mit den Wolken, und jedes Auge wird ihn sehen« (Offb 1, 7). Manche glauben, sie müßten also dann etwas von oben erwarten. Aber der Ausdruck »Wolke« in der Bibel hat nichts mit den Wolken am Himmel zu tun. Stellen Sie sich vor, zwischen Ihnen und mir stünde jetzt eine Wolke, dann könnte ich Sie und Sie mich nicht mehr sehen. Die »Wolke« ist ein Zeichen für die verhüllte Gegenwart Gottes (vgl. Ex 16, 10). Wenn Jesus wiederkommt, werden alle Wolken zwischen ihm und uns verdunsten, d.h. wir sehen ihn dann, der mitten unter uns ist. Wir brauchen also nicht nach oben zu schauen, wenn er aller Welt seine Herrlichkeit zeigen wird ...

3. Das Fest Christi Himmelfahrt holt uns wie mit dem Fernglas die Zukunft heran. Wir schauen auf das Reich des Vaters und des Sohnes, in dem jetzt schon Wohnungen bereitet sind. Wenn in jeder hl. Messe seit fast zweitausend Jahren gebetet wird »Dein Reich komme!«, dann darf ich doch mit dem Fernglas Ausschau halten, ob ich schon ein paar Schimmer von diesem Reich entdecken kann. (Pr schaut wieder mit dem Glas vor den Augen in die Gemeinde.) Es muß doch jetzt schon an unseren Gesichtern etwas mehr Hoffnung zu erblicken sein, etwas mehr Glaube und Liebe ... Jedenfalls mehr als bei Menschen, die Christus nicht kennen.

2. Brot zum Leben
(Eine Bibel, in Brot eingebacken)

Lesungen: Dtn 8, 2f (Der Mensch lebt nicht vom Brot allein); Mt 4, 1–4 (ähnlich Lk 4, 1–4: Der Mensch lebt nicht vom Brot allein); Joh 6, 51–58 (Ich bin das Brot vom Himmel); Joh 14, 1–6 (Ich bin der Weg)

Heute halten wir in aller Öffentlichkeit hoch, was auf dem Pilgerweg des Lebens unsere Mitte ist: Dieses Brot in der Monstranz haben wir alle brot-nötig. Es ist uns heilig, weil sich uns Jesus Christus darin selbst schenkt. Mit *Ihm* finden wir den Weg.
Dieses Vorzeigen unseres Geheimnisses vor aller Augen außerhalb der Kirche war nicht immer erlaubt. In der Nazi-Zeit war es verboten. Es gibt auch Länder, in denen Christen streng verfolgt wurden und heute noch werden. Aus einem solchen Land erzählt man folgende Geschichte:
Siehe »Kurzgeschichten 4«, Nr. 76: Während einer Christenverfolgung versteckt eine Frau vor der herannahenden Geheimpolizei blitzschnell die Bibel in einem ausgerollten Brotteig und schiebt alles in den Ofen. Nach der ergebnislosen Durchsuchung kann sie die Bibel unversehrt aus dem gebackenen Brot herausschälen.

Diese Begebenheit darf ich symbolisch deuten: Die Bibel ist Brot zum Leben. Wie das tägliche Brot den Menschen nährt, so ist auch Gottes Wort, täglich gelesen, Kraft für ein Leben mit Gott.

Stellt euch vor: Heute würde in der Prozession vor dem »Himmel« mit der erhobenen goldenen Monstranz noch ein Diakon gehen, der ein solches gebackenes Brot vor sich hinhält. Die Leute am Wegrand verständen das Zeichen vielleicht so: Erst wenn wir das tägliche Brot wieder schätzen und ehren, ja fast für etwas Heiliges halten, werden wir auch das Geheimnis des anderen, des eucharistischen Brotes, besser verstehen.

Stellt euch weiter vor: Nun sind wir an dem Altar angekommen, an dem die hl. Messe gefeiert wird. Zum Evangelium (hier das Brot mit der eingebackenen Bibel zeigen!) bricht dann der Diakon das Brot auseinander und holt unter dem Staunen der Leute eine eingebackene Bibel heraus mit den Worten: »Der Mensch lebt ja nicht vom Brot allein, sondern von jedem Wort, das aus dem Munde Gottes kommt!« (Mt 4, 4 oder Lk 4, 4 = Lesejahr A, 1. Lesung).

Feierlich schlägt er jetzt die Bibel auf und liest daraus vor: Jesus sagte, und er sagt es jetzt zu uns: »Ich bin das Brot des Lebens. Eure Väter haben in der Wüste das Manna gegessen und sind gestorben. So aber ist es mit dem Brot, das vom Himmel herabkommt: Wenn jemand davon ißt, wird er nicht sterben. Ich bin das lebendige Brot, das vom Himmel herabgekommen ist. Wer von diesem Brot ißt, wird in Ewigkeit leben. Das Brot, das ich geben werde, ist mein Fleisch für das Leben der Welt« (Joh 6, 51–58: Evangelium im Lesejahr A).

Danach sammelt der Diakon das auseinandergebrochene Brot in eine große Schale. Auch diese Brotteile würden dann in der Wandlung konsekriert und zur Kommunion als Leib Christi gereicht! Jeder könnte nun leichter verstehen: Hier ist das Brot zum Leben auf unserem Pilgerweg, das uns stärkt. Und in diesem Brot lag die Bibel: Diese Brotteile enthielten die Worte aus dem Munde Gottes, die uns sagen wollen, wo und wie wir unsere Kräfte einsetzen, damit alle Menschen das ewige Ziel erreichen.

Mich jedenfalls hat diese Geschichte sehr beeindruckt. Unser Körper braucht das Brot, um leben zu können; unsere inneren Kräfte brauchen genauso die »heilige Seelenspeise«; und wir brauchen so nötig das Wort Gottes, um den richtigen Weg zu finden, den Weg zum Leben. Darum halten wir heute die Monstranz *und* die Bibel ganz hoch – über die mehr als vierzig Brotsorten hinaus, die wir uns kaufen können: Denn in der Monstranz und der Bibel steckt der Himmel, darin steckt Jesus Christus, *der* Weg.

(N.b.: Wenn der Wortgottesdienst der hl. Messe »gleichberechtigt« neben der Eucharistiefeier steht, müßte eigentlich beim Evangelium das Buch – wie bei der Wandlung die Hostie – ganz hochgehoben werden (vorher oder nachher). Ebenso sollten vor dem Evangelium die Ministranten schellen und die Kirchturmglocke dem Dorf/der Stadt mitteilen, daß jetzt das Wort Gottes vorgelesen wird – wie sie ja auch bei der Wandlung die Katholiken außerhalb der Kirche auf die Verwandlung des Brotes hinweist.)

(Zuerst veröffentlicht in »PuK« 3/91, S. 359ff.)

Pfingsten/Dreifaltigkeit

41. Zungen wie von Feuer
(Eine aus gelb-, orange- und rotfarbigem Papier ausgeschnittene Feuerflamme in ca. 10 cm Größe für jeden Teilnehmer; jeder Besucher schreibt am Eingang seinen Namen darauf. Im Altarraum werden sie auf schwarzem Papier so zueinander geklebt, daß ein großes, loderndes Feuer entsteht.)

Lesungen: Apg 2, 1–4 (Es erschienen ihnen Zungen wie von Feuer); Joh 20, 19–22 (Empfangt Heiligen Geist)

1. Das Feuer auf der Wand konnte so mächtig werden, weil *jeder* bereit war, seine Feuerflamme zur Verfügung zu stellen. Es kommt auf jede Flamme an, wenn die Leuchtkraft des Feuers von der Umwelt bemerkt werden soll. Es kommt auf jeden Christen an, wenn unsere Gemeinde Licht und Wärme in die Umgebung bringen will.
2. An diesem Feuer können sich in der Dunkelheit andere orientieren. Wir Christen haben nicht dem Zeitgeist und dem Modetrend nachzulaufen, sondern in die Fußstapfen Jesu zu treten. Gerade heutzutage könnten dann Mitmenschen aufhorchen – wenn es uns gelänge, uns auf den Geist, der vom Vater und vom Sohne ausgeht, einzulassen.
3. In jeder christlichen Gemeinde gibt es Fehler und Schwächen, auch bei denen, die in der Kirche eine leitende Funktion ausüben. Wer deshalb aus der Kirche auswandern will, d. h. seine Feuerflamme oder brennenden Holzspan nimmt und vom gemeinsamen Feuer fortgeht, der darf nicht übersehen, wie schnell die Glut nachlassen und ihm die Dunkelheit und Kälte der Nacht zusetzen können. Besser ist es also, mit den anderen zu glühen und Schlechtes wegzubrennen.

(Hierzu aus »Kurzgeschichten 2« die Nr. 83: »Ohne Kirche zu Jesus gehören?« – Ein ausformulierter gleichnamiger Gottesdienst vom Familienmeßkreis St. Pankratius in Bergheim-Paffendorf in »FaJu« Mai/90.)

42. Die Glocke mit der heilenden Botschaft
(Eine große Glocke, auf der abnehmbare kleine Glocken für die teilnehmenden Kinder haften)

Lesungen: Mt 5, 1–12 (Ähnlich Lk 6, 20–26: Was Jesu Botschaft an Heilung verspricht); Mt 9, 35 f (Am Welttag der geistlichen Berufe bis Vers 38: Die heilende Wirkung von Jesu Botschaft, der »großen Glocke«); Mt 28, 16–20 (Verkündigt die Botschaft allen Völkern)

Von einer großen Glocke möchte ich erzählen, die ihr hier vorne nachgebildet seht: Einmal fand ein russischer Bauer eine riesige Glocke in seinem Acker – wie der Mann, der im Evangelium in seinem Acker einen Schatz fand (Mt 13, 44) – eine Glocke, von deren Geläut die Menschen geheilt wurden.

In Rußland pflügte einmal ein Bauer das Feld. Da stieß er im Boden auf einen eisernen Ring, an dem etwas Schweres befestigt war. Er schlang durch den Ring ein Seil, daran spannte er seinen Ochsen – und siehe, der Ochse zog aus dem Ackergrund eine Glocke von grünem Erz hervor. Das ging leicht und glatt, wie man eine Rübe zieht. Und doch war die Glocke größer und schwerer als alle Glocken im ganzen Land.

Die Nachbarn kamen herbeigelaufen und staunten. »Seht nur!« riefen sie. »Iwan hat eine Glocke im Acker gefunden!« Niemand wußte sich zu erklären, wie sie dahingekommen war. »Es muß wohl ein Wunder sein«, meinten sie. Der Bauer Iwan reichte dem Ochsen ein Büschel Gras. »Ihr mögt recht haben«, sagte er. »Wenn ich es hin und her bedenke, sieht das nach einem Wunder aus.«

Nun holten sie ihre Beile und zimmerten einen hölzernen Glockenturm für die Glocke aus grünem Erz. Zwölfmal im Jahr, an jedem der hohen Feiertage, wurde die Glocke geläutet. In allen Dörfern im Umkreis von sieben Meilen war sie zu hören. Wer sie vernahm, dem war es, als sei er für eine Weile ein neuer Mensch. Wer Kummer hatte, vergaß seinen Kummer, wer einsam war, seine Einsamkeit. Den Kranken wurde die Krankheit leichter, die Traurigen faßten Mut. Die Armen fühlten sich reich, und die Reichen erinnerten sich der Armen und halfen ihnen. So eine Glocke war das.

Der große und strenge Zar, der das Land beherrschte, hörte von Iwans Glocke. »Das ist keine Glocke für Bauern«, sagte er. »Ich will sie mir holen und sie im höchsten Glockenturm meines Schlosses aufhängen.«

Tausend Soldaten nahm er mit; an ihrer Spitze zog er vor jenes Dorf. Die Bauern flehten den Zaren an: »Laß uns die Glocke, Herr! Hier hat Gott sie uns beschert, und hier soll sie bleiben.«

Der Zar ließ sich nicht erweichen. »Die Glocke«, sprach er, »ist mir zu gut für euch. Holt sie herunter, sie soll ihren Platz auf dem höchsten Turm meines Schlosses haben. Ich bin der Zar, und der Wille des Zaren geht über alles.«

Sie ließen die Glocke herab, und die Leute des Zaren hoben die Glocke auf einen Wagen von Eichenholz, der mit Eisenbändern beschlagen war. Sechs Rösser spannten sie vor den Wagen. »Hüh!« rief der Zar – doch die Rösser erwiesen sich als zu schwach für die Glocke aus grünem Erz; sie vermochten den Wagen nicht wegzuziehen.

»Zwölf Ochsen!« befahl der Zar; seine Leute spannten ein Dutzend Ochsen vor. »Hoh!« rief der Zar. »Zwölf Ochsen werden es schaffen!« Mit eigener Hand ergriff er die Knute und schlug auf die Ochsen ein. Die Ochsen brüllten, die Ochsen legten sich ins Geschirr, aber auch sie vermochten den Wagen mit Iwans Glocke nicht wegzuziehen, nicht eine Handbreit.

Der große und strenge Zar befahl den Soldaten, sich vor den Wagen zu spannen. »Und du«, gab er seinem Hauptmann Befehl, »spann dich auch vor! Und zieh, was du ziehen kannst!« Aber die Tausend Soldaten mit ihrem Hauptmann vermochten auch nicht, den Wagen mit Iwans Glocke vom Fleck zu ziehen: so schwer war die Glocke mit einem Mal!

Der große und strenge Zar erkannte, daß ihm die Glocke um nichts auf der Welt gehören wollte. Da wurde er zornig und rief seinen Schmied herbei. »Schmied!« rief er. »Nimm deinen schwersten Hammer und schlag mir die Glocke in tausend Stücke! Wenn sie dem Zaren nicht läuten will, soll sie nie mehr läuten – in alle Ewigkeit!«

Der Schmied nahm den schwersten Hammer, und wie es der Zar ihm befohlen hatte, zerschlug er die Glocke in tausend Stücke. Die Scherben bedeckten das Feld, und der große und strenge Zar zog mit seinen Soldaten davon.

Am nächsten Morgen – der Winter stand vor der Tür, und der erste Schnee fiel – ging Iwan aufs Feld hinaus. Er wollte, bevor der Frost kam, die Scherben der Glocke wieder ins Erdreich pflügen, aus dem sie gekommen war. Tausend Scherben aus grünem Erz gedachte er vorzufinden – aber was fand er? Das Feld war mit tausend Glöckchen besät, eines so rund und vollkommen wie das andere. Die las Iwan nun alle, alle in seine Schürze auf und verschenkte sie an die Leute im Dorf und in den Nachbardörfern. Die Leute hängten die kleinen Glocken in das Geschirr der Pferde, und wenn sie mit ihren Schlitten ausfahren, klingeln die Glöckchen über das weite, verschneite Land.

(Nach: Otfried Preußler, Die Glocke von grünem Erz, K. Thienemanns Verlag, Stuttgart 1976.)

Ich darf versuchen, diese Geschichte zu deuten:
1. Die große Glocke ist die Heilsbotschaft Jesu: Alle, die sie hören, werden geheilt.
2. Das Zerschlagen der Glocke = Verfolgung der Christen, was aber in der Regel Verbreitung des Christentums bedeutete. (Als Beispiel dafür könnte als Lesung genommen werden: Apg 8, 1b.4–8: Die Verfolgung der ersten Christen bewirkt Missionierung. Die verkündeten Worte bewirken Heilung. Da aber dadurch der Gottesdienst zu lang werden könnte, eventuell nur erzählen.)
3. Die Botschaft Jesu richtet sich zunächst an die Armen. Die mit stolzem Herzen (= Zar) können sie nicht ohne weiteres auch noch in ihren Schlössern besitzen.
4. Pfingsten ist das Fest des Hl. Geistes: Er ermutigt uns, die Botschaft Jesu weiterzutragen.
5. Heute braucht Jesus *uns*, seine Botschaft ins Land und in unsere Umwelt zu tragen. Sind wir bereit, ein kleines Glöckchen vom Erz der großen Glocke in unser tägliches »Geschirr« zu hängen? Wer das möchte, kann sich am Ende des Gottesdienstes ein Glöckchen von der großen Glocke holen.

(Dazu ein ausformulierter gleichnamiger Gottesdienst in »FaJu«, März 1988.)

Hinweis: Sie können auch mit den Altarschellen der Ministranten eine Symbolpredigt versuchen: Es sind verschiedene Glöckchen, auch ganz kleine, die im Zusammenklingen eine wichtige Botschaft bringen. Die einzelne Glocke ist hart und bringt doch einen schönen Ton. Sie ist bei sehr hohen Temperaturen (= Hitze des Lebens, die uns formen kann) in die jetzige Form gegossen worden. Auch von unserem Leben soll eine Nachricht ausklingen, eine heilende Wirkung ausgehen.

(Obiger Hinweis: Gerhard Dane, Köln-Worringen.)

43. Die Sprache der Getauften
(Ein Duden-Herkunftswörterbuch und eine Bibel)

Lesungen: 1 Kor 2, 12–14 (So reden, wie es dem Geist Gottes entspricht); Gal 5, 19–25 (Von den Werken des Fleisches und den Früchten des Geistes); Kol 3, 1–10 (Der alte und der neue Mensch); Mt 7, 16–21 (Ähnlich Mt 12, 33–35; Lk 6, 43–45: Aus der »Herz-Mitte« kommen die entsprechenden Früchte); Mt 12, 36 f (Über jedes unnütze Wort müssen wir Rechenschaft ablegen)

In diesem Duden kann ich die Bedeutung und Herkunft vieler Redensarten nachlesen. Ungeschminkt geht es da zu, besonders auch bei Schimpfwörtern. Aber es gibt ja schon bei uns selbst im Umgang miteinander Redensarten, die erschrecken lassen, wie z.B.: »Sein blödes Gequake geht mir auf den Geist!«, »Guck mal, diese Schreckschraube mit den dünnen Beinen!«, »Der Pope (Pfarrer) hat wieder endlos gelabert!«, »Die Flasche hat überhaupt nichts gemerkt, dieser Idiot!« Dies alles klingt hart, beleidigend, ohne Mitgefühl.
Sage mir, wie einer spricht, und ich sage dir, wie er denkt! Nicht nur am Lachen erkennt man den Narren. »Schwarze Wörter«, über andere leichtfertig ausgesprochen, lassen auf den Geist dessen schließen, der sie ausspricht (vgl. Lesungen).
Hier habe ich noch ein anderes Wörterbuch, die Bibel, das »Wörterbuch Gottes«. Ihre Sprache ist keine leicht zu verstehende, aber eine gütige, menschenfreundliche Sprache, die aufatmen läßt. Wenn du z.B. mit einem schlechten Test voller Unbehagen nach Hause kommst, dann spricht der Geist der Bibel aus deiner Mutter, wenn sie sagt: »Macht nichts, beim nächsten Mal wird es schon klappen!«
Hört einmal, welche Sprache aus folgenden Beispielen spricht:
(Szene zu Hause, die erzählt oder gespielt werden kann) »Du alter Faulpelz! Niemals hilfst du der Mutter!« (böse gesprochen). »Du hilfst deiner Mutter auf der Stelle beim Abtrocknen!« (hart, befehlend gesprochen). »Was meinst du, könnten wir Mutter nicht ein wenig Arbeit abnehmen?« (höflich, ermunternd) --- (Die Kinder äußern sich.)
Die Sprache Gottes und seines Geistes kennt Worte des Verzeihens, des Trostes, der Ermutigung und der Wahrheit, sie kann klar und entschieden sein. Ich wünsche uns

eine gute »Beherrschung« der Sprache des Geistes Gottes, die wir aus dem heiligen Buch lernen können.

(Nach einer Idee von Franz Melcher in »FaJu«, April 89: »Gottes Geist zu Wort kommen lassen«.)

44. Vom Geist Gottes
(Käfig mit einer Brieftaube, noch zugedeckt)

Lesungen: Apg 2, 1–11 (Der Geist Gottes verbindet alle Menschen); Joh 20, 19–23 (Empfangt den Heiligen Geist)

In früheren Zeiten war Pfingsten für einen Küster (Meßner) in Sizilien ein aufregender Tag: Schon im Morgengrauen hantierte er in der Kirche, damit auch ja alles klappte. Denn beim Evangelium im Hochamt schwebte etwas aus Holz oder Gips langsam an Stangen oder Seilen befestigt von der Decke herunter, worauf alle längst warteten – na, was meint Ihr wohl? (Pr deckt den Käfig ab:) Sie warteten auf eine Taube!

(Vgl. dazu die Kurzgeschichte Nr. 79 in Band II: Eine lebende Taube wurde beim Evangelium in die Luft geworfen: Und auf wessen Schulter oder Kopf sie sich setzte, dem war die besondere Erleuchtung durch den Heiligen Geist gewiß!)

Beobachten wir das Leben der Taube genauer; es kann uns helfen, etwas mehr vom Wirken des Heiligen Geistes zu verstehen:
1. Die Brieftaube war in alter Zeit die einzige Möglichkeit, über weite Strecken schnell eine wichtige Nachricht zu vermitteln und so Verbindungen herzustellen.

   Im »Heiligen Geist«, der »Taube mit dem Heiligenschein«, kommt die gute Nachricht zu uns, daß Gottes Geist immer bei uns und in uns bleibt. Wenn in jedem Menschen guten Willens Gottes guter Geist zu finden ist, dann schafft der Hl. Geist die Verbindung zu *allen* Menschen auf der Welt; nicht nur zu denen, die ausdrücklich auf den Namen des Vaters und des Sohnes und des *Heiligen Geistes* getauft sind.

2. Eine Taube landet ohne Lärm und fast unauffällig auf dem Dach. Sie schwebt lautlos nieder.

So finden wir auch den Geist Gottes in erster Linie nicht dort, wo es laut, lärmend und großsprecherisch zugeht. Darum dürfen wir die »Stillen im Lande« nicht übersehen: diejenigen, die nicht viel Worte machen, sondern zupacken; die be-geist-ert dienen. – Die Stille ist auch für uns wichtig, um die Stimme des Geistes Gottes in uns überhaupt zu vernehmen.

3. Brieftaubenzüchter können ein Lied davon singen, wie schwierig es ist, Tauben, die von einem Preisflug heimkehren, sofort in den Taubenschlag zu locken, ihnen die Botschaft abzunehmen oder den Gummiring abzustreifen und schnell in die Taubenuhr zu legen, damit die genaue Zeit des Anfluges gestoppt wird. – Uns Christen und allen Menschen guten Willens geht das nicht anders: Mit Geduld den Heiligen Geist »anlocken«, denn manchmal suchen wir ihn auf den falschen Landebahnen oder haben noch gar nicht gemerkt, daß er sich gleich neben uns niedergelassen hat. Es gehört auch Energie dazu, immer wieder neu zu »locken«.

So wünsche ich uns an Pfingsten Verbindungen zu allen Menschen, die guten Willens sind; Stille, um Gottes Stimme in mir und anderen Menschen zu vernehmen, sowie Geduld, ihn immer wieder in unserer Mitte zu erfahren.

(Zum Teil frei nach Martin Ebner/Stefan Mai in »PuK« 3/89, S. 334 f.)

45. Eine Kirche mit Farbe

(Die Umrisse einer Kirche sind gemalt: Innen ist sie weiß; unterhalb der Kirche grün; oberhalb blau. Die Zeichen, die in sie hineingeklebt werden – Gesicht, Glut, Herz, Blutstropfen, Sonne, Tuch und Faden –, sind rot.)

Lesungen: Joël 3, 1–5 (Ausgießung des Geistes); Apg 2, 1–11 (Pfingstereignis); Mt 10, 17–22 (Ähnlich Mk 13, 9–13; Lk 21, 12–19 = Der Geist des Vaters wird durch euch reden); Joh 20, 19–23 (Empfangt den Heiligen Geist)

Ihr seht an der Wand die blasse, farblose Kirche. An Pfingsten wurde ihr der Heilige Geist eingehaucht: Sie bekam Farbe – rote Farbe, rot wie das Meßgewand des Priesters. Einige Sprecher werden uns das jetzt genauer sagen (Auswählen!):

1. Spr. (zeigt ein gemaltes rotes Gesicht):
Rot ist eine lebendige Farbe. Wenn es uns schlecht geht, sind wir bleich. Sind wir erst wieder auf dem Weg der Besserung, dann kehrt die rote Farbe in unser Gesicht zurück. Wir werden blaß, wenn wir eine schlechte Nachricht erhalten. Wenn wir uns freuen, leuchten unsere Wangen rot.
Rot ist eine lebendige Farbe. So läßt auch der Heilige Geist die Kirche »rot« werden. Wo der Geist Gottes weht, da leuchtet die Kirche, da ist sie lebendig.

(Das Gesicht in die farblose Kirche hängen. Übrigens: Vielleicht muß sich die Kirche auch manchmal schämen, denn wir werden ja auch dann rot.)

2. Spr. (zeigt gemalte rote Glut):
Rot ist eine warme Farbe. Glut ist rot. Sie wärmt uns. Die Glut eines Lagerfeuers oder im Kamin gibt uns Geborgenheit. Die Glut strahlt ihre Wärme nach außen. Wir werden von ihr angezogen. Wenn wir uns der Glut nähern, beginnen wir selbst fast schon zu glühen.
Rot ist eine warme Farbe. Der Heilige Geist macht die Kirche glutrot. Wo der Geist Gottes weht, da glüht die Kirche. Da wärmt sie den, der die Wärme braucht, und schenkt ihm Geborgenheit. Da zieht sie die Menschen an.
(Die Glut in die Kirche hängen.)

3. Spr. (zeigt ein rotes Herz):
Rot ist eine herzliche Farbe. Das rote Herz ist ein Zeichen der Liebe. Wer liebt, der verschenkt sein Herz, der verschenkt das, was ihn am Leben erhält, der verschenkt sich selbst. Das Herz des Liebenden schlägt schneller. Es läßt ihn handeln, ohne nach den Folgen für ihn selbst zu fragen. Es läßt ihn handeln, ohne zu fragen: »Was bringt mir das?«
Rot ist eine herzliche Farbe. Der Heilige Geist macht die Kirche herzlich. Wo der Geist Gottes weht, da liebt die Kirche. Da verschenkt sie sich. Da handelt sie ohne Rücksicht auf ihr Ansehen. Da handelt sie, ohne nach Nutzen und Risiko für sie selbst zu fragen.
(Das Herz in die Kirche hängen.)

4. Spr. (zeigt einen großen Blutstropfen):
Rot ist auch eine blutige Farbe. Wenn wir verletzt werden, dann bluten wir. Wir verlieren die Farbe. Wir werden farblos, leblos. Manchmal verletzen wir selbst andere, so daß sie bluten. Oder wir sehen einen Verletzten und sagen: »Ich kann kein Blut sehen!« und gehen weiter. Es gibt viele Verletzte – überall. Die Erde selbst blutet.
Rot ist auch eine blutige Farbe. Teuflische Geister färben die Erde blutrot: Haß, Unterdrückung, Habgier, Machtstreben, aber auch Bequemlichkeit, Hektik und selbstgeschaffene Taub- und Blindheit. Im großen wie im kleinen. Wo diese Geister wehen, da blutet die Kirche aus. Da gibt sie – beinahe – ihren Geist auf. Doch auf Dauer läßt sich der Hl. Geist nicht unterdrücken. Die Geschichte zeigt: Immer wieder ist das Blut der Märtyrer Same für neue christliche Bewegungen.
(Den Blutstropfen unten an oder in die Kirche hängen.)

5. Spr. (zeigt eine Sonne):
Rot ist eine morgendliche Farbe. Leuchtend rot ist die Sonne, wenn sie aufgeht. Immer wieder ist das ein einzigartiges Schauspiel. Nach ihrem Untergang erhebt sie sich wieder aus dem Dunkel der Nacht. Ein neuer Tag beginnt – mit neuen Mög-

lichkeiten, voller Hoffnung. Wir genießen den Aufgang der Sonne. Frisch und voll Tatendrang begrüßen wir den neuen Tag.
Rot ist eine morgendliche Farbe. Der Heilige Geist stimmt die Kirche morgendlich rot. Wo der Geist Gottes weht, da ersteht die Kirche täglich neu. Da ist sie frisch und hoffnungsvoll. Da schöpft sie neue Kraft nach und vielleicht aus dem Untergang. Da drängt sie zum Handeln – wie am ersten Tag.
(Die Sonne ins Bild hängen.)

6. Spr. (zeigt ein rotes Tuch):
Rot ist eine aufreizende Farbe. Auf Rot reagieren wir oft gereizt. Der Torero reizt den Stier mit einem roten Tuch. Er zeigt seinen Mut: »Stier, du kannst ruhig kommen, ich habe keine Angst vor dir.« Rot warnt auch und zeigt Grenzen auf. Die rote Ampel, das Stoppschild – sie sagen: »Bis hierher und nicht weiter!« Hierauf reagieren wir oft gereizt – wie der Stier auf das rote Tuch.
Rot ist eine aufreizende Farbe. Der Heilige Geist macht die Kirche zum »Roten Tuch«. Wo der Geist Gottes weht, da ist die Kirche unbequem. Da reizt sie. Da schwimmt sie nicht auf der Welle der Mode. Da zeigt sie Mut und sagt auch das, was niemand hören will.
(Das Tuch in die Kirche hängen.)

7. Spr. (zeigt einen dicken roten Faden):
Rot ist eine beständige Farbe. Die rote Farbe läßt sich nicht so leicht überstreichen. Immer wieder schimmert sie durch. Einmal da, ist sie nicht mehr wegzudenken.
Rot ist eine beständige Farbe. Der Heilige Geist macht die Kirche beständig. Er ist der »Rote Faden« in ihrer Geschichte – mal leuchtend, mal weniger deutlich zu sehen. Wo der Geist Gottes weht, da bleibt die Kirche lebendig, glühend, herzlich, morgendlich und aufreizend – gegen alles Blutige in der Welt.
(Den Faden in die Kirche hängen.)

(Ulrike Fell, D-5013 Elsdorf.)

46. Die Botschaft des Kreuzzeichens
(Ein Kreuz)

Lesungen: Röm 5, 1–5 (Die Liebe Gottes ist ausgegossen in unseren Herzen); Mt 28, 16–20 (Taufbefehl im Namen des dreifaltigen Gottes)

Es soll Kinder geben, die Schwierigkeiten haben, ein richtiges Kreuzzeichen zu machen. Dabei ist es doch ganz einfach (Pr stellt sich halb zu den Kindern gewandt, weil er sonst für sie das Kreuz seitenverkehrt macht, und hält in einer Hand ein Kreuz): Ich lege nur die Kreuzbalken über mich. Zuerst den Längsbalken von oben nach unten (»Macht mal mit!«) und jetzt den Querbalken von links nach rechts. – So einfach ist das!

1. Beim »Im Namen des Vaters« gehen wir zunächst mit der Hand zur Stirn = nach oben. Aber Gott ist nicht »oben«, ich muß alles Sichtbare durchdringen, um auf ihn zu stoßen, der uns überall ganz nahe ist. Gott Vater ist der Schöpfer und Erhalter des Lebens. Ich stelle ihn »über alles« und lasse mich von ihm halten.

2. Beim »und (im Namen) des Sohnes« geht unsere Hand nach unten. In Jesus hat sich Gott ganz »nach unten« begeben, der sich bis unter das Kreuz erniedrigte; es begann schon mit der harten Krippe in einem Stall ... Darum wurde Jesus unser Bruder, und er versteht uns besonders gut, wenn wir »ganz unten« sind.

3. Beim »und (im Namen) des Heiligen Geistes« geht die Hand nach links und rechts. Wir legen diesen guten Geist wie einen Schutzmantel um uns herum, so daß er uns mit seiner Liebe ganz einhüllt. Wenn wir uns von dieser Liebe schützen lassen, prallt alles Böse an uns ab.

Das Kreuzzeichen ist das kürzeste Morgengebet und sagt uns zugleich das Wichtigste unseres Glaubens an den dreifaltigen Gott.

(Frei nach Udo Casel, D-5067 Kürten-Dürscheid; vgl. »KiBö« 88-1, S. 19.)

47. Ein Gleichnis für die Dreifaltigkeit

(Eine große Sonne mit Strahlen, besonders nach unten; Bild von Jesus Christus; Filzstifte)

Lesungen: 2 Kor 13, 11–13 (Der dreifaltige Gott sei mit euch); Joh 3, 16–18 (Gott sandte seinen Sohn, um zu retten)

Über das Geheimnis des dreifaltigen Gottes haben schon viele vergeblich nachgedacht. Es wird wohl immer ein Geheimnis bleiben. Die Kirchenväter nahmen ein Bild zu Hilfe, das uns ein wenig die Augen öffnen kann. Sie sagen:

1. Gott Vater ist wie die Sonne, unendlich groß gegenüber der Erde. Sie ist sehr, sehr weit weg, ein Überschallflugzeug müßte 22 Jahre lang fliegen, um sie zu erreichen.

2. Gott als Vater oder Mutter für alle Menschenkinder ist nicht unendlich weit weg, auch wenn wir das manchmal meinen. In seinen Strahlen überwindet er alle Entfernung: Er sandte uns *den* Strahl als Licht ins Dunkel der Welt, seinen Sohn Jesus Christus.

3. Wenn ein Strahl der Sonne auf unsere Hand fällt, spüren wir die Wärme: Diese Wirkung, die vom Vater und dem Sohne (= von der Sonne und den Strahlen) ausgeht, ist der Heilige Geist, von dem es in einem alten Kirchenlied heißt: »Wärme du, was kalt und hart, löse, was in sich erstarrt ...« (GL 244, 8. Str.). Diese

Wärme kann sogar durch die »Glasscheiben« unseres Herzens gehen, solange wir keine Vorhänge vorziehen.

So zeigt das Bild von der Sonne, den Strahlen und der Wärme etwas von dem, was wir im Vater, dem Sohn und dem Heiligen Geist anbeten. Während die Flötengruppe uns jetzt etwas vorspielt, wird das Bild von Jesus Christus auf einen Strahl geklebt, und ihr Kinder könnt nach vorne kommen und euch selbst mit Namen zwischen die Strahlen schreiben. Damit wollt ihr ausdrücken, daß ihr in der Wärme und im Licht Gottes bleiben wollt. – Bitte nie vergessen: Jedes Bild, jedes Gleichnis ist viel zu klein und armselig für Gott!

48. Das Geheimnis des dreifaltigen Gottes

(Eine dicke Bibel; dazu ein kreisrundes gelbes Blatt, ein ausgeschnittenes blaues Kreuz und ein aufklebbares rotes Herz)

Lesungen: 2 Kor 13, 11–13 (Der dreifaltige Gott sei mit euch); Joh 3, 16–18 (Gott sandte seinen Sohn, um zu retten)

Das Geheimnis der Dreifaltigkeit Gottes ist so unendlich groß, daß wir nie daran rühren können. Aber ein wenig soll es uns an dieser Bibel hier aufleuchten. Ihr seht die Vorder- und Rückseite und die vielen Blätter: All das macht *ein* Buch aus. So hat auch Gott verschiedene Namen und Betrachtungsweisen, aber er bleibt *ein* Gott.

1. Dieses kreisrunde gelbe Blatt soll an die Erdkugel, das Weltall, die Sonne oder einen Kreis erinnern. Alles Kreisrunde weist auf Gott Vater, der ohne Anfang und Ende und überall für uns da ist. (Das schreibe ich auf dieses gelbe Blatt: »Überall und ewig für uns da.«) Dieses Blatt hefte ich auf die Vorderseite.
2. Dieses blaue Kreuz hefte ich auf die Rückseite der Bibel: Das Kreuz weist uns auf den Sohn Gottes, der Mensch wurde, und so mit uns ging und geht. (Darum schreibe ich »Mit uns« auf die Rückseite.) Er bleibt uns in guten und bösen Tagen treu (= blau).
3. Dieses Herz steht für den Hl. Geist, für die Liebe (= rot), die Gott in uns brennen lassen will: Er will, daß wir einander helfen, uns immer wieder versöhnen, die Welt heiler machen und Spott und Anfechtungen ertragen können. Er ist in uns, darum schreibe ich auf die Rückseite »In uns«. Ohne ihn werden unsere Herzen zu Stein. Ich lege das Herz in *das Innere* der Bibel.

Ihr seht: *Ein* Gott, von dem wir drei Seiten kennengelernt haben; kein »einseitiger«, sondern ein »vielseitiger« Gott, an den wir glauben. Und doch bleibt es dabei: Gott ist für uns ein »Buch mit sieben Siegeln«! (Jetzt wird die Bibel hochkant auf den Altar gestellt, etwa 90% geöffnet: Das alte Dreifaltigkeitssymbol des Dreiecks wird dadurch sichtbar.)

(Frei nach Udo Casel, D-5067 Kürten-Dürscheid; vgl. »KiBö« 88-1, S. 20.)

49. Das Kreuz – unser Erkennungszeichen
(Ein Kreuz)

Lesungen: 1 Kor 1, 17 f. 21–25 (Wir verkündigen Christus als den Gekreuzigten); Gal 6, 1–5 (Einer trage des anderen Last = Kreuz); Mt 16, 24–26 (ähnlich Mk 8, 34–36; Lk 9, 23–25: In der Nachfolge das Kreuz tragen)

Der Christ ist am Kreuz zu erkennen. Wir schauen es uns genauer an:
1. Ich fahre den *Querbalken* entlang. Wenn ich mir diese horizontale Linie verlängert immer weiterdenke, umfaßt sie die ganze Erde: Sie ist die Linie der Welt. Aber ich kann mich noch so abmühen, von ihr ist kein Aufstieg möglich, irgendwie laufe ich im Kreis. Und die Sehnsucht nach Mehr, nach Unendlichkeit, die in unsere Herzen gepflanzt ist, bleibt unerfüllt.
2. Der *Längsbalken* geht als senkrechte Linie in den Himmel. Nicht als ob Gott oben wäre, aber wir brauchen die Begriffe von oben und unten, um Geheimnisvolles zu umschreiben. Deshalb können wir diese Senkrechte die Linie Gottes nennen, die unsere Hoffnungslosigkeit durchkreuzt. An diesem Balken können wir hochsteigen. Oder mathematisch ausgedrückt: Aus diesem Minus des Querbalkens ist durch den Längsbalken ein großes Plus geworden. Wer sich von dieser Liebe Gottes tragen und halten läßt, der kann auf der Linie der Welt auch noch andere tragen (vgl. Lesung).
3. Im *Kreuzpunkt* von Welt- und Gotteslinie steht die Kirche. Ihre eigentliche Mitte ist der Gekreuzigte selbst; darum ist die Kirche in all ihrer Gebrechlichkeit nicht von dieser Welt. Sie darf sich auch nie den Maßstäben dieser Welt angleichen. Aber ihre Aufgabe ist, diese Welt zu retten. Jesus kam ja darum in die Welt. Ihm begegnen wir heute in den sieben Sakramenten, die die Kirche spendet. Sie helfen uns beim »Aufstieg« zu Gott, indem sie uns ganz mit Jesus verbinden und uns die Kraft geben, auf der Linie der Welt den Menschen das Kreuz tragen zu helfen – wie damals Simon von Cyrene noch gezwungenermaßen, aber symbolhaft richtig.
So ist das Kreuz das aussagekräftigste Pilgerzeichen auf unserem Weg zu Gott und zum Mitmenschen. Wenn wir es am Wegrand oder im Urlaub auf den Bergen entdecken, können wir uns erinnern ...

(Verkürzt und verändert nach dem Fastenhirtenbrief 1989 von Joachim Kardinal Meisner. Vgl. auch »Seniorengottesdienste 1. 177 Gottesdienste für ältere Menschen und andere Altersgruppen«, Mainz ²1991, Nr. 39.)

50. Wie mit dem Intercity
(Modelleisenbahn)

Lesung: Joh 14, 1–6 (Der Weg zum Vater)

Wenn ich ein weites Reiseziel habe, vertraue ich mich schon einmal so einer Eisenbahn an, dem Intercity, weil mir versprochen wurde, mich sicher zum Ziel zu bringen, zur »Endstation«. Ich glaube, so ein Intercity ist ein guter Vergleich für unsere Fahrt mit der Kirche.

1. Wir sind eine Schicksalsgemeinschaft
Sonntags treffe ich einen Teil der Reisegesellschaft wieder im Gemeinschaftsraum, in der Kirche. Ich wundere mich, wie schnell die Woche und die Landschaft vorbeigerast sind. Die Zeit drängt auch weiter, vor der Kirche habe ich kaum Zeit, mich mit den anderen zu unterhalten ... Aber manchmal gibt es angeregte Gespräche, ein frohes Wiedersehen, auch Rücksicht aufeinander; gelegentlich helfen wir einander. Aber was uns zur Schicksalsgemeinschaft hat werden lassen: Wir sind alle zu *einem* Ziel unterwegs und vertrauen hinter all den Verantwortlichen des »Zugpersonals« auf den unsichtbaren Wegbegleiter Jesus Christus, als »Gott-mit-uns«, der den Weg und den Fahrplan kennt, der uns zum Ziel führt, der am Zielort schon bei seinem Vater Wohnungen reserviert hat, auch für Heimatlose und Vagabunden ... Das glaube ich: An der Endstation stehen wir nicht im Regen.

2. Der Vertrauensvorschuß an die Verantwortlichen in der Kirche
Noch aber ist es nicht soweit. Noch hält unsere rasante Fahrt an. Wir geben dem Zugpersonal einen Vertrauensvorschuß, ohne den kein Abschnitt der Fahrt schön werden kann, weil ständiges Mißtrauen alle Freude verdirbt. Selbst die Nachricht, daß gelegentlich ein Lokomotivführer unaufmerksam war, ein Haltesignal überfuhr und ein Unglück verursachte, erschüttert nicht grundsätzlich unser Vertrauen, sonst würde keiner mehr einen Zug betreten.

3. Die Endstation – ein Fest
Einmal wird das endgültige Haltezeichen gegeben, und wir haben die Endstation erreicht. Jetzt werden der Fahrplan und der Zugführer überflüssig. Wir steigen aus und sind am Ziel, da wo es keine Zeit mehr gibt, sondern immerwährender Augenblick. Und alles ist gerüstet zu einem Fest, bei dem wir die Strapazen und Unglücke während der Reise vergessen können. Dann werden all unsere Fragen beantwortet.

Noch sind wir unterwegs. Wir haben uns hier versammelt, um uns über das Ziel unserer Reise Gedanken zu machen. Hoffentlich haben wir beim Hereinkommen die Schicksalsgefährten freundlich begrüßt. Spätestens beim Friedensgruß können wir auch mit denen Kontakt aufnehmen, die an der Endstation sowieso mit uns aussteigen wollen.

(Verkürzt und verändert nach einer Idee bei Ralph Sauer, Mitherausgeber in: Spuren entdecken. Zum Umgang mit Symbolen, Kösel Verlag, München 1987, ders. S. 135 ff.)

(Vielleicht animiert Sie dieses Gleichnis, noch mehr Gesichtspunkte anzuschneiden: Seit der *Taufe* sind wir in den Zug eingestiegen. – Es gibt auch andere Möglichkeiten, in der Luft, auf der Straße und zu Fuß das angegebene Ziel zu erreichen: Jede *Weltreligion* zeigt einen gangbaren Weg; vielleicht sind manche auf ihrem Weg schon weiter als wir Fahrgäste im Zug. – Grundsätzlich aber: Vorsicht! Jedes Zeichen ist ambivalent, d.h. hat auch Vergleichspunkte, die unsere Aussagen stören, banalisieren oder ins Gegenteil verkehren. So ist z.B. der Papst für viele kein Lokführer, dem sie sich passiv anvertrauen; er ist es höchstens in *einem* Zug. Vielleicht ist der Hl. Geist *der* Lokführer.)

51. Eine Schildkröte – Gleichnis für die Kirche?
(Eine Schildkröte)

1. Der Panzer einer Schildkröte hält selbst die Belastung eines Lastkraftwagens und Raupenschleppers aus. –
   So hat die Kirche schon viele blutige Christenverfolgungen überlebt. Noch nie wurden so viele Menschen um ihres Glaubens willen gefoltert und benachteiligt wie heutzutage. Aber so ist die Kirche nicht zu zerstören.
2. Die Schildkröte ist genügsam: Sie gibt sich schon mit einem Salatblatt zufrieden. –
   Die einfache, arme Kirche überzeugt mehr als eine reiche, die mit der Macht liebäugelt.
3. Die Schildkröte zieht sich oft in ihr Gehäuse zurück, sie ist »nach innen gerichtet«. –
   Nicht so sehr Aktionen ändern unsere Umwelt und die Kirche, sondern die Umkehr der Herzen. Die Aktion muß mehr durch die Kontemplation ergänzt werden, die immer wieder die Mitte sucht.
4. Ganz behäbig kommt die Schildkröte voran. –
   Die »Kirche« ist – wie jede Institution – oft so langsam, so behäbig. Wer wird in Gottes Augen einmal gerechtfertigter dastehen? Die Schnellen, die neue Wege aus der Sackgasse aufzeigen, oder die Besonnenen, die an Bewährtem festhalten wollen? Natürlich kommt es auf »die Brille« an!
5. Die Schildkröte verschläft im Winterschlaf fast die Hälfte des Jahres. –
   Die »Kirche«, das sind auch wir, hat schon viele Chancen verschlafen, viel Notwendiges nicht getan: Amnesty International und Rotes Kreuz, aber auch

Kommunismus, Jugendreligionen bis hin zu Tischerückern, sie alle hätten nicht gegründet werden müssen, wenn Christen nicht versagt hätten.

6. Bei Wärme kommt die Schildkröte heraus ... –
Mit eisiger Schärfe werden oft »die da oben« in der Kirche verurteilt. Als Pfarrer einer kleinen Gemeinde weiß ich, wie unmöglich es ist, es allen recht zu machen. Wieviel schwerer wird das dann an Stellen sein, die noch verantwortlicher Zeichen setzen? Begegnen wir ruhig »denen da oben« mit mehr Herzlichkeit und Güte, dann begegnen sie auch uns anders.

7. Mit fünfzig oder hundert Jahren ist eine Schildkröte noch relativ jung. –
Mit ihren fast zweitausend Jahren zeigt die Kirche immer noch, welche Kraft in ihr steckt: Die »jungen« Kirchen in Afrika oder Südamerika zeigen es uns.

52. Gleichnis der Blumenzwiebel
(Eine Blumenzwiebel, eventuell für jeden)

Lesungen: 1 Kor 3, 5–15 (Entscheidend ist Gott, der wachsen läßt); Mk 4, 26–29 (Das Entscheidende, das Wachstum, muß Gott geben)

An dieser einfachen Blumenzwiebel kann ich wichtige Zusammenhänge unseres Lebens und unseres Glaubens aufzeigen:

1. Keiner von uns hat diese Blumenzwiebel hergestellt oder zusammengesetzt. Sie ist uns geschenkt, uns anvertraut worden. So werden uns die wesentlichen Dinge auf Erden geschenkt, z. B. unser Leben.

2. Wir können diese Blumenzwiebel z. B. in die Erde stecken, wie der Mann im Evangelium, der den Samen säte. Das Eigentliche wird aber auch jetzt noch hinzugetan: Gott muß das Wachstum geben. Im Evangelium heißt das: Die Erde bringt »von selbst« den Halm hervor, dann die Ähre, dann das volle Korn ... So wird diese Blumenzwiebel das Wunder einer Blüte hervorzaubern, die wir hegen und pflegen können.

3. Diese Blumenzwiebel ist ein Gleichnis für das Wachsen des Reiches Gottes: Es fängt klein an mit dem Keim, dabei bleibt unseren Augen sogar das Treiben der Wurzeln verborgen. Wenn die notwendige Wärme und Feuchtigkeit hinzukommen und der Boden nicht zu hart ist, wächst sie und entwickelt schließlich die Blüte. Das heißt im übertragenen Sinne: Wir können das Wachsen des Reiches Gottes nicht beschleunigen, sondern nur den Boden dafür bereiten, Feuchtigkeit und Wärme geben; das Entscheidende, das Wachsen muß Gott schenken.

4. Wer im Dienst des Reiches Gottes steht, darf sich nichts darauf einbilden, wenn sich eine Blüte besonders gut entwickelte. Paulus stellt das schonungslos klar, wenn er im Brief an die Korinther schreibt: Es ist weder der etwas, der pflanzt, noch der, der begießt, sondern nur Gott gebührt die Ehre, der wachsen läßt (vgl. Lesung).

5. Wir dürfen hoffen, daß aus der Blumenzwiebel viele neue Zwiebeln erwachsen und auch der Samen der Blüte neue Früchte trägt, damit das Reich Gottes wächst und sich Raum schafft – wie das Senfkorn, das schließlich größer wird als alle anderen Gewächse und große Zweige treibt, in dem die »Vögel des Himmels« nisten können (Mk 4, 30–32; Mt 13, 31f; Lk 13, 18f).

(Wenn jeder eine Blumenzwiebel erhielt: Nehmt die Blumenzwiebel mit nach Hause und pflanzt sie ein. Wenn sie sich langsam entfaltet, dann denkt daran: Das Wesentliche wird uns geschenkt, aber wir können es schützen und fördern.)

Abschließen möchte ich unser Nachdenken mit einer Meditation aus östlicher Weisheit (Alternative: Noch einmal das Zitat aus dem Korintherbrief):

> Nein: nicht euch ist es bestimmt, die Knospen
> zu erschließen zu Blüten.
> Schüttelt die Knospe, schlagt sie; es geht über eure Macht,
> sie blühen zu machen.
> Eure Berührung beschmutzt sie, ihr zerreißt sie in Stücke
> und werft sie in den Staub.
> Aber keine Farben erscheinen und kein Duft.
> Ach! Nicht euch ist es bestimmt, die Knospen
> zu erschließen zu Blüten.
> Er, der die Knospe öffnen kann, tut es so einfach.
> Er schenkt ihr einen Blick, und der Lebenssaft strömt
> durch ihre Adern.
> Auf Seinen Hauch breitet die Blume ihre Flügel und
> flattert in den Wind.
> Farben brechen heraus wie Sehnsüchte,
> der Duft verrät ein süßes Geheimnis.
> Er, der die Knospe öffnen kann, tut es so einfach. (Rabindranath Tagore)

SONNTAGE IM JAHRESKREIS

Gemeinschaft

53. Gemeinsam tragen
(Zwölf Springseilchen, die zu einem Netz zusammengelegt werden)

Lesungen: Gal 5, 14–16; 19–26 (Aus welchem Geist heraus Gemeinschaft möglich ist); Mt 4, 18–22 (ähnlich Mk 1, 16–20: Ich will euch zu Menschenfischern machen. – Dieser Gedanke kann den Entwurf noch weiterführen); Mt 14, 22–33 (ähnlich Mk 6, 45–52; Joh 6, 16–21: Eine gute Gemeinschaft trägt über »wilde Wasser«)

Pr.:   Wir haben gehört, was eine gute Gemeinschaft zusammenhalten kann. Jugendliche legen jetzt vor unseren Augen ein Netz aus Seilen. Dabei deuten sie die einzelnen Seile und schließlich das Netz symbolisch auf eine Gemeinschaft.
(Zwölf Sprecher kommen mit je einem Springseil und legen es, nachdem sie ihren Text gesprochen haben, zu einem grobmaschigen Netz zusammen. Ein leichtes Verknoten vorher üben! Die Sprecher stellen sich danach in einem offenen Halbkreis um das Netz.)

1. Spr.:   Dieses Seil kann ich in der Dunkelheit so über den Weg spannen, daß ein Mensch darüber stolpert und fällt. –
           Aus diesem Seil kann aber auch ein Netz geflochten werden. *(Das Seil wird so auf den Boden gelegt, daß es später mit den anderen Seilen zusammen zum Netz wird.)*

2. Spr.:   Aus diesem Seil hier *(doppelt packen!)* kann ich eine Peitsche machen, um andere zu schlagen oder zu verletzen. –
           Dieses Seil kann aber auch zum Teil eines Netzes werden, das andere tragen kann. *(Seil zum geplanten Netz legen.)*

3. Spr.:   Mit diesem Seil hier kann ich andere fesseln. –
           Es kann aber auch als Teil eines Netzes helfen, andere vor einem Absturz zu bewahren.

4. Spr.:   Mit diesem Strick kann sich ein Mensch erhängen. –
           Es kann aber auch einen Menschen retten, wenn es zum Teil eines Netzes wird.

5. Spr.:   Mit diesem Seil kann ich abstürzen, wenn der Haken in der Felswand bricht. –

Dieses Seil kann aber auch wie Vertrauen sein, mit dem ich mich an Gott hänge.

6. Spr.: Eine Gemeinschaft ist wie ein Netz, das aus vielen Seilen zusammengefügt ist. Solch ein Netz erfordert viele Menschen, die sich miteinander verbinden.

7. Spr.: Eine christliche Gemeinschaft sollte so ein Netz sein. Die vielen Seile fügen sich im Geiste und in der Gesinnung Christi zusammen.

8. Spr.: Diese Gesinnung Christi braucht Menschen, die sich um Freundlichkeit und Frieden bemühen; die sich auf den Generationskonflikt einlassen.

9. Spr.: Diese Gesinnung Christi braucht Menschen, die nicht nachtragend, sondern gütig sind.

10. Spr.: Diese Gesinnung Christi braucht Menschen, die auch den annehmen, der anders ist.

11. Spr.: Diese Gesinnung Christi braucht Menschen, die auch den akzeptieren, der Fehler hat und in Schuld fällt.

12. Spr.: Wenn ein Netz entstehen soll, muß man sich auch auf die Treue des einzelnen verlassen können.

Pr.: So entsteht aus vielen Seilen ein Netz, das andere tragen und vor dem Absturz bewahren kann.

Jugendl.: *(ohne Seil)* Manchmal kann ich andere tragen. Manchmal bin ich anderen eine Last. Im Moment bin ich so belastet, daß ich abzustürzen drohe:
– weil meine Eltern sich getrennt haben,
– weil die Situation in der Schule (im Beruf) mich fertig macht,
– weil mich mein/e beste/r Freund/in sitzen ließ,
– weil eine furchtbare Krankheit unsere Familie bedroht.
(noch andere Gründe einfügen)
Ich kann nicht mehr. Mir steht das Wasser bis zum Hals.
(Der/die Jugendliche geht zurück und fällt auf das am Boden liegende Netz. Er/sie hält sich an den vielen Maschen fest.)

Pr.: Einer allein kann ihn/sie nicht halten. Erst wenn wir uns alle verbinden, können wir den tragen, der gefallen ist.
(Alle greifen jetzt das verknotete Netz und heben den Jugendlichen hoch.)

Pr.: Es ist nicht leicht, ihn/sie zu tragen. Je mehr wir sind und zusammenhalten, um so leichter wird es. Wir halten in der Gesinnung Jesu Christi die Spannung aus. Daran muß sich jede christliche Gemeinschaft und jede christliche Gemeinde messen lassen: Sind wir fähig, andere zu tragen? Andere zu halten? Gott schenkt uns in seinem Sohn die Kraft, andere zu tragen.

(Der/die Jugendliche wird wieder auf den Boden gelegt. Die Jugendlichen stellen sich wieder in den halboffenen Kreis und bleiben bis nach den Fürbitten stehen.)

(Nach einer Idee bei Jörgpeter Birke, Zehn Ideen für den Schulgottesdienst, Bernward-Verlag, Hildesheim 1987, S. 7ff. Dazu ein gleichnamiger, ausformulierter Gottesdienst in »FaJu«, März 89.)

54. Wie das Miteinander gelingen kann

(Ein Mobile hängt von der Decke, darunter die brennende Osterkerze, damit es ständig in Bewegung bleibt; die beweglichen Teile des Mobiles können mit Symbolen geschmückt sein, die für ein harmonisches Zusammenleben wichtig sind: Frieden = Taube; Versöhnung = Regenbogen; Glauben = Kreuz; Hoffnung = Anker; Liebe = Herz usw.)

Lesungen: Röm 12, 10–21 (Wie ein Miteinander gelingen kann); 1 Kor 12, 14–27 (Jedes Glied am Leib ist wichtig); Joh 15, 9–17 (Bleibt in meiner Liebe)

Ein Mobile kann eine Menge über ein harmonisches Zusammenleben aussagen:
1. *Alle Elemente sind miteinander verbunden.* Keiner lebt für sich selbst. Wir sind abhängig, miteinander verbunden, können aber – im günstigsten Fall – wie bei diesem Mobile unsere eigene Bahn ziehen. Aber wie jeder auch sein Leben gestaltet, es hat Auswirkungen auf alle anderen.
2. *Für ein weiteres Element pendeln sich alle neu ein.* Kommt ein neues Element hinzu, müssen alle ein wenig ihren angestammten Platz verlassen. Das erfährt eine Familie am intensivsten, wenn ein neuer Erdenbürger seinen Platz beansprucht. Mit dieser Haltung, für ein neues Gesicht ein wenig beiseite zu rücken, gelingt harmonisches Zusammenleben auch in der Klasse, am Arbeitsplatz und in jeder größeren Gemeinschaft.
3. *Kleine Elemente werden von größeren gehalten,* auch wenn sich manche Elemente nur um sich selbst drehen. Alle sind dabei irgendwie aufeinander angewiesen und wenn sie auch nur »gebraucht« werden. Gemeinschaft heißt nicht Gleichmacherei. Diese »Anhänglichkeit« darf auch nicht als Abhängigkeit spürbar werden. Überheblichkeit und mangelndes Selbstbewußtsein stören das Miteinander.
4. *Die Elemente bewegen sich ständig und harmonisch, ohne anzustoßen.* Ohne Auseinandersetzungen geht es meistens nicht, sie sollten aber nicht zum Streit führen, sonst können die dünnen Fäden sich leicht verwirren oder Verbindungen abreißen. In der Lesung aus dem Römerbrief haben wir vom richtigen Umgang miteinander gehört. (Hier können die Symbole genannt werden, die auf den einzelnen Elementen zu sehen sind.)
5. *Die brennende Osterkerze hält die Elemente in Bewegung,* wenn sich das Mobile auf die aufsteigende Wärme einläßt. Die Flamme ist Symbol für Christus. Die aufsteigende Wärme weist auf den Heiligen Geist: Er kann auch heute

seine Kirche, das sind auch wir, in Bewegung halten, wenn wir nicht in Bequemlichkeit und Gleichgültigkeit immer mehr von ihm wegrücken und unmerklich erstarren.

6. *An einem zentralen Punkt festgemacht.* Ist dieser zentrale Punkt für uns Gott, braucht uns keine Angst zu befallen, in den Aufgaben und lockenden Angeboten dem Zeitgeist zum Opfer zu fallen. Das Vertrauen in *Ihn* hält uns. Es läßt uns auch Windstöße verkraften, die uns durcheinanderschütteln.

(Nach Gedanken und Formulierungen von Wolfgang Longardt, Rudi Ott und Gerhard Vidal. Dazu eine ausformulierte Bußfeier für Jugendliche mit Kurzgeschichten in »3 × 7 Bußfeiern«, Nr. 15.)

55. Wie die Bienen

(Ein »klassischer« Bienenkorb kann aufgestellt werden – beim nächsten Imker erfragen; eventuell für jeden ein kleines Honigtöpfchen, wie sie der Handel für den Frühstückstisch anbietet. *Oder* umweltbewußter, ohne aufwendige Einzelverpackung: Die Kinder ihren – sauberen – Finger in einen Honigtopf stecken und ablecken lassen?)

Lesungen: Ex 16 erzählen (Das Manna in der Wüste, das die Israeliten 40 Jahre lang vor dem Hungertod bewahrte, schmeckte süß wie Honigkuchen, vgl. Ex 16, 31); Ez 2, 8–10; 3, 1–3 (Die Buchrolle = Das Wort Gottes schmeckt süß wie Honig); Mt 5, 3–12 (Worte Jesu, die uns wie Honig auf der Zunge zergehen können: die acht Seligpreisungen); Joh 14, 1–3b (Jesus bereitet uns die himmlischen Wohnungen vor = die Waben, in denen wir uns für das eigentliche Leben mit Gott verpuppen)

Schon der Kirchenvater Ambrosius (der oft mit einem Bienenkorb dargestellt wird) verglich die Kirche gerne mit einem Bienenkorb und die Christen mit den stets treuen und fleißig arbeitenden Bienen. Wir wollen das Sinnbild der Biene näher betrachten *(bitte auswählen):*

1. *Ein Wunder.* Beim Betrachten eines Bienenstockes können wir staunen. Welch ein reges Kommen und Gehen! Wer gibt und wie werden die Befehle erteilt, so daß alle wissen, wann und wo etwas zu tun ist? Wie oft wechseln die Arbeitsbienen (50.000 – 70.000 im Sommer, 8.000 – 20.000 im Winter) ihren Beruf: Sie arbeiten als »Klimaanlage« und heizen oder kühlen den Stock durch Flügelschlag; sie kämpfen als Soldaten und geben zur Verteidigung der »Haustür«, des Flugloches, z. B. gegen die Hornissen, ihr Leben hin; als Pflegemütter kümmern sie sich um die Brut und füttern die Königin; als Raumpflegerinnen reinigen sie den ganzen Stock ...
Und erst das Wunder der Bienenkönigin! Im Mai/Juni kann sie täglich bis zu dreitausend Eier legen, mehr als ihr eigenes Körpergewicht!

Auch die Bienenwaben sind zum Staunen: Die sechseckigen Zellen bedeuten größtmögliche Nutzung bei kleinstem Materialaufwand. (Siehe auch Punkt 4 »Schwänzeltanz«.)

2. *Umweltschutz.* Wo ein Bienenvolk existieren kann, ist die Natur noch gesund. Wo immer weniger Bäume und Blumen blühen, verlieren Bienen den Lebensraum. Es darf vor allem auch in Vorgärten nicht weiter bedenkenlos Gift gespritzt werden. Und ihr, Kinder, dürft in der Natur nicht wahllos Blumen pflücken!

3. *Fleiß.* Für drei Pfund Nektar, die ungefähr ein Pfund Honig ergeben, muß eine Biene ca. 120.000 Flugkilometer zurücklegen, also fast dreimal um die Erde fliegen! Da können wir unseren Hut ziehen vor so viel Fleiß. Schaut mal auf das Honigtöpfchen, das ihr bekommen habt (oder dieses Honigglas), und denkt einen Augenblick darüber nach, wieviel Fleiß dahintersteckt, diese Tropfen von Blüte zu Blüte zusammenzuholen. – Stille.

4. *Soziales Insekt.* Als Einzelwesen kann die Biene nicht leben: Sie ist auf die Gemeinschaft hin angelegt. Es ist wie bei den Menschen: Jeder in unserem Staat oder in der Kirche muß eine Aufgabe übernehmen, sonst funktioniert das Ganze nicht. Jeder muß bereit sein, zu geben und zu nehmen, zu nehmen und zu geben; sonst herrschen auch schon im kleinen »Bienenkorb der Familie« nur Streit und »dicke Luft«.

Ein Beispiel, wie selbstlos eine Biene ist: Wenn sie im Umkreis von 100 m Nektar gefunden hat (im Fachausdruck die »Trachtquelle«), dann behält sie das nicht für sich, sondern beginnt auf der Wabe einen Rundtanz: Je ergiebiger die Quelle, um so rascher tanzt sie. Liegt die Trachtquelle weiter entfernt (bei gutem Wetter bis 600 m!), dann läuft die Sammelbiene eine Figur ab, die einer liegenden Acht gleicht, der sogenannte »Schwänzeltanz«. Die Tanzrichtung orientiert sich an der Sonne, und jede andere Biene erfährt den Winkel zwischen der Geraden Bienenstand/Sonne zur Geraden Bienenstand/Trachtpflanze. Die Anzahl der Tanzwendungen gibt die Entfernung an: Je langsamer die Bewegungen, um so weiter weg liegt die Quelle. Ist das nicht toll? Die Biene behält das Geheimnis – die Quelle für neuen Honig – nicht für sich, sondern teilt sie sofort anderen mit! Wären wir auch so sozial eingestellt, wenn wir einen »Schatz« gefunden hätten?

5. *Honig hält gesund.* Ein Glas Honig wird hoch geschätzt! Er schmeckt gut, hält gesund und wirkt wie eine gute Arznei. – Jesus sagt: »Ihr seid das Licht der Welt oder eine Stadt auf dem Berge!« (Mt 5, 14). Wären wir Christen doch auch wie Honig für diese Welt! Ein Honig, der heilt und stärkt und gesund hält.

6. *Verteidigungsbereitschaft.* Bienen haben einen Stachel und können sich damit wehren, wenn sie bei einer Drohnen- oder Hornissenschlacht ihr Volk vertei-

digen. Auch wir Christen dürfen uns heutzutage nicht alles gefallen lassen. Wir brauchen zwar nicht mit dem Stachel einer spitzen Zunge andere totzustechen, aber wenn es um Jesus und *seine* Kirche geht, sollen wir uns in der Klasse oder am Arbeitsplatz auch wehren (können). Es gibt aber auch Situationen, da müssen wir uns die Stacheln in den Kopf drücken lassen – wie Jesus bei der Dornenkrone.

7. *Das Wort Gottes ist wie Honig.* Früher wurde den Säuglingen bei der Taufe etwas Honig in den Mund geträufelt. Das bedeutete: Nimm in deinem Leben das Wort und das Brot von Jesus auf, dann bleibst du gesund. – In der Bibel wird vom Manna erzählt (siehe Lesung), das süß wie Honigkuchen schmeckte und die Israeliten vor dem Hungertod bewahrte. Oder ein weiteres Beispiel: Der Prophet Ezechiel (siehe Lesung) mußte zunächst die Schriftrolle mit Worten Gottes essen, bevor er dem widerspenstigen Volk die Botschaft Gottes brachte. Der Prophet aß sie, und sie schmeckte süß wie Honig. – Wer sonntags zum Hause Gottes, zum Bienenkorb, kommt, der soll sich hier nicht nur wohl und geborgen fühlen, er bekommt hier auch das Wort Gottes und das Brot Jesu gereicht, um an Leib und Seele gesund bleiben zu können.

8. *Die Welt »fruchtbar« machen.* Die Bienen sammeln bei ihren Flügen den Nektar, aber zugleich bestäuben sie durch den Blütenstaub in ihrem Pelz jede Blüte, die sie anfliegen. So helfen sie, die Erträge beim Obst- und Gartenbau und in der Landwirtschaft erheblich zu steigern (Obstblüten, Raps, Klee, Heide, Tannen, Linden ...).
Auch wir dürfen uns nicht nur im »Bienenkorb« der Kirche wohlfühlen, sondern »fliegen« nach dem Gottesdienst hinaus in alle Welt. Dort können wir die Welt mit der Botschaft Jesu »bestäuben«, bis zu den Blüten hin, die im Schatten kümmerlich ihr Dasein fristen.

(Dazu eine ausformulierte Bußfeier für Kinder in »3 × 7 Bußfeiern«, S. 155–160; dazu ein ausformulierter Gottesdienst für die Aufnahme neuer MinistrantInnen in »FaJu«, Juli/August 90.)

56. Gemeinschaft in Christus
(Zwei blühende Rosen)

Lesungen: 1 Kor 13, 4–7 (Was Liebe vermag); Joh 15, 1–5 (Bleibt mit mir verbunden)

Pr zeigt eine halberblühte Rose: Welche Schönheit, welcher Duft! Ein Gleichnis für eine Gemeinschaft von Menschen, die sich mag, die zusammenhält ...
Während Pr jetzt langsam ein Blatt nach dem anderen abzupft (das tut weh!), erzählt er von diesem Zusammenhalten: dem gegenseitigen Zuhören, Sich-

füreinander-Zeit-Lassen, gemeinsamen Unternehmungen, Singen ... Solche Gemeinschaften, wenn sie gelingen, sind unverzichtbar in Staat und Kirche, bis in Schule, Gruppe, Familie hinein ... Auf jedes Blatt, die nicht alle gleich groß sind, kommt es dabei an. Wird ein Teil der Blütenblätter herausgezupft, sind die angrenzenden auch gefährdet, abzufallen.

(Auf dem Boden liegen jetzt bereits verstreut etliche Rosenblätter, die deshalb »provozieren«, weil ja laufend von dem Positiven einer Gemeinschaft erzählt wird, die aber in Wirklichkeit oft das Schicksal des Gezeigten erleidet...) Jetzt ist der Stengel der Rose mit Stempel und Blütenansatz sichtbar: Der Stengel hält die Blütenblätter, er führt aus den Wurzeln die Nahrung zu = Gott hält uns, aber wir stehen zwischen »Himmel und Erde«, leben aus der Kraft der Erde und strecken uns der Sonne Gottes entgegen. Um den Stempel der Rose hatten sich die Blütenblätter angeordnet: Für Christen ist Christus die Mitte, um den sie sich scharen. In *Ihm* können auch alle Spannungen untereinander überwunden werden – wenn wir auf ihn und nicht auf die anderen Blütenblätter schauen.

Die Rose ist auch Zeichen der Liebe. Wenn wir uns in Liebe miteinander auf Christus ausrichten, dabei in Gott verwurzelt sind und uns voller Sehnsucht zur Sonne Gottes ausstrecken, dann, ja ... nicht auszudenken, wie schön unsere Gemeinschaft wäre!

Stempel der Rose auf den Altar legen = mit Christus verbunden bleiben! Aber daneben die andere blühende Rose legen!

Gleichnis der Rose: In der hl. Eucharistie verbinden wir uns mit Gott und untereinander.

(Diese Predigt ist leicht auf das Thema »Ökumene« zu übertragen. – Vgl. »144«, Nr. 90, Ökumene, und »Anzeiger für die Seelsorge«, Heft 6/89, S. 229.)

57. Wie eine Sonnenblume
(Eine Sonnenblume; weiter siehe Sprechspiel)

Lesungen: 1 Petr 4, 8.10–11 (Dient einander – jeder mit seiner Gabe); Röm 12, 6–8 (Helft einander mit euren unterschiedlichen Gaben); Joh 8, 12 und Mt 5, 14–16 (Wenn wir uns an der Sonne ausrichten, sind wir Licht für die Welt)

Eine Sonnenblume bietet nicht nur einen herrlichen Anblick, sie ist auch ein aussagekräftiges Symbol für uns und eine christliche Gemeinde. Sieben Kinder (Jugendliche) erklären uns dieses Zeichen.

1. (mit dem Bild einer Sonnenblume:) Alle Sprachen benennen die Sonnenblume nach der Sonne, weil ihre Blüte der Sonne ähnelt. Die Sonnenblume wendet ihren Blütenkopf immer entsprechend dem Stand der Sonne. Wenn Gott mit der Sonne verglichen wird, dann ähneln wir einer Sonnenblume. Auch ein Christ soll sich immer nach der Sonne Gottes ausrichten. Wer genügend Strahlen der Sonne Gottes eingefangen hat, kann selbst zur kleinen Sonne werden – da, wo er hingepflanzt wurde. Das gilt auch für jede Gemeinde der Christen.

2. *(mit einer gebastelten Sonnenblume:)* Die große Blüte der Sonnenblume enthält in ihrem dunklen Fruchtstand viele kleine Kerne. Auch in einer Gemeinde verhält es sich so: Erst viele kleine »Kerne« bilden eine große Blüte. Jeder ist wichtig. Nur wir alle zusammen ergeben den freundlichen Anblick einer Gemeinde.

3. *(zeigt Bild vom Netz einer Blüte:)* Die Blüten und Kerne einer Sonnenblume sind netzförmig angeordnet und bieten einander Halt. (Das läßt sich auf dem Bild hier gut erkennen.) So kommt es auch in einer Gemeinde darauf an, daß jeder frei und verläßlich an seiner Stelle mitmacht, damit andere nicht herausfallen. Jeder einzelne lebt für die Gemeinschaft, und die Gemeinschaft muß jeden einzelnen schützen und halten.

4. *(mit einem Beutel voller Sonnenblumenkerne:)* Die Kerne einer Sonnenblume sind vielseitig zu gebrauchen und sehr fruchtbar. Es kommt auf den Inhalt des Kernes an, nicht auf seine äußere Schönheit. So lebt auch eine Gemeinschaft davon, daß jeder »Kerniges« hineinträgt und so das Zusammensein fruchtbar macht. Fassade und das äußere Getue einzelner bringen nicht vorwärts.

5. *(zeigt eine reife Sonnenblume – wenn vorhanden:)* Wenn die Sonnenblume ihren Kopf senkt und die schweren Körner sie nach unten ziehen, dann kommt ihre wichtigste Zeit: Die Körner reifen heran. So kann auch eine Gemeinde in schwierigen Zeiten reifer werden. Jede Herausforderung kann weiterführen und Frucht tragen.

6. *(zeigt eine kleine oder eine ganze Sonnenblumenpflanze:)* Wenn sich im Herbst die Vögel um die Sonnenblumenkerne zanken, dann geht manches Korn verloren. Aber im nächsten Jahr wachsen ganz unvermutet irgendwo neue Sonnenblumen. So verlieren wir auch manches Gemeindemitglied aus den Augen – vielleicht durch Umzug oder Streit oder Mißverständnisse. Aber es kann anderswo Wurzeln schlagen und aufblühen.

7. *(zeigt einen einzelnen Kern:)* In jedem reifen Sonnenblumenkern steckt die Kraft der ganzen Blume. Wer den Kern in die Erde steckt, erlebt das Wunder einer neuen Blüte. So hat jeder einzelne von uns die Kraft, eine neue Gemeinschaft zu bilden. Er kann den Glauben an die Sonne Gottes als ungeheure Kraft in die Familie tragen; an den Arbeitsplatz; in eine Ministrantengruppe oder Schulklasse; in die Freiwillige Feuerwehr ... und in jede Gemeinschaft, die uns begegnet.

Einige Gedanken aus dem Sprechspiel, das wir gerade gehört haben, darf ich noch einmal herausheben:

1. Die Sonnenblume richtet sich nach der Sonne aus. Jeder von uns muß sich auch an der Mitte unseres Glaubens, an der »Sonne der Gerechtigkeit« (GL 644)

orientieren. Wenn er nur die Fehler des Nachbarn sieht, sich an den Unzuläng-
lichkeiten der anderen stört (Beispiele!), zerfällt die gute Atmosphäre in einer
Gemeinschaft.

2. Die Kerne einer Sonnenblume sind wie ein Wunderwerk im sog. »Goldenen
   Schnitt« *netzförmig* ausgerichtet. Wenn ich ein paar Kerne heraushole, dann sitzen die anderen lockerer: Es kommt darauf an, daß jeder an seiner Stelle seine
   Gaben in die Gemeinde einbringt (vgl. Lesung). Auch beim Gottesdienst
   kommt es auf jeden an. Wenn jeder nur auf sich sieht und hier nur erscheint,
   wenn er »Bedürfnis« hat, dann wäre Kirche ja nur eine »Bedürfnisanstalt«
   besonderer Art. Daraus kann keine Gemeinschaft entstehen. Und wenn in jeder
   dritten Reihe nur noch einer anwesend ist, dann könnte auch kein Fest mehr
   stattfinden.

3. Wenn eine Sonnenblume den Kopf sinken läßt und sie zu sterben scheint, dann
   beginnt ihre wichtigste Zeit: die Kerne reifen heran. Um eine Extremsituation zu
   beleuchten: Manche Gemeinde hat nach dem Weggang eines Pfarrers oft eine
   Überbrückungszeit zu bewältigen, oder sie wird auf Dauer »mitversorgt«. Das
   kann Krise und Herausforderung bedeuten. Manche Gemeinde erlebt dann eine
   wichtige Reifezeit; sie muß auf die eigenen Füße fallen und alle Kräfte mobili-
   sieren. Eine Reifezeit!

4. Sind wir eine missionarische Gemeinde, die andere anzieht und nachdenklich
   macht? Wir sind die einzige Bibel, die draußen noch gelesen wird. Unser Christentum gewinnt, wenn jeder da zu blühen sucht, wo er hingestellt ist.

Zum Schluß erhält jeder ein paar Sonnenblumenkerne zum Einpflanzen (Mai/Juni)
oder eine kleine gemalte Sonnenblume zum Anstecken.

(Aus einem gleichnamigen ausformulierten Gottesdienst des Familienmeßkreises Bergheim-
Paffendorf in »FaJu«, Mai 89; darin befindet sich auch ein ausformulierter Kleinkindergottes-
dienst zum selben Thema mit einem »Sonnenblumenspiel«.)

58. Viele Steine im Bau der Kirche
(Für jeden einen glatten, flachen Kieselstein; für den Priester einen großen,
abgerundeten Stein)

Anmerkung: Die MISSIO-Leuchtbox-Folie F 23/3 paßt gut dazu: Ein Mann
klopft aus vielen verschieden runden Steinen einen Weg.

Lesungen: 1 Petr 2, 5–8 (Laßt euch als lebendige Steine zu einem geistigen Haus
aufbauen); Eph 2, 20–22 (Der Schlußstein Christus hält alles zusammen); Mt 7,
24–27 (Wir sollen unser Leben auf Fels bauen); Mt 16, 13–20 (Die Kirche ist auf
den Felsen Petri gebaut)

Predigtgedanken (bitte auswählen!):

1. Wir sollen unser Leben auf Jesu Worte bauen: Sie hören *und* danach handeln. Kein Lebenssturm wird uns dann erschüttern, weil wir unser Haus auf Fels gebaut haben! Die Worte Jesu:
Siehe Bergpredigt, z. B.: »Richtet nicht, damit ihr nicht gerichtet werdet!« (Mt 7, 1), oder die »Goldene Regel«: Alles, was du von den anderen erwartest, das tue *zuerst* ihnen (Mt 7, 12), und viele andere können zu Grundsteinen für unser Leben werden.

2. Schauen wir uns die Steine, die wir am Eingang bekommen haben, genau an! Jetzt liegen sie glatt und angenehm in der Hand, aber als sie vom Felsgestein abbrachen, waren sie spitz und kantig und konnten uns verletzen. Dann wurden sie in den reißenden Frühlingswassern eines Flusses transportiert, polterten übereinander und stießen sich dabei die Ecken ab. Auch am Ufer des Flusses und später am Meeresstrand spielten die Wellen mit ihnen, bis sie jetzt – so schön abgeschliffen und abgerundet – niemanden mehr verletzen können. Du könntest sogar mit nackten Füßen darüber laufen!
Wer mit Geschwistern aufwächst, weiß, wie dieser Schleifprozeß abläuft: Ständige Auseinandersetzungen, ja Streit und Krieg, bis wir herausfinden, es kostet weniger Nerven, wenn wir schneller zur Versöhnung bereit sind oder vor der »Explosion« in ein anderes Zimmer gehen oder ablenken, nachgeben ..., damit das Miteinander erträglicher wird. Als verschiedenartige Steine finden wir uns auch hier in der Kirche zusammen. Jeder ist anders, und es kommt naturgemäß zu Auseinandersetzungen (ich spreche nicht von Streit), doch ohne Auseinandersetzungen geht es in einer lebendigen Gemeinschaft nicht. Dabei ist jeder wichtig: Ob kleine oder große Steine, sie alle reiben sich im »Spiel der Wellen« aneinander. Falsche Kompromisse helfen nicht weiter, auch nicht, wenn einer immer nachgibt ...

3. Wenn wir eine Stelle des Steines befeuchten, wird seine Farbe leuchtender, doch nur für kurze Zeit. Behandeln wir ihn mit einem Tropfen Öl, wird er dauerhafter glänzend. Die Deutung: Ein gutes Wort, ein kurzes Gebet kann uns für Augenblicke aufrichten. Wir brauchen aber mehr, um dauerhaft mit Freude atmen zu können: Eine gute Atmosphäre, da, wo wir leben – auch die gute Atmosphäre im gemeinsamen Gottesdienst am Sonntag –, damit unsere Seele sich »baden« kann.

4. Die meisten Steine sehen matt und wertlos aus. Auf den ersten Blick erscheint auch ein bestimmter Edelstein, der Opal, wie eine »graue Maus«. Wird er aber in die Hand genommen, oder liegt er als Schmuckstück auf der Haut, wenn ihn also Körperwärme durchdringt, dann schillert er in den schönsten Farben. So ist das auch mit mancher »grauen Maus« unter den Mitmenschen oder Mitchristen. Wenn wir nähergehen und wenn der andere das zuläßt, erkennen wir plötzlich, wie viele Vorurteile wir hatten. Vielleicht hilft der heutige Festtag mit seinen Begegnungsmöglichkeiten, daß wir ein paar neue »Edelsteine« entdecken!

5. Die zwölf symbolischen Säulen, die Apostel, auf denen die Kirche gebaut ist, kommen in der Kritik der Öffentlichkeit noch gut weg, weniger aber die meisten Bischöfe, die heute das Dach der Kirche tragen. Darum ist es wichtig, auf das Fundament der Kirche zu schauen, auf dem Apostel und Bischöfe stehen: Das ist Christus. Darum bitte ich alle, die sich in der Kirche engagieren oder es beabsichtigen, nicht auf die Ärgernisse oder ihre »Selbsttore« zu schauen, sondern auf die Mitte in Christus. In ihm können wir uns als lebendige Steine vereinen – so verschieden wir auch sind.

Aktion: Um das zu demonstrieren, können jetzt die Kinder mit ihrem Stein in den Chorraum (oder Mittelgang) der Kirche kommen, um ihn dort in einen Kreuzesumriß aus einem Seil zu legen, so daß ein Kreuz aus Steinen entsteht: ein »lebendiges« Kreuz, in das jeder seinen guten Willen und seine Bereitschaft legt, zum Ganzen beizutragen.

Zu diesem Gottesdienst paßt auch gut die Kurzgeschichte Nr. 81 in »Kurzgeschichten 2«: Christus in Nowa-Huta: Mit Steinen aus der ganzen Welt, selbst vom Mond und von St. Peter in Rom, wurde eine Kirche gebaut.
(Als ausformulierter Gottesdienst von Manfred, Karin und Frank Metternich, D-5010 Bergheim-Paffendorf in »FaJu«, Sept. 90.)

59. Die Mitte, die uns hält
(Das vergrößerte Bild oder die Zeichnung eines Kettenkarussells)

Lesungen: Mt 6, 25–33 (ähnlich Lk 12, 22–31: Sucht zuerst die Mitte, das Reich Gottes, dann könnt ihr sorgloser leben); Joh 15, 1–5 (Weinstock-Reben: Bleibt mit mir verbunden)

1. Auf dem Kettenkarussell fliegen wir hoch hinaus, hängen an der Kette und sausen immer um die Mitte, die uns hält. Die Kette darf allerdings nicht zerreißen, sonst kann das bunte Treiben schlimm enden. Was könnte die Kette sein?
Zum Beispiel die Gesundheit. Wenn plötzlich der Befund vor uns liegt »Knötchen am Hals«, und es hilft nur eine Chemotherapie, dann schleudert uns das aus allem Treiben heraus. Oder die Kette könnte heißen: der Verdienst, den wir als selbstverständlich ansehen! Und plötzlich heißt es ohne mein Verschulden »arbeitslos«. Dann sehe ich bei allem nur noch dieses Wort vor meinen Augen: arbeitslos, und nichts kann mich mehr freuen oder ablenken. Oder eine Familie oder eine Ehe zerbricht, weil ein Partner zu einem anderen/einer anderen geht; das läßt die Kette reißen, und vor allem die Kinder werden in die Ungeborgenheit hinausgeschleudert. Wenn dann einer schwerverletzt wieder aufsteht, muß das ja nicht das Ende sein: Die Kette kann neu befestigt werden. Ich darf wieder

einsteigen und erneut am Karussell des Lebens teilnehmen. Es ist ja faszinierend und schön, wieder so hoch hinausgetragen zu werden und im Auf und Ab Welt und Menschen vorbeirasen zu sehen.

2. Wir drehen uns nicht um die eigene Achse, sondern um den starken Mittelpunkt des Karussells. Dieser Mittelpunkt ist für uns Christen Jesus Christus: Von ihm sind wir gehalten; er treibt uns letztlich aber auch an, denn von ihm her bekommen wir den nötigen Schwung. Danke, Herr, daß du uns fliegen, aber nicht fallen läßt!

Es steht uns frei, aus dem Sitz auszusteigen und diese Mitte zu verlassen, Jesus und auch seiner Kirche den Rücken zuzukehren. Doch die Sehnsucht nach einem, der mich halten kann, bleibt im Herzen. Die Gefahr ist groß, diese Sehnsucht mit Süchten zu füllen. Es ist einfacher, die angebotene Hand Jesu festzuhalten, die er uns in der Taufe (... Ehe) gereicht hat.

3. Am schönsten ist es auf dem Kettenkarussell, wenn alle Plätze besetzt sind; wenn wir vor und hinter uns bekannte Gesichter entdecken. In der rasanten Fahrt rufen wir uns lächelnd etwas zu oder winken denen, die uns zuschauen. In Gemeinschaft gefällt alles besser: wenn das *ganze* Dorf, der ganze Stadtteil mitfeiert, oder hier in der Kirche, wenn kein Platz mehr frei ist. Begegnet uns dann einer mitten im Getümmel auf dem Festplatz – oder auch hier, dem wir schon länger aus dem Weg gegangen sind, dann können wir uns daran erinnern, daß wir doch alle von derselben Mitte gehalten sind, von Gott, unserem Schöpfer, der uns in Jesus Christus erlöst hat. Aus dieser gemeinsamen Mitte heraus können wir wieder beginnen, einander zu grüßen und miteinander zu reden; Frieden zu schließen. Ohne diese Haltung ist Gemeinschaft und ist ein Fest nicht möglich!

4. Einmal wird unser Karussell abgebaut. Dann errichtet es uns Christus anderswo für immer – ganz neu, ganz anders. Da, wo die Freude nicht mehr aufhört und sie uns keiner nehmen kann.

So wünsche ich uns allen, wenn wir heute das bunte Treiben erleben, die sorglose Freude, die Jesus allen verspricht, wenn wir uns an ihn halten (vgl. Evangelium).

(Zum Teil frei nach Wilhelm Willms, neu und älter als gedacht. nur ein schlüssel und türen gehen auf, Butzon & Bercker, Kevelaer 1984, S. 69. 74. 76.)

60. Wie im Leben: »rauf und runter«
(Das vergrößerte Bild oder die Zeichnung einer Schiffschaukel)

Lesungen: Mt 6, 25–33 (ähnlich Lk 12, 22–31: Sucht zuerst das Reich Gottes, dann könnt ihr sorgloser leben); Mt 8, 23–27 (ähnlich Mk 4, 35–41; Lk 8, 22–25: Die Jünger mit Jesus im Boot)

Vorbemerkung: Wenn eine Schiffschaukel – auch in moderner Ausführung – auf dem Kirmesplatz fehlt, dann alte Erinnerungen auffrischen ... (»Kinder, ihr müßt heute eure Eltern/Großeltern einmal nach der Kirmes von früher fragen ...«)

1. Auf der Schiffschaukel geht's hoch und runter. Wie hoch ich fliege, das hängt von meinen Kräften ab. Denn wer im Leben seine Fähigkeiten im Rahmen seiner Möglichkeiten einsetzt, der kann auch etwas höher hinaus. Aber ob das immer gut ist? Wage ich mich sehr hoch hinaus, bekomme ich immer mehr Überblick, kann aber auch rausfliegen. Wer nicht so hoch hinaus will und den anderen »Höhenflüge« nicht neidet, hat die Chance, intensiver zu leben, weil er alles ruhiger betrachten kann. Manchmal bremst irgendeine andere Macht, ein Ereignis, eine Krankheit den Schwung ...
2. Auf der Schiffschaukel geht es also wie im Leben hoch und runter, immer wieder. Solange wir hin- und hersausen, hat unser Leben noch Schwung. Wir dürfen bei dem »Rauf und Runter« nicht oben bleiben: Wir würden schwindelig und unzufrieden. Und wenn ich ganz unten bin, darf ich hoffen, es geht auch wieder einmal hoch.

(Dieser Teil: frei nach Wilhelm Willms, neu und älter als gedacht. nur ein schlüssel und türen gehen auf, Butzon & Bercker, Kevelaer 1984, S. 66–76.)

3. Das Wort »Schiffschaukel« hat seine Bezeichnung deshalb, weil diese Schaukel wie ein kleines Boot aussieht, in dem man allein oder mit anderen steht. Manchmal seht ihr heute auf großen Spielplätzen Schiffschaukeln, in die eine ganze Gruppe hineinpaßt. Das macht besonders viel Spaß, sich gemeinsam »höher« zu arbeiten! In Gemeinschaft macht eigentlich alles mehr Freude: Es kommt zwar auf den Einsatz jedes einzelnen an, aber der eine kann schon einmal mehr Kräfte hineinstecken als der andere. Wollen sich welche ausruhen oder die Umgebung betrachten, können wieder andere sich mehr bemühen. Dieses Boot erinnert an das Schiff der Kirche und an unser gemeinsames Unterwegssein zum Hafen Gottes. Die Bibel sagt sogar: Im »Boot« brauchen wir auch keine Angst zu haben, weil Jesus unsichtbar mitten unter uns ist (Mt 8, 26).
4. Früher war den Menschen auf dem Kirmesplatz bewußter, daß dieses Fest etwas mit Kirche zu tun hat: Es war das Kirchweihfest. Zuerst ging man in die Kirche und dankte Gott für das Auf und Ab im Leben; dankte auch dafür, daß er leben und nicht versinken läßt, bis alle einmal aussteigen dürfen und erleichtert ganz anderen Boden unter die Füße bekommen. – Danach erst stürzten sich alle in das bunte Treiben.

Ich glaube, wer zuerst hier den sucht, der uns alle halten kann, der darf sich dann auch sorgloser in das Auf und Ab des Lebens stürzen (Mt 6, 32 f).

61. Das Zusammenwachsen der Weltreligionen – ein Gebot der Stunde
(Eine muslimische Gebetskette)

Lesung: Mt 22, 35–40 (ähnlich Mk 12, 28b–31; Lk 10, 25–27: Hauptgebot)

(Pr zeigt die Gebetskette.) Wer genau hinschaut, erkennt, daß das kein Rosenkranz ist (---), es ist eine muslimische Gebetskette mit 33 Perlen und einer großen am Anfang. Daran zählt der Moslem (wir dürfen nicht Mohammedaner sagen, weil sie Allah anbeten und nicht Mohammed, den Propheten!) immer wieder die Eigenschaften Gottes auf: barmherzig, ewig, gütig, geduldig ... Insgesamt nennt der Koran, das heilige Buch der Muslime, 99 »schöne Namen Gottes«, aber der Moslem weiß, daß der »hundertste« Name Gottes unbekannt oder geheim ist; denn jeder Name für Gott, jede Bezeichnung, jedes Bild oder Gleichnis ist für den »ganz Anderen« zu eng oder umgekehrt: Jeder hat *seinen* Namen für Gott. Diese Gebetsketten könnt ihr im Urlaub in den entsprechenden Ländern überall in den Händen gläubiger Muslime sehen.

Mohammed (570–632 n.Chr.) wollte eigentlich Juden und Christen zu *einer* Gemeinschaft zusammenfügen, damit alle Menschen den *einen Gott* anbeten. Aber Juden und Christen verweigerten die Zustimmung und nannten Mohammed einen falschen Propheten. Nicht zuletzt das führte später zu blutigen »heiligen Kriegen« ...

Wenn die Menschen heutzutage bei den großen Problemen der Überbevölkerung der Erde und den bedrohenden Umweltbelastungen überleben wollen, dann müssen alle Völker und Nationen zusammenarbeiten, wie das den Banken und der Wirtschaft schon erstaunlich gut gelingt. Aber auch die Religionen müssen ihren Beitrag liefern: Uns verbindet in den Weltreligionen die Liebe zu Gott und zum Nächsten. Demgegenüber gilt es, alle anderen Gräben zuzuschütten. Darum darf ich euch einmal aufzählen, was uns Christen mit den Moslems verbindet, die schon überall mitten unter uns leben.

Uns ist gemeinsam, wie auch das 2. Vatikanische Konzil festgestellt hat: der gemeinsame Gott (die Muslime nennen ihn Allah, den Barmherzigen), Abraham, Mose, Jesus (= Isa; wird aber nur als Prophet verehrt), der Glaube an das Jüngste Gericht, die Auferstehung und der Dienst in einem tätigen Leben durch Gebet und Nächstenliebe.

Die fünf Hauptgebote, die »fünf Säulen« des Islam, symbolisiert durch eine geöffnete Hand, werden aus dem christlichen Hauptgebot, dem Doppelgebot der Liebe zu Gott und zum Nächsten (siehe Evangelium) abgeleitet:

1. Pflicht: Das Bekenntnis zu Gott (und zu seinem Propheten);
2. Pflicht: Das Gebet fünfmal am Tage;
3. Pflicht: Das Fasten am Tage im Monat Ramadan;
4. Pflicht: Die Sozialabgaben an die Glaubensgemeinschaft, besonders an die Armen und Waisen.
5. Pflicht: Einmal im Leben die Pilgerfahrt nach Mekka. Im einheitlich weißen Gewand, das alle Rangunterschiede zwischen den Menschen aufhebt, umkreist der Pilger siebenmal die Kaaba, küßt den schwarzen Stein und trinkt aus dem Brunnen Semsem.

Ihr seht, so weit liegt der Glaube der Muslime von unserem christlichen nicht entfernt. Eine freundschaftliche Begegnung zwischen Christentum und Islam ist unsere Aufgabe; auch wenn dessen Intoleranz – die z.B. im Sudan zu blutigen Christenverfolgungen führt – noch eine hohe Hürde bedeuten kann. Aber grundsätzlich müssen wir mehr aufeinander hören und uns gegenseitig achten, weil Gottes Geist, der weht, wo er will, in jedem Menschen, in jeder Religion Wahres offenbaren kann.

Glauben / Gott

62. Vertrauen – so groß wie ein Senfkorn

(Jeder erhält nebenstehendes Bild in Postkartengröße; Bild Nr. 002004 »Will McBride, Loving World«, Edition H. Krackenberger, Riemenschneiderstr. 18, D-8709 Rimpar-Maidbronn, Tel. 0 93 65 / 18 81; oder das Motiv in einer großen Zeichnung zeigen)

Lesungen: Ps 23 (Der Herr ist mein Hirte); Lk 17, 5f.10 (ähnlich Mt 17, 19-21; Mk 11, 22f): Der Glaube – nur so groß wie ein Senfkorn ... = 27. So i.J., Lesejahr C; Evangelium verkürzt; Vers 10 in folgender Übersetzung: Und Jesus fuhr fort: Wenn ihr aus diesem Glauben und Vertrauen heraus alles

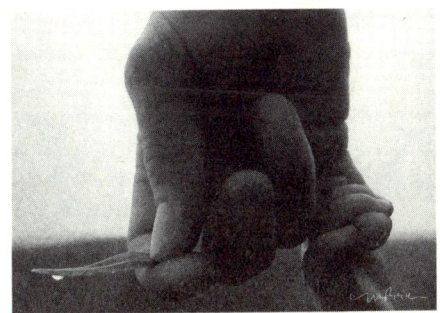

getan habt, was euch befohlen wurde, sollt ihr sagen: Wir sind unnütze Sklaven; wir haben nur unsere Schuldigkeit getan.)

1. Wir schauen auf das Bild und sehen das kleine Pflänzchen in der großen Hand: Wie groß ist unser Vertrauen auf die Hand Gottes? So klein wie dieses Pflänzchen? Wie kann es wachsen? – Stille
2. Wir schauen auf die kleine Hand: Pro Quadratzentimeter befinden sich an den Fingerkuppen eines Kindes sechstausend Nervenenden. Ein deutlicher Hinweis auf die feinen inneren Antennen, die ein Kind noch so ausgeprägt hat: Wie verloren müssen sich Kinder und Jugendliche fühlen, die in den ersten Jahren ihres Lebens die Antennen des Vertrauens zu Erwachsenen und zu Gott nicht genügend entwickeln konnten!
3. Wie Vertrauen Berge versetzen kann, möchte ich euch, Kinder, an einem Beispiel klarmachen: Nehmen wir an, du hast das Freischwimmerabzeichen geschafft. Den Urlaub verbringst du an einem großen See. Irgendwann kommst du auf die abenteuerliche Idee, über diesen See schwimmen zu wollen. Das ist nicht ungefährlich: Du weißt nicht, ob deine Kräfte reichen. Du weißt nicht, ob nicht mitten im See kalte Wasserströmungen aus der Tiefe nach oben drücken, die dich schnell unterkühlen und verkrampfen lassen. Vielleicht bist du auch phantasievoll verspielt und bekommst mitten auf dem See Angst, daß ein Ungeheuer aus dem See – und sei es ein riesiger Fisch – auftauchen könnte ... Jedenfalls ein großes Wagnis, diesen See zu durchschwimmen. Aber wenn dein Vater sagt: »Ich schwimme mit dir!«, dann gelingt das alles spielend. Du weißt ja, er ist bei dir; er ist in der Not wie eine rettende Insel. Und aus diesem Vertrauen heraus wird es ein schönes Urlaubserlebnis.
4. Für die Erwachsenen ein Beispiel des Vertrauens aus der Tageszeitung »Kölnische Rundschau« vom 4.9.89: Ein junger Mann hatte Lymphdrüsenkrebs im dritten Stadium, Operation aussichtslos. In einer Dankanzeige (!) heißt es u.a.: »Gott sei Dank, das Leid ist vorbei.
Mit 24 Jahren bekam mein Sohn Krebs, ich dachte, eine Welt bricht zusammen. In meiner Not schrie ich zu Gott um Hilfe, da kam mir die Idee, alle Gnadenmittel der Kirche auszunutzen. Ich riet meinem Kind zu beichten, die heilige Krankensalbung und die heilige Kommunion zu empfangen. So gestärkt, brachten wir ihn ins Krankenhaus. Es folgten eine harte Chemotherapie und viele Bestrahlungen. Es wurde schlimm, es wurde besser. In unserem Ort Esch halfen mir ca. 200 Mütter und Väter mit Gebet. (Als es mit der Gesundheit besser wurde, beteten wir um Arbeit. Er bekam Arbeit auf Zeit; als die zu Ende war, bekam er neue.) Die Gesundheit blieb stabil, man nahm ihm den Schwerbehindertenausweis ab. Gott sei Dank.

Jetzt, nach sieben Jahren, ist er wieder kerngesund. Ich danke Gott und der großen Escher Beterschar. (Nun bitte ich alle, die diese Anzeige lesen, mit uns zu beten für einen festen Arbeitsplatz.)
      Dank sei Gott, die glückliche Mutter.«

In einem Interview führte die Mutter aus Köln-Esch es noch einmal aus: »Der Glaube an Gott hat uns Halt gegeben *und* die Hilfe der Freunde.« Ich müßte nun eigentlich den Fall bedenken, daß der junge Mann doch gestorben wäre. Aber ich möchte dieses »Dokument des Vertrauens« einfach stehenlassen: Die Kraft aus dem Glauben hat Berge versetzen lassen!

5. Jetzt lassen wir die große und die kleine Hand einmal sprechen und schauen dabei auf unser Bild:

    1. Spr.: »Komm«, sagt die große Hand zur kleinen Hand,
          »ich bin da, wenn du ängstlich bist und verzagen willst.
          Du brauchst nur meinen kleinen Finger zu umfassen,
          dann schaffen wir es gemeinsam.«
    2. Spr.: »Danke dir«, sagt die kleine Hand zur großen Hand,
          »du machst mir Mut, wenn ich keinen Ausweg mehr sehe.
          Dann bist du trotzdem da;
          ich darf nur deinen Finger nicht verfehlen.«
    1. Spr.: »Komm«, sagt die große Hand zur kleinen Hand,
          »du brauchst nicht einsam und traurig zu sein.
          Hab Vertrauen zu mir! Ich bin dein Vater und begleite dich.«
    2. Spr.: »Danke dir«, sagt die kleine Hand zur großen Hand,
          »du hast Geduld und drängst dich nicht auf.
          Zärtlich umfaßt du meine kleine Hand,
          auch wenn ich es manchmal nicht spüre.«
    1. Spr.: »Komm«, sagt die große Hand zur kleinen Hand,
          »ich nehme dich an der Hand.
          Du fällst nicht, ich halte dich fest und gehe mit dir
          über Brücken und Stege, über Berge, durch Täler.
          Wenn du Glauben hast, nur so groß wie ein Senfkorn,
          können wir sogar den Maulbeerbaum versetzen.«
    2. Spr.: »Danke dir«, sagt die kleine Hand zur großen Hand,
          »wie gut, daß es dich gibt!«

6. Im Evangelium hieß es zum Schluß: »Wenn ihr alles getan habt, was euch befohlen wurde, sollt ihr sagen: Wir sind unnütze Sklaven, wir haben nur unsere Schuldigkeit getan.« Das verstehen wir jetzt besser: Wer im Vertrauen auf den Vater über einen großen See geschwommen ist, der darf sich eigentlich wegen dieser Leistung nicht auf die eigene Schulter klopfen. Die Mutter hat in ihrer Dankanzeige dreimal den richtigen Akzent gesetzt: Dank sei Gott. *Er* hat ja

letztlich das Wunder möglich gemacht. Bei allem, was wir im Leben wirken, ist darum die Haltung der Demut richtig: Letztlich haben wir, die Beschenkte sind von Anfang an, nur unsere Schuldigkeit getan.

Zu diesem Gedanken paßt auch gut: »Kurzgeschichten 1«, Nr. 92: Ein Kind geht ruhig in eine Operation, weil es weiß, daß der Vater bei ihm bleibt.

63. Den Glauben zusammenlegen
(Ein Puzzle, dessen Einzelteile in einen vorgegebenen Rahmen gesteckt werden)

Vor dem Gottesdienst bekamen ca. 20 Jugendliche Puzzleteile, die sie – zunächst kommentarlos – vor Beginn oder nach der Lesung zu einem ganzen Motiv gut sichtbar in einen Rahmen hinein zusammenstecken. Dabei ist das Motiv des Bildes – z. B. ein zerschnittenes Poster – nicht so entscheidend; wichtig ist nur, daß aus vielen Teilstücken das Ganze entsteht.

Lesungen: Eph 3, 14-21 (Zusammen mit allen Heiligen das Geheimnis Gottes erkennen); Joh 14, 1-6 (Ich bin der Weg)

Jeder von euch mußte sein Puzzlestück hergeben, damit hier vorne das vollständige Bild entstehen konnte. Hätte jeder bei seinem Stück gesagt, ich habe schon das ganze Bild, wir wären in Gelächter ausgebrochen. Ähnlich wie in einer Kurzgeschichte, in der einige blinde Bettler einen Elefanten berühren durften, um ihn zu beschreiben, weil ein Preis für die beste Beschreibung ausgesetzt war. Jeder berichtete natürlich etwas anderes, weil der eine das Ohr, der andere das Bein, ein dritter den Schwanz des Elefanten betastet hatte ... (vgl. »Kurzgeschichten 1«, Nr. 106: Wir sind alle blinde Bettler). So ist das auch mit unserem Glauben: Der Rahmen für das Puzzle bedeutet die Kirche, die Gemeinschaft aller, die in sie hineingetauft wurden. In sie wird unser persönlicher Glaube aufgenommen. Damit sich nicht jeder sein eigenes Glaubensgebäude zimmert, muß sie auch kritisch Stellung beziehen dürfen gegenüber den vielen einzelnen Glaubensbekenntnissen. Unsere Glaubensaussagen sind letztlich »Ich«-Aussagen: Wir beginnen ja auch das Glaubensbekenntnis deshalb bewußt mit: »Ich glaube ...« Jeder bringt also seine persönliche Glaubenserfahrung mit ein und soll uns diese auch erzählen – als unvollkommenes Stück Glauben in seinen Händen. Daraus wird dann die Einheit und Ganzheit – aber nur im Zusammenlegen mit den anderen. Jeder kann ja vom Heiligen Geist erfüllt sein. Wenn wir auch alle Suchende und Blinde sind, hat jeder doch etwas Richtiges einzubringen (vgl.Kurzgeschichte). Kardinal Ratzinger sagt das sogar von der Kirche: »Auch die Kirche selbst und als ganze hat den Glauben nur als ›Symbolon‹, als gebrochene Hälfte, in den Händen« (ders., Einführung in das Christentum, Kösel Verlag, München ³1968, S. 68). Mit diesem »Symbol« meint er den antiken Brauch, daß bei einer wichtigen Handlung ein Ring gebrochen wurde: Wer das entsprechende Stück besaß, das sich genau in das andere einfügen ließ, bewies seine Berechtigung, der Richtige zu sein. Das Wort »Symbolum« kommt von »symballein«, zu deutsch: zusammenfallen, zusammenwerfen. Unter dieser Sicht und Voraussetzung dürften sich auch die Weltreligionen zusammensetzen, um ihre Erfahrungen mit Glauben und Heiligem Geist einzubringen. Der christliche Glaube orientiert sich bei diesem Zusammenlegen an dem, der gesagt hat: »Ich bin der Weg, die Wahrheit und das Leben« (Joh 14, 6). Das schließt aber das gemeinsame Suchen und das Zusammenlegen von Glaubenswahrheiten nicht aus.

(Zum Ganzen: Hertle/Seller, Sauer [Hrsg.], Spuren entdecken, Kösel Verlag, München 1987, S. 193-199: Glaube als Symbol – den Glauben zusammenlegen.)

64. Die Seele in die Sonne halten
(Eine leuchtende Sonne, von verschiebbaren Wolken verdeckt)

Das Vorbereitungsteam muß überlegen, ob die Wolken verschoben oder abgenommen werden: Technisch einfacher ist das Wegnehmen, für die Wirklichkeit des Lebens realistischer nur ein Verrücken. Auf den Wolken stehen die im Text angegebenen Worte.

Lesungen: 1 Thess 5, 16–18 (Betet ohne Unterlaß); Lk 22, 39–46 (Am Ölberg sah Jesus vor lauter »Wolken« keine »Sonne« mehr)

Ihr habt unser Bild hier vorne sicher schon deuten können: Die Sonne mit den vielen Strahlen stellt Gott dar. Seine Sonne brauchen wir, damit unsere Seele nicht erfriert. Diese Sonne kann uns immer wieder bis in unsere Tiefe heilen. Und der Wind, der jetzt die Wolken ein Stück wegjagen soll, erinnert uns an den Geist Gottes, der am Pfingstfest als Sturm daherkam, um alles Morsche und Falsche wegzufegen.
(Die Deutungen der verschiedenen Wolken können von Sprechern übernommen werden.)

1. Wir schauen auf die erste Wolke, auf der »Hetze« steht. Wir lassen uns auffressen von Pflichten und Terminen. Selbst Kinder sind nachmittags zu einem festen Zeitpunkt kaum noch zusammenzuholen. Wir brauchen Gottes Geist, der uns diese Wolke verschiebt: Um unsere Seele in die Sonne Gottes zu halten, brauchen wir kleine Oasen der Stille und Ruhe. Wer dies für wichtig hält, kann sie auch einbauen.
(Wolke wird verschoben)

2. Da ist die Wolke »Stolz«. Hier ist nicht der gesunde Stolz auf eine vollbrachte Leistung gemeint, sondern der Stolz, der im Mittelalter »Hoffart des Herzens«

genannt wurde: Wir haben Gott nicht nötig. Wir machen alles selbst. Aber wir sehen ja, was aus unserer Welt geworden ist, seitdem »die Macher« ans Werk gegangen sind.

Der Geist Gottes gibt uns ein: Letztlich ist alles Geschenk: Unser Leben, daß wir gesund sind, jetzt im Warmen sitzen, ohne Hunger mit einem Dach über dem Kopf ...Und es kommt darauf an, daß wir dankbar diese Geschenke weitergeben – als Werkzeug in der Hand Gottes.

(Wolke verschieben)

3. Wir schauen auf die Wolke »*Um sich selbst kreisen*«: Wie wichtig wir uns selbst nehmen, können wir bei unserem Bittgebet entdecken. Heißt es da immer: Herr, gib *mir* ... oder werfe ich dabei auch einen Blick aus dem Fenster: auf die Nachbarn, die Stadt, das Land, die Völker, die Probleme der Welt?

(Wolke verschieben)

4. Seht hier die Wolke »*Unersättlich sein*«: Wenn du sieben Filme an einem Wochenende im Fernsehen siehst, dann kannst du nicht mehr richtig sehen. Wenn du viele Stunden lang am Tag den »Walk-man« auf den Ohren hast, kannst du nicht mehr richtig hören; es umgibt dich eine Geräuschkulisse, in die eine leise Stimme nicht mehr eindringen kann. Oder wer hier in Gedanken die Bilanz der Woche zieht und sich eventuell fragt, wie weit die Aktien noch sinken: Wo bleibt da Raum für Gott? Der Geist Gottes sagt uns: Lebe bescheidener, lebe einfacher, dann bleibt auch mehr Zeit für die Stille, das Hören und das Sprechen mit Gott.

(Wolke verschieben)

5. Die Wolke »*Enttäuscht sein*« kann uns manchmal ganz schön den Blick verstellen; zum Beispiel wenn uns jemand im Stich läßt oder unsere Liebe nicht erwidert. Wir können auch enttäuscht sein von uns selbst, und in unserer Niedergeschlagenheit geht kein Gebet mehr über die Lippen. Wir sind enttäuscht von Gott, der unsere Bitte nicht erhört hat. Das Kind ... ist gestorben, der Partner ausgezogen ...

(Wolke verschieben)

6. Die Wolke »*Ängstlich sein*« kann uns auch den Blick verstellen. Und dabei wissen wir, daß hinter den Wolken doch die Sonne für uns da ist! Aber wir spüren kein Vertrauen mehr, sondern starren nur in die Wolken der Zweifel ... Da brauchen wir Menschen und Gott, um aus dem verengten Blick herauszukommen.

(Wolke verschieben)

7. »*Mein Wille geschehe*« steht auf der letzten Wolke. So beten wir oft beim Vaterunser, auch wenn unsere Lippen »*Dein* Wille« sagen. Denn sonst könnte manch einer von uns nicht solch enttäuschte Reaktionen zeigen, wenn Gott seine Bitte

nicht erfüllt. Im Evangelium hörten wir, wie auch Jesus darum fleht, daß der Kelch an ihm vorübergehe, aber auch, wie er sich durchringt zum »Vater, dein Wille geschehe«. Das sollte auch immer am Ende unserer Bitten stehen: Schenke es mir oder uns nur, wenn es gut ist für mich (uns)!

(Wolke verschieben)

Jetzt strahlt die Sonne Gottes uns vom wolkenlosen Himmel entgegen. Wir wollen eine Minute ganz still werden und dabei unsere Seele in seine Sonne halten. Dabei brauchen wir keine Worte auf den Lippen zu haben; es genügt, einfach für *Ihn* da zu sein.

Hier paßt auch »Kurzgeschichten 1«, Nr. 96: Vom Mann, der seine Seele in die Sonne hielt. (Dazu ein ausformulierter gleichnamiger Gottesdienst vom Familienmeßkreis Bergheim-Paffendorf in »FaJu«, April 88.)

65. Von Gott enttäuscht?

(Ein Wegweiser, der vier Himmelsrichtungen anzeigt: ein Pfeil in schwarz, einer in grau, einer in rot mit einem schwarzen Streifen darin, einer in grün)

Lesungen: Ijob 2, 9.10 (Das Gute nehmen wir gerne von Gott an); Phil 2, 5–11 (Gott schickte seinen Sohn in unsere Not); Lk 23, 38–43 (Wie die zwei Verbrecher am Kreuz können wir uns frei entscheiden zwischen Verzweiflung und Vertrauen)

Schon einmal von Gott enttäuscht gewesen?
Ein Schüler schrieb seiner Religionslehrerin: »Kürzlich las ich in der Zeitung, daß ein Bus durch die Bahnschranken gefahren ist. Der Bus war mit spanischen Nonnen und deren Schülerinnen besetzt. Sie sind zum Teil tödlich verletzt, ein anderer Teil schwer verletzt ins Krankenhaus gebracht worden. Sie kamen von einer Wallfahrt nach Rom zum Papst. Auf dem Heimweg passierte das Unglück. Warum sind die spanischen Nonnen und deren Schülerinnen tödlich verunglückt, nachdem sie in Rom waren und zum lieben Gott gebetet haben?«

(Dieter Boßmann/Gert Sauer [Hg.], Wann wird der Teufel in Ketten gelegt? Kinder und Jugendliche stellen Fragen an Gott, Kösel, München/Kaufmann, Lahr, 1984, S. 52.)

Wir brauchen nicht bis ins Ausland zu gehen. Wie viele grausige Unglücke geschehen auf der Schnellstraße vor unserer Haustür! Wie viele Unschuldige mußten schon ihr Leben lassen, wenn die Autos sich mit 150, 170 überholen und manchmal ineinanderrasen! Aber da fängt die Macht Gottes für mich nicht an. Selbst wenn Gott mit unsichtbarer Gewalt unseren Fuß vom Gaspedal nähme, würden wir uns aufregen und sagen: »Wir sind doch keine Marionetten, die dir gehorchen müssen; wir sind alt genug, unser Tempo selbst zu bestimmen!«

Warum durchfuhr der Bus die Bahnschranken? War der Fahrer eingeschlafen? Funktionierten die Bremsen nicht? Wurde er durch ein Gespräch abgelenkt? In solchen Fällen dürfen wir zuerst einmal fragen, ob der Mensch nicht leichtfertig mit seiner Freiheit umgegangen ist.

Von Gott enttäuscht gewesen? Wir erleben sehr oft, wie Menschen um uns herum reagieren, wenn sie etwas Schlimmes trifft. Oft führen die Reaktionen in eine Sackgasse. Darum steht hier vorne ein Wegweiser, der vier Himmelsrichtungen ausweist. Drei davon führen in eine Sackgasse.

1. (Pr zeigt auf den *schwarzen* Pfeil:) Dieser schwarze Richtungspfeil steht für Wut und Enttäuschung über Gott und die Kirche: »Wieso hat es gerade mich getroffen, wo ich mich doch immer bemüht habe, gut zu sein? Und den anderen, die sich um kein Gebot kümmern, geht es von Tag zu Tag besser!« Oder:
Da tritt jemand aus der Kirche aus. Begründung: »Meine erste Ehe ist zerbrochen. Die Kirche ist nicht bereit, meiner neuen Ehe den kirchlichen Segen zu geben. Was verbindet mich noch mit ihr, warum soll ich da noch Geld bezahlen?« – Oder:
Jemand sagt: »Unsere Familie hat seit Generationen die Kirche hier am Ort unterstützt. Aber der jetzige Pfarrer grüßt mich nicht mehr. Da gehe ich nicht mehr hin.«
Also jeweils eine Sackgasse der Verbitterung!

2. (Pr zeigt auf den *grauen* Pfeil:) Manche sehen alles grau in grau, seitdem sie ein Unglück getroffen hat. Sie fühlen sich zerbrochen, werden depressiv, resignieren. In schlimmen Fällen endet es mit Selbstmord; oft aber laufen sie als »lebendige Leichen« herum, die innerlich abgestorben sind. – Auch eine Sackgasse.

3. (Pr zeigt auf den *roten Pfeil, der einen breiten schwarzen Streifen enthält:*) Eigentlich sollte rot die Farbe der Liebe sein, aber ihr seht den schwarzen Streifen, der alles durchkreuzt hat: Es ist die Wut gegen die Mitmenschen. »Seit mein Mann ausgezogen ist, treffen mich so viele Blicke. Ich kann das nicht ertragen, also ziehe ich mich überall zurück!« – »Seit mein Partner tot ist, werde ich nicht mehr eingeladen. Wo sind die vielen Freunde geblieben? Und dabei fällt mir die Decke auf den Kopf!«
Aus dieser Ohnmacht heraus werden viele ironisch oder aggressiv. Wie der eine Verbrecher am Kreuz, der über Jesus spottet. Vielleicht hatte er wenigstens im Tod seine Kumpanen unter dem Kreuz erwartet, aber jetzt schüttet er seine letzten Kräfte in den Hohn. – Hier können wir auch den Spott mancher Mitmenschen einordnen, die verbittert sind und jetzt Kirchgänger so abkanzeln: »Da laufen sie wieder, die Spinner, und merken nicht, daß der ganze Zauber nichts nützt!«
Auch dieser Weg endet in einer Sackgasse.

4. (Pr zeigt auf den *grünen* Richtungspfeil:) Dieser Weg alleine führt weiter: Ich glaube nicht daran, daß Gott weit weg ist und uns Menschen in Leid und

Unglück alleine läßt. Er hat uns doch seinen Namen verraten: »Ich bin überall für euch da!« (Ex 3, 14). Das hat er eingelöst, als er uns seinen Sohn gesandt hat. In Jesus ist Gott auch den Leidenden nahe. Wenn ich auf Jesus schaue, dann frage ich nicht mehr: »Warum?« Diese Frage hat uns Jesus nicht beantwortet – dann frage ich: »Wozu?« Und wer Geduld hat wie Ijob, der findet in seinem Leid langsam einen Weg und mit dem Weg auch einen Sinn. So kann ich das Leid überwinden. Gott schickt das Leid nicht, er nimmt uns die Last auch nicht ab (vor allem die nicht, die wir ändern können), aber er gibt uns Kraft zum Tragen. Der andere Verbrecher am Kreuz deutet auch unseren Weg an: Er schaut in seiner größten Not auf Jesus und faßt Vertrauen zu ihm. Das furchtbare Leiden der Kreuzigung nimmt Gott dem Verbrecher nicht ab, aber er gibt dem Sinn seines Lebens eine neue Richtung: Wer sich an Jesus festhält, der fühlt sich auf einmal festgehalten. Darum richte ich diesen grünen Pfeil auf Christus am Kreuz.

(Als gleichnamiger ausformulierter Gottesdienst vom Familienmeßkreis Bergheim-Paffendorf, in »FaJu«, Okt. 90.)
Dazu paßt die Geschichte Nr. 44 in »Kurzgeschichten 3«: Eine Bergbäuerin findet nach vielen Schicksalsschlägen über die Betrachtungen des Leidens Christi langsam zum Glauben zurück.

66. Das Joch der Liebe

(Ein Joch, z. B. zum Tragen von zwei Eimern; zusätzlich vielleicht ein Ochsenjoch, das bei einem Landwirt ausgeliehen wird)

Lesungen: Jes 9, 1–6 (Du zerbrichst das drückende Joch); Ez 34, 23–27 (Ich zerbreche ihr Joch); Mt 11, 28–30 (Mein Joch drückt nicht = 14. So i. J., Lesejahr A, und Herz-Jesu-Fest)

In einer Kurzszene müht sich jemand ab, nacheinander zwei Eimer mit Sand durch den Altarraum zu tragen. (Er wechselt die Hand beim Tragen, stellt die Eimer immer wieder ab.) Dann kommt einer mit einem Joch, das er auf dessen Schultern legt: Damit kann er *beide* Eimer leichter tragen. Dann nimmt ihm Pr das Joch ab und sagt:

Auf den ersten Blick sieht so ein Joch wie eine Last auf den Schultern aus. Aber der springende Punkt ist: Mit einem solchen »Schulterjoch« kann einer schwere Lasten viel leichter tragen!
Auch Tieren wurde und wird heute noch ein solches Joch aufgelegt. Je sorgfältiger es um den Hals, auf die Stirne oder an die Hörner gelegt wird, je weniger es wundscheuert oder ins Fleisch schneidet, um so leichter die Arbeit.
Wer Jesus nachfolgen will, muß dennoch seine Lasten weitertragen. Aber sein Joch erdrückt die Unterjochten nicht – wie wir es bei den Sektenchefs beobachten kön-

nen. Jesu Joch ist auch nicht so schwer wie das der Schriftgelehrten und Pharisäer damals, die den Menschen eine erdrückende Flut von Gesetzen und Vorschriften auf den Nacken legten: 248 Gebote und 365 Verbote. Jesu Joch ist leicht: Er verkürzt alle Forderungen auf das Hauptgebot mit den beiden Teilen: »Du sollst Gott lieben und den Nächsten wie dich selbst!«

Wer mit seiner Last hinter Jesus hergeht und auf ihn schaut, der trägt sie leichter. Das darf ich näher erklären:

Ein kleiner Junge, der seinen kranken Bruder auf der Schulter trug, wurde gefragt: »Wird dir diese Last nicht zu schwer?« Da antwortete der Kleine: »Das ist keine Last, das ist mein Bruder.«

Weitere Beispiele: Wenn ein Kind für seine Lehrerin schwärmt, wird es die Last der Hausaufgaben oft spielend bewältigen. – Eltern mit einem behinderten Kind sind überlastet mit all den Gymnastikstunden, den Arztbesuchen und der Sorge, was wird aus unserem Kind, wenn wir nicht mehr sind. Aber die Liebe zu diesem Kind und vielleicht auch das Vertrauen auf Gott lassen diese Last viel leichter werden. Und genau das meine ich: Im Blick auf einen anderen wachsen mir Kräfte zu, bekomme ich ein helfendes Joch auf die Schulter gelegt, das mir die Last erleichtert. Wer also seine tägliche Last aus Liebe zu Gott und zu den Menschen trägt, wer gütig, selbstlos und demütig hinter Jesus hergeht, der spürt, wie die Last leichter wird, wie sein Herz mehr Ruhe, Ausgeglichenheit und Friede findet. Ja, Jesus selbst wurde sein Joch, sein schweres Kreuz, leichter, weil er es im Gehorsam zu seinem Vater und in der Liebe zu uns Menschen trug.

Deutlich wurde mir die leichter werdende Last durch die Geschichte von den beiden Weihnachtseseln (vgl. »Kurzgeschichten 4«, Nr. 13): Zwei Esel haben gehört, daß ein neuer König geboren wurde, der auch die Hilflosen von ihren Lasten befreien wird. Sie kommen auch bis zum Stall mit der Krippe, sehen aber nur noch eine Kuhle im Stroh, da, wo das Kind gelegen hatte. Der eine Esel lästert nur und erklärt, die Botschaft der Hirten sei voller Lug und Trug; er seufzt weiter unter der Last der schweren Säcke. Der andere Esel aber antwortet: »Dieser König nimmt mir die Last nicht ab, aber er gibt mir die Kraft, sie zu tragen. Darum gib mir auch deine Säcke!«

Das Joch der Liebe, das uns die Last des Lebens mit Blick auf Jesus erleichtert, kann uns sogar beten lassen, wie es (u.a.) auf einer Bronzetafel im Wartesaal eines Spitals von New York steht:

Ich habe dich um Macht gebeten, um von den Menschen geschätzt zu werden; ich habe Ohnmacht erhalten, um Verlangen nach dir zu spüren.

Ich habe dich um Reichtum gebeten, um glücklich zu sein; ich habe die Armut erhalten, um weise zu sein.

Ich habe dich um Kraft gebeten, um Erfolg zu haben; du hast mich schwach werden lassen, damit ich gehorchen lerne ...

Wir werden stark aus dem Geiste Jesu. Darum lehne ich das Joch der Liebe gegen den Altar, der Jesus versinnbildlicht. Wir brauchen mit unserer Lebenslast nicht allein fertig zu werden: Jesus hilft uns tragen. Oder wie ein Spruch sagt: Gott nimmt das Leid nicht weg, aber er stärkt die Schultern.

(Eventuell geht der Prediger auch an einer Stelle auf die Stola ein, das Amtszeichen des Priesters: Sie liegt ja auch wie ein Joch auf seinen Schultern. Oder: Bei der Bischofsweihe wird dem Bischof das Evangelienbuch auf seinen Nacken gelegt ...
Ein anderer Zugang zum Thema: Im Altertum mußte ein besiegtes Volk unter einem Joch hindurchkriechen, damit es spürt, daß es jetzt »unterjocht« war und viele Auflagen zu erfüllen hat. Jesu Joch, das aufgelegt wird, ist aber leicht.)

67. Das Hemd des Glücklichen
(Ein Taufkleid)

Lesungen: Gal 3, 26–29 (Ihr habt Christus – als Gewand – angelegt); Mk 5, 24–29.34 (ähnlich Mt 9, 19–22; Lk 8, 42–48: Die Frau berührte sein Gewand); Joh 19, 23f (Jesus hat im Augenblick seiner Heilstat nicht einmal ein Hemd, weil die Soldaten es ihm abgenommen hatten)

Vielleicht kennt ihr die Geschichte vom Hemd des Glücklichen (siehe »Kurzgeschichten 1«, Nr. 192): Der sterbenskranke Sohn des Königs braucht als Medizin das Hemd eines glücklichen Menschen. Als der schließlich gefunden ist, stellt sich heraus, daß dieser Mensch kein Hemd besitzt.
(Alternativen: 1. »Kurzgeschichten 2«, Nr. 165: Die Sorge um das viele Geld, das ein armer Schuster von einem reichen Nachbarn geschenkt bekam, bedrückt ihn so sehr, daß er es schließlich zurückbringt. Jetzt kann er wieder vergnügt seiner Arbeit nachgehen. – 2. Das Märchen der Brüder Grimm: Hans im Glück. Siehe auch »Kurzgeschichten 1«, Nr. 200.)
Zunächst verwirrt uns der Ausgang der Geschichte. Sind Glück und Zufriedenheit denn nie möglich? Denn wer ein Hemd besitzt, hat wieder so viel Besitz, daß er nicht mehr sorglos sein kann. Armut hat ja wirklich auch Vorteile: Ich lebe ohne die Angst, etwas zu verlieren; ich kann viel leichter teilen (das beweisen die Ärmsten der Armen in anderen Ländern, z. B. »Kurzgeschichten 3«, Nr. 221); ich lebe das »Jetzt« intensiver, weil mich keine alten Sorgen belasten und keine Angst befällt vor dem, was kommt; ich spüre leichter, auf was es bei einem Miteinander entscheidend ankommt: auf die Liebe zueinander, die Bereitschaft zu vergeben, die Zeit füreinander ...
Durch die Taufe haben wir aber »das Hemd des Glücklichen« angelegt bekommen (Pr zeigt Taufkleid)! Im Taufritus heißt es: »Das weiße Kleid soll dir ein Zeichen dafür sein, daß du in der Taufe neugeschaffen worden bist und wie die Schrift sagt – Christus angezogen hast. Bewahre diese Würde für das ewige Leben.«
Im Evangelium haben wir es gehört: Die kranke Frau brauchte nur das Gewand Jesu zu berühren, und sie war gesund! In der Lesung zeigt uns Paulus auf, daß dieses

Gewand von Jesus alle Unterschiede zwischen den Menschen aufgehoben hat: ob wir Einheimische oder Fremde sind, Mann oder Frau, reich oder arm ... Im Römerbrief heißt es zusätzlich: »Legt als neues Gewand den Herrn Jesus Christus an, und sorgt nicht so für euren Leib, daß die Begierden erwachen« (Röm 13, 14).

Das Hemd des zufriedensten und glücklichsten Menschen der Welt – Jesus – tragen wir auf unserem Leib. Er kann mein ganzes Denken erfassen und mir ein neues Lebensgefühl geben – wie bei einer Braut, wenn sie das Brautkleid anzieht und trägt.

(Im Gottesdienst sollte eventuell ein Hinweis auf die andere Evangelienstelle erfolgen: Im Augenblick des Kreuzestodes trug Jesus auch kein Hemd – wie der Glückliche in der Geschichte nach Tolstoi.)

(Verkürzt und verändert nach Felicitas Hestermann in einem gleichnamigen Gottesdienst in »FaJu«, Juni 90.)

68. Das Vertrauen auf Gott ist wie ein Stab in der Hand
(Ein Holzstab)

Lesungen: 1 Sam 17, 37–51 (David besiegt Goliat); Ps 23 (Dein Stock und dein Stab geben mir Zuversicht); Lk 15, 11–24 (Der barmherzige Vater); Lk 24, 13–32 (Die Jünger auf dem Weg nach Emmaus)

Dieser Stab hier gibt mir beim Wandern größere Sicherheit. In den Bergen ist er wie ein drittes Bein, das z. B. beim Herabgehen den Druck auf die Knie nimmt ...

Es gibt noch einen anderen Stab, von dem wir eben in den Lesungen gehört haben: Der Stab, den wir »das Vertrauen auf Gott« nennen können: Gott ist bei mir, »wenn ich wandern muß in finsterer Schlucht« (Ps 23, 4), wenn Krankheit und Leid mich überfallen, in guten und in bösen Tagen ..., dann wirkt seine Nähe wie ein Stock oder ein Stab, von dem Sicherheit ausgeht. David hatte solch einen Stab fest in der Hand bei seinem Kampf gegen Goliat. David umschreibt seine innere Sicherheit sehr genau: »Ich komme zu dir im Namen des Herrn der Heere (1 Sam 17, 45 f) ... alle Welt soll erkennen, daß Israel einen Gott hat.«

Es steht zwar nicht ausdrücklich im Gleichnis vom verlorenen Sohn, daß dieser einen Stab in der Hand hatte, als er sich wieder zu seinem Vater aufmachte, aber ich glaube, im übertragenen Sinn muß er einen dabei gehabt haben: das beginnende Vertrauen in die Barmherzigkeit seines Vaters, der ihn nicht ohrfeigen, sondern aufnehmen wird.

Dieser Stab, der uns begleiten will, wird in Jesus Christus zur Person: Die Bibel spricht zwar wieder nicht von einem Stab, den die Jünger nach der Kreuzigung Christi auf dem langen Weg in das Dorf Emmaus mitnahmen, aber in ihrer Mitte geht einer, von dem sie später sagen: »Brannte uns nicht das Herz in der Brust, als er unterwegs mit uns redete und uns den Sinn der Schrift erschloß?« (Lk 24, 32). Eine wunderbare Umschreibung für das Vertrauen auf Gott und seinen Sohn Jesus Christus, der uns erlöst hat! Es brennt das Herz in uns und gibt uns Mut und Kraft für unseren Weg zum Ziel, wenn wir uns auf dieses Vertrauen einlassen.

(Vgl. in diesem Buch Nr. 118: Auf dem Holzweg?)

Hauptgebot / Christsein / Kirche / Sakramente

69. Wie eine Seerose
(Eine Seerose, eventuell als Zeichnung oder eine in Salz getrocknete oder auf einem Poster oder als Postkarte für jeden bei Fotokunst Groh, D-8031 Wörthsee, Nr. 2301383, oder beim Kawohl-Verlag, D-4230 Wesel 1, Bestell-Nr. RKW 8138)

Lesungen: Jes 58, 7–10 (Licht in der Dunkelheit durch Nächstenliebe); Mt 5, 14–16 (Ihr seid das Licht der Welt); Joh 8, 12 (Ich bin das Licht der Welt)

Mit unserer Seerose ist die Lotosblume in anderen Ländern verwandt, die dort als heilige Blume gilt. Sie ist ein Symbol für uns Menschen: Wir kommen wie sie aus dem Wasser, gründen im Erdreich und öffnen uns für den Himmel.
1. Sie braucht *Kraft aus der Höhe.* Sie öffnet sich, wenn die Sonne scheint – wie auch wir die Seele in die Sonne Gottes halten sollen. Wenn wir genügend Strahlen eingefangen haben, können wir das Licht der Sonne »widerspiegeln«.
2. Sie braucht *Kraft aus der Tiefe,* wie auch wir mit der Erde durch unser Streben und Arbeiten verwurzelt sind. Auch hieraus schöpfen wir Kraft und Freude. (So

habt ihr mir, liebe Kinder, dieser Tage tolle Zeugnisse gezeigt: Eure Mühe in der Schule, euer späterer Beruf, hat etwas mit dieser Verwurzelung in der Erde zu tun. Wenn Schule und Arbeit gelingen, trägt das zu unserer inneren Zufriedenheit bei.)

Die Mönche im Mittelalter haben die Kraft aus der Höhe und aus der Tiefe auf den einfachen Nenner gebracht: Bete und arbeite! Übertreiben wir das »Arbeiten« nicht ein bißchen? Es soll ja zum Gleichklang kommen: Bete *und* arbeite! Beachtet die Reihenfolge! Jetzt im Gottesdienst halten wir z.B. die Seele in die Sonne Gottes. Aber was kommt noch hinzu? Der kleine Augenaufschlag in Richtung Gott beim Abendgebet, ob der den Gleichklang bringt?

Oder ein anderes Beispiel, liebe Erwachsene: Mit eigenen Händen ein Haus bauen oder sich bemühen, eines zu kaufen, das befriedigt, das verwurzelt uns mit diesem Fleckchen Erde. Aber auf so manchen Häusern ruht kein Segen. Hängt dies nicht *auch* damit zusammen, daß Arbeit und Wohlstand zum einzigen Lebensinhalt werden; daß zu wenig die Seele in die Sonne Gottes gehalten wird?

3. Das Wasser trägt die Seerose. Für uns könnte das Wasser die kleine Gemeinschaft der Familie sein, die uns hält und trägt, bis hin zu den anderen Gemeinschaften, in denen wir stehen – auch diese der Christen hier.

So eine Gemeinschaft kann schützen. Wenn die Lebensstürme kommen, zerfetzen sie höchstens unsere »Blätter«, aber sie können uns nicht aus der Verankerung reißen. Leider zeigen viele Taufeltern oder Brautpaare kein Verständnis mehr für dieses Miteinander hier; obwohl Taufe doch eine Eingliederung in die Gemeinschaft der Christen bedeutet und bei der kirchlichen Trauung das Ja zum Partner vor Gott und dieser Gemeinde gesprochen wird. Da wird diese Zusammenkunft ab und zu nur als Goldrahmen für Feste benutzt oder als »Bedürfnis«-Erfüllung. Aber diese Gemeinschaft – wie auch jede andere – kann nur richtig leben und schützen, wenn Geben und Nehmen, Nehmen und Geben hin- und herfließen.

»Ich bin das Licht! – Ihr seid das Licht der Welt«, rief uns Jesus im Evangelium zu. Machen wir es wie die Seerose: Verwurzelt in der Erde, getragen von der Gemeinschaft der Heiligen halten wir unsere Seele in die Sonne Gottes und werden selbst eine kleine Sonne, die widerspiegelt, was wir empfangen.

(Dazu ein ausformulierter Gottesdienst »Kraft aus der Höhe und der Tiefe« in »FaJu«, Juni 89; vgl. auch »177«, Nr. 73 mit zum Teil anderen Deutungen.)

70. Was uns halten und schützen kann
(Ein Stück Seilhandlauf mit einem Seilmittelträger)

Lesungen: 1 Kor 13, 4–8a.13 (Es bleiben Glaube, Hoffnung, Liebe); Mt 22, 35–40 (ähnlich Mk 12, 28b–31; Lk 10, 25–27: Hauptgebot); Joh 14, 1–6 (Ich bin der Weg ...)

In Schlössern und großzügig gebauten Häusern finden wir an den Treppen solch einen Handlauf aus einem dicken Seil (zeigen!), das an einigen Trägern befestigt ist. Es soll beim Begehen der Treppe Halt bieten, damit niemand stürzt.

Ich lade euch ein, darüber nachzudenken, was uns Halt geben kann, wenn wir die Treppe unseres Lebens ersteigen, oder was uns vor einem Sturz in die Tiefe bewahren kann.

Wer das Seil näher untersucht, stellt fest, daß es aus vier dünnen Seilen besteht, die sich um ein weiteres Seil in der Mitte winden – seht ihr!?

»Wozu dient denn das Seil in der Mitte, das gerade verläuft?« fragte ich den Verkäufer, der mir so ein Stück Seilhandlauf mühsam durchtrennte. Er gab zur Antwort: »Das haben wir früher ›Seele‹ genannt. Um diese ›Seele‹ herum legen sich die vier anderen Stränge. Das finden Sie auch bei Gardinenkordeln!« Ich fragte nach: »Das gerade Kernstück heißt also ›Seele‹, wie die Seele des Menschen?« »Ja«, sagte er, »ich weiß es nicht anders«.

Was könnte die »Seele« sein in allem, was uns Halt gibt? Wenn ich auf Jesus schaue, möchte ich sagen: Das kann eigentlich nur die Liebe sein, die Gottes- und Nächstenliebe. Sie sind im Leben ein wirklicher Halt: Das Beten und Arbeiten. (Die »Seele« könnten auch die drei göttlichen Tugenden sein: Glaube, Hoffnung und Liebe. Solange die in mir lebendig sind, habe ich im Leben Halt und kann nicht abstürzen.)

Und was bedeuten die vier Seile, die sich um die »Seele« des Handlaufs legen? Ich denke da an die vier Kardinaltugenden. »Cardo« kommt aus dem Lateinischen und hat etwas mit einer Türangel zu tun, mit einem Dreh- und Angelpunkt. Es sind also vier ganz wichtige Tugenden, die ich jetzt näher vorstelle:

1. Die Klugheit: Sie wählt mit dem Blick auf die Liebe unter all den Herrlichkeiten dieser Erde aus, was unsere Seele wirklich weiterbringen kann. Sie schielt nicht immer nur nach dem eigenen Vorteil (= solche Leute sind nur schlau). Dieser Handlauf soll ja *jedem* eine Hilfe sein, der die Treppe benutzt.

2. Die Gerechtigkeit: Sie richtet ihren Blick auf *alle* Menschen und sorgt für eine kluge Verteilung der Güter *und* Lasten. Ihr wißt, wie sehr wir uns in unserer Welt noch für eine gerechtere Verteilung einsetzen müssen, denn zu viele hungern und dürsten nach Gerechtigkeit.

3. Die Tapferkeit: Sie kämpft auch unter Schwierigkeiten für alles, was gut und gerecht ist. Sie erträgt mutig und geduldig Nachteile und Leid, Folter und Tod. Unzählige politisch und religiös verfolgte Menschen leben uns diese Tapferkeit vor.

4. Das rechte Maß: Es ist die goldene Mitte zwischen hemmungslosem Haben- und Genießen-Wollen und Besonnenheit und Selbstbeherrschung.

Wer diese Kardinaltugenden um die Gottes- und Nächstenliebe oder um die göttlichen Tugenden legt, der wird wie dieser Handlauf den Mitmenschen wirklich zum Halt und Schutz auf ihren Wegen. Der kann diejenigen vor dem Sturz bewahren, die ihm anvertraut sind und denen er sich anvertraut.

Bliebe noch zu überlegen: Was könnte dieser Seilträger sein, der in der Wand oder an festen Stützen befestigt ist? Uns Christen fällt die Antwort nicht schwer: In Christus sind wir gehalten. Er ist der Weg, die Wahrheit und das Leben (vgl. Evangelium). Wenn wir uns an ihm orientieren, uns von ihm leiten lassen, dann werden wir zum Handlauf für andere.

(Nach einer Idee von Renate John, Bergheim.)

71. Vom inneren Umweltschutz
(Ein sehr großes Glasgefäß – angefüllt mit all den Gegenständen, die unten angegeben sind)

Lesungen: Lk 4, 1–13 (ähnlich Mt 4, 1–11: Jesus sagt »nein!« zu allen Versuchungen); Mt 7, 13f (Der schmale und der breite Weg). – Als »Lesung« (bes. für Kindergottesdienste) eignet sich gut das Märchen der Gebrüder Grimm »Der süße Brei«: Der Überkonsum wächst uns über den Kopf, verklebt uns die Sinne, droht uns – wie der süße Brei die ganze Stadt – zu ersticken, wenn uns nicht bald das Zauberwort einfällt ...

(Pr nimmt das große Glasgefäß in die Hand, das mit den nachfolgend genannten Gegenständen gefüllt ist)
Wenn unser Inneres so gefüllt ist wie dieses Glas, kann es nicht mehr zum Klingen kommen. *(Pr klopft an den Glasrand – dabei nahe ans Mikrophon gehen!)*
Der Innenraum ist zu vollgestopft: eine Schuttabladestelle voller Bilder, Vorstellungen, Informationen und Gebrauchsanweisungen. Wenn ich jetzt auffordern würde, eine Minute ganz in uns hineinzuhören, würden wir das Durcheinander in uns wahrnehmen. Kann dahinein überhaupt das Wort Gottes gesät werden?
Schauen wir uns den Innenraum genauer an:
(Pr räumt jetzt langsam das Glas leer; wenn möglich, wirft er den Gegenstand nach dem Besprechen auf den Boden)
1. *(Pr zeigt den Walkman)* Da habe ich z. B. die Ohrstöpsel des Walkman. Ein Walkman hat seine guten Seiten: Die Lautstärke der Musik muß andere nicht mehr stören; Musik ist eine schöne Abwechslung, z. B. auf stundenlangen Bahnfahrten. Darum will ich den Walkman nicht verteufeln. Der süße Brei im Topf stillte ja auch zunächst den Hunger, dann erst wurde er zur Gefahr: Soll ich z. B. einem Ministranten erlauben, bis zum Beginn des Gottesdienstes in der Sakristei seine Musik zu hören? Ist bei der Wanderung einer Jugendgruppe noch Begegnung und Erleben der Natur möglich, wenn einige Kopfhörer aufgesetzt haben? Und wer schließlich immer hört, kann nicht mehr richtig hören!
2. *(Pr zeigt ein Sexblättchen)* Hier diese Sex-Zeitschrift: Sage mir, was du liest, und ich sage dir, wie du denkst: Gott ist sicherlich traurig, wenn seine Schöpfung zu

Nur-Lustobjekten degradiert wird. Da wird der Mensch nur auf ein Stück Haut reduziert; Mensch als Ware, das reißende Tier in dir und mir erwacht und wird immer unersättlicher.

3. (*Pr zeigt Videocassette mit Bildern der Gewalt*) Ähnlich diese Videocassette voller Gewaltszenen. Wenn ich mich damit vollschütte, verrohe ich innerlich. Eine Frau, die sich in einem solchen Geschäft einmal umschaute, floh mit hochrotem Gesicht. Sie sagte: »Sie hätten hören müssen, wie die Kunden beim Aussuchen miteinander sprachen!«

4. (*Pr zeigt Tabletten und Schnapsfläschchen*) Auch Tabletten sind eine gute Erfindung. Aber Valium oder diese Beruhigungstabletten machen zu leicht abhängig, stumpfen die Sinne ab. Bis hin zu Drogen reicht die Palette. Wie schön ist ein Schnaps zur rechten Zeit! Aber zu leicht werden, wenn der süße Brei im Topf überkocht, die Sehnsüchte des Herzens durch Süchte überschwemmt und verdrängt.

5. (*Pr zeigt Nerz und/oder kostbaren Stoff*) Warum nicht kostbare Stoffe oder einen Pelz tragen? Vom Tierschutz einmal abgesehen, ist das noch ein Statussymbol für die Frau? Oder soll ich den Tennisschläger zeigen oder die Flugkarte? »Wir leisten uns dreimal im Jahr Urlaub!« – Bitte richtig verstehen: All das kann Hunger stillen. Aber wenn ich dafür so arbeiten muß, daß ich die Kinder, die Familie oder mein Inneres vernachlässige, nur um nach außen etwas zu gelten, dann ist es ein Brei, der unsere guten Kräfte erstickt. – Es ist nicht entscheidend, was wir sind, sondern wie wir sind.

6. (*Pr zeigt Modellauto*) Für den sportlichen Mann (die sportliche Frau) ist das Auto »die heilige Kuh«. Der ADAC zeigte es in Untersuchungen: Da wird viel mehr für die Fassade als für die Sicherheit ausgegeben. Wieder: Mehr Schein als Sein!

7. (*Pr zeigt einen 100-Mark-Schein*) Zum Schluß dieser Geldschein: Geld ist wichtig, und es beruhigt. Es stillt berechtigten Hunger nach Sicherheit. Aber es kann unser Innenleben auffressen. Um das Geld dreht sich alles. Auch in *meinem* Innern?

(*Pr zeigt das leere Glasgefäß*) Nun ist das Gefäß geleert, es ist offen zu empfangen, es kann klingen (ans Glas klopfen und vor das Mikrophon halten): Nun hören wir den langanhaltenden Ton, Schwingung, Klangfarbe, Resonanz.

Unser »Ego« braucht Geltung, Geld, Beifall, Macht, die öffentliche Meinung. Unser persönliches Ich wird aber davon zugeschüttet. Wenn wir unser Inneres retten wollen vor dem Brei des Konsums, dann hilft nur das Zauberwort »Nein«: »Nein« – auch diese Arbeit noch zu übernehmen; »Nein« – dieses Möbelstück brauchen wir nicht; »Nein« – diese Fete laß ich aus; »Nein« – diese Einladung nehme ich nicht an, weil ich den Abend für mich selbst reserviert habe.

Eine Frau aus unserem Vorbereitungskreis formulierte das Ganze so:
»Jesus Christus, uns zu füllen, sei du unser Maß.
Unser Ich, es kommt zum Klingen, wenn leer ist das Glas.
Auf dem Weg zu dir ist wichtig Verzicht.
Wir quellen sonst über und merken es nicht.«
(Hier noch einmal ans Glas schlagen und den Ton vor dem Mikrophon ausklingen lassen.)

Familienmeßkreis St. Pankratius, D-5010 Bergheim-Paffendorf, nach einer Idee von Renate John. Zuerst als ausformulierter Gottesdienst veröffentlicht in »FaJu«, Juni 89: »Das Nein-Sagen üben«.)

72. Wurzelsünde »Neid«
(Ein großes gelbgefärbtes Brillengestell und ein Vergrößerungsglas)

Lesungen: 1 Sam 18, 6 ff (König Saul neidet dem »Aufsteiger« David, daß er beliebter ist); 1 Kor 13, 4–7.13b (Daß Neid eine Wurzelsünde ist, zeigt ein Vergleich mit dem Hohenlied der Liebe: Fügen Sie nach jedem Satz das Gegenteil an, z. B. Die Liebe ist langmütig – der Neid hat keine Geduld ...); Röm 1, 28–32 (Von den Wurzeln des Neides); Mt 20, 1–15 (Warum bist du neidisch, weil ich gütig bin?); Lk 15, 25–32 (Der Neid des älteren Bruders auf den jüngeren)

Viele wissen gar nicht, wie sehr in der Wurzel ihres Handelns Neid und Mißgunst stecken. Darum erzähle ich mehrere Beispiele, um den Blick zu schärfen!
Der Neid vergleicht (Pr zeigt das große gelbe Brillengestell), und durch die Neid-Brille sieht er die Wirklichkeit verzerrt: Auf dem Tisch stehen zwei halbvolle Gläser. Der Neid sieht: Dein Glas ist halbvoll – mein Glas ist halbleer. – Wer sich dem Neid hingibt, wird schließlich krank, gelb im Gesicht – wie diese Brille.
1. Beim Gesellschaftsspiel: Du liegst beim »Mensch ärgere dich nicht« hoffnungslos zurück und wirfst schließlich das Spiel um, weil du es nicht ertragen kannst, daß die anderen mehr Glück haben. Kindern fehlt das Selbstwertbewußtsein, sich dann zu sagen: Auf diesem oder jenem Gebiet bin *ich* aber besser, um lächelnd verlieren zu können.
2. Ein Kuchen soll geteilt werden (und ihr hättet wirklich Hunger!). Wenn die Mutter es geschickt machen will, sagt sie: *Du* teilst, und *der andere* darf dann wählen. Aber wehe, sie hat ungleiche Stücke geschnitten! Bitter würdest du dich über die Ungerechtigkeit beklagen! – Den Erwachsenen geht es nicht besser: Der große Kuchen kann eine Erbschaft sein. Jetzt kann von innen her alles hochkommen, was sich in Jahren angestaut hat: »Ich wurde immer benachteiligt«; »Die haben mich über den Tisch gezogen«, und unnachgiebig wird um jedes Stück gefochten; auch mit dem Rechtsanwalt; Familien brechen darüber auseinander.

3. Der »Futterneid« schlägt zu, wenn ein Geschwisterkind nachkommt; jetzt stehst du plötzlich nicht mehr im Mittelpunkt. Du verhältst dich auffallend negativ, um die Aufmerksamkeit wieder auf dich zu ziehen. Du stellst fest, daß dem anderen »in die Wiege gelegt« wird, wofür du jahrelang kämpfen mußtest. Wenn sich auch noch der Vater von der überforderten Mutter vernachlässigt fühlt, kann der Haussegen lange schiefhängen.

4. Der Neid wird durch Vergleichen hervorgerufen. Darum ist es unpädagogisch, wenn z. B. Eltern sagen: »Dein Bruder ist sparsamer«; »Deine Schwester ist fleißiger«. So wachsen Mißgunst und Schuldgefühle oder der Wunsch, irgendwann und irgendwie heimzuzahlen.

5. Auch bei Hausbesuchen der Seelsorger und Seelsorgerinnen in einer Pfarrei wird verglichen: »Der wurde schon besucht, obwohl er nicht zur Kirche geht! Ich aber helfe und bin jeden Sonntag da, und bei uns war er noch nicht!« Seltsame Reaktionen in christlichen Gemeinschaften, von der Meßdienergruppe über die Frauengemeinschaft bis zum Kirchenchor, dürfen alle auf Neid als Ursache hinterfragt werden.

6. Weder Alter noch Intelligenz können vor Neid sicher sein. Jugendliche treten oft an, um manches Kleinkarierte in der Erwachsenenwelt auszuräumen. Aber seid ihr Jugendlichen vor Mißgunst sicher? Muß eure Kleidung nicht das bestimmte Markenzeichen haben, sonst seid ihr nicht »in«? Warum werden bei Klassenfahrten immer weitere Ziele ausgesucht, mittlerweile muß ja schon Amerika als Aufenthalt her, wenn es was gewesen sein soll! Warum werden Klassenbeste oft als »Streber« eingestuft?

7. Stehen Männer/Frauen über der Mißgunst? Verläuft die Karriere des/der anderen nicht steiler? Wieso kann *der/die* sich das Auto leisten? Hat sein/ihr Bürotisch nicht viel mehr Schubladen? Oder auf landwirtschaftliche Ebene gebracht: Wer fährt im Dorf den dicksten Traktor? – Solange ein Konkurrent im Rennen bleibt, kommt kaum Mißgunst auf. Erst wenn einer aufgibt, befällt ihn die »Gelbsucht« der Seele.

Gibt es ein Serum gegen diese Wurzelsünde? Drei Wege oder »Rezepte« haben wir gefunden. Ich nehme die »Neidbrille« ab und sehe mit diesem Vergrößerungsglas (zeigen!) genauer hin:

1. Mit den Augen Gottes schauen: Ich vergleiche nicht mehr, weil auch Gott nicht aufrechnet oder heimzahlt. *Er gibt jedem, was er braucht; nicht, was er verdient.* Mit den Augen Gottes sehen heißt: Ich erkenne, daß im Leben letztlich alles Geschenk ist. Und mit den Augen Jesu kann ich hinzufügen: »Ich lebe, und auch ihr werdet leben!« (Joh 14, 19). Dann habe ich doch das Wichtigste und kann über der Eifersucht stehen!

2. Hinter die Fassade schauen: Da kommt einer braungebrannt aus drei Wochen Jamaica-Urlaub zurück. Ich beneide ihn. Aber er flüchtete sich in diesen Urlaub nur, um mit dem Tod seiner Frau fertigzuwerden. – Oder wir schauen mißgün-

stig auf die große Villa und das vermutete Geld, und ich als Priester gehe hinein, um einem schwerkranken Arzt ein Stückchen Kommunion auf einem Löffelchen Wasser in die Kanüle am Hals zu gießen. – Oder ich überlege, ob der Nachbar, der meinen Zorn und meine üble Nachrede auf sich gezogen hat, mir nicht in der Vergangenheit Beweise seines Wohlwollens zukommen ließ.

So hätte König Saul trotz des Erfolges von David zufrieden sein können, wenn er näher hingeschaut hätte: Denn nur mit der Gnade Gottes, der auch ihm das Königtum verliehen hatte, konnte David ihn von diesem übermächtigen Feind befreien. –

Der ältere Bruder im Gleichnis vom barmherzigen Vater konnte sich bewußt machen, daß sein sicherer Arbeitsplatz letztlich auch Geschenk des Vaters ist und seine ständige Zuneigung wichtiger war als die zweifelhaften Abenteuer des Bruders, der darüber innerlich kaputtgegangen war.

3. Mehr auf mich selbst sehen und im guten Sinne Selbstbewußtsein entwickeln: Erst, wenn ich ja zu mir und meiner Situation sage – so wie sie ist –, werde ich zufrieden und vergleiche nicht mehr. Dann kann ich auch meinem Nächsten etwas gönnen und ja zum anderen und auch ja zu Gott sagen, den ich andernfalls mit Vorwürfen traktiere, weil er mich scheinbar so benachteiligt hat (Warum gerade ich?). Dann kann ich dankbar betrachten, was *mir* geschenkt ist und mich daran erfreuen.

Wenn wir nicht mehr vergleichen, sondern mit den Augen Gottes die Welt sehen, stirbt der Neid, und auf unserer Erde wird der »Himmel« spürbarer.

73. Nicht vorschnell urteilen
(Ein Zweig, der Knospen angesetzt hat)

Lesungen: Phil 2, 5–11 (Sich erniedrigen – wie Christus es tat); Mt 23, 8–12 (Wer sich selbst erhöht, wird erniedrigt ... = 31. So i. J., Lesejahr A); Lk 14, 7–11 (Mahnung zur Bescheidenheit beim Gastmahl); Lk 18, 9–14 (Pharisäer und Zöllner = 30. So i. J., Lesejahr C)

Mir hat der Spruch immer zu denken gegeben: »Urteile nicht über einen anderen, bevor du nicht drei Monate in seinen Schuhen gegangen bist!«, d. h., bevor wir nicht sein Leben und seine Beweggründe für sein Tun genauer kennen! Darin steckt eine Menge Weisheit! Wie oft urteilen wir leichtfertig über andere – wie im Evangelium der Pharisäer über den Zöllner.

Dieser Zweig hier erinnert mich an ein Märchen, das um diesen wahren Kern gesponnen ist:

Da lebte fernab im Gebirge ein Einsiedler, der ein gutes Herz für Gottes wunderbare Schöpfung hatte. Täglich stieg er ins Tal, um zur Buße zwei Kübel Wasser zu holen. Damit goß er die Blumen und gab den Vögeln zu trinken. Gott belohnte den Einsiedler, indem er jeden Abend einen Engel mit Brot zu ihm schickte.

Auf dem Weg zu einem Kranken begegnete er einmal einem Mörder, den man gerade zum Galgen führte. »Ach«, sagte er, »der erhält nur, was er verdient.« – An diesem Abend erschien der Engel Gottes nicht, auch nicht an dem folgenden. Die Vögel hatten Mitleid mit dem traurigen Mönch und verrieten ihm den Grund: »Du bist einem armen Teufel begegnet und hast gesagt, das geschehe ihm schon recht!« Der Einsiedler warf sich auf die Knie und bat Gott um Verzeihung. Da erschien auch der Engel, brachte ihm aber keine Speise, sondern einen dürren Zweig – so wie diesen hier – und sprach: »Gott läßt dir sagen: Wenn du Vergebung erlangen willst, mußt du diese Einsamkeit hier verlassen, von Haus zu Haus um Brot betteln und dort schlafen, wo man dich aufnimmt. Diesen Zweig legst du dabei unter deinen Kopf. Deine Wanderschaft dauert so lange, bis er wieder zu grünen beginnt.«

Der Einsiedler machte sich auf den Weg, zog von Dorf zu Dorf und erbettelte sich das Nötigste. Eines Abends, in einem riesigen Wald, war er schon sehr müde, als er endlich ein Licht erblickte. Aber die alte Frau, die in der Stube war, lehnte es ab, ihn aufzunehmen, und sagte: »Gleich kommen meine Söhne zurück, drei Räuber, und die werden dich umbringen, wenn sie dich sehen!« Er aber bat so inständig, daß sie ihn unter der Treppe versteckte. Sie bemerkte, wie er den Kopf auf den Zweig legen wollte und fragte ihn nach seinem seltsamen Tun. Er antwortete: »Meine Sünde, für die ich büße, ist groß und schwer: Als ein Unglücklicher zum Galgen geführt wurde, habe ich gesagt: ›Das ist recht. Er erhält nur, was er verdient.‹« Da erschrak die Frau und dachte: »Ach Gott, was wird dann mit meinen drei Jungen werden, an deren Händen schon so viel Blut klebt?«

Als die Räuber lärmend heimkamen, hatten sie sofort den Mann unter der Stiege entdeckt. Aber die Mutter stellte sich zwischen sie, brachte die drei in die Stube und erzählte ihnen von dem Einsiedler alles, was sie wußte. – Da rührte Gott an ihre Herzen, und der Jüngste sprach: »Mutter, was wird dann erst aus uns werden?« Und sie weckten den Mönch und beichteten ihre Schandtaten von ganzem Herzen.

Als sie am nächsten Morgen den Einsiedler wachrütteln wollten, fanden sie ihn tot auf seinem Zweig: Der aber hatte zu grünen begonnen.

(Verkürzt und leicht verändert nach dem Märchen der Brüder Grimm »Von den drei grünen Zweigen«.)

Wenn ich die Knospen an diesem Zweig betrachte, dann wünsche ich auch uns die Haltung, nie über einen anderen vorschnell zu urteilen. Wer vorschnell urteilt, kommt »auf keinen grünen Zweig«!

74. Werden wie ein Baum

(Ein großer gemalter Baum, dessen Wurzeln genausoweit ausholen wie die Äste der Baumkrone. Oder eine Postkarte, die einen einzelnen Baum zeigt, z.B. vom Fotokunst-Verlag Groh, D-8031 Wörthsee, Nr. 23 095 172 oder 2 309 150. – Am schönsten wäre der Gottesdienst im Freien unter einem Baum.)

Lesungen: Ps 1, 1–3 (ähnlich Jer 17, 7f: Der Gerechte ist wie ein Baum am Wasserbach); Mt 3, 7–10 (ähnlich Lk 3, 7–9: Ein Baum ohne gute Frucht wird abgehauen); Mt 7, 16–20 (ähnlich Lk 6, 43f: Ein guter Baum bringt gute Früchte); Lk 13, 6–9 (Der Feigenbaum bekommt noch eine Chance)

Ein Baum ist ein Wunderwerk. Wir betrachten ihn einmal näher: Er stammt aus unzähligen Wurzeln und verzweigt sich grenzenlos. Es braucht nur wenige Minuten (Sekunden), diesen Baum zu fällen, aber was meint ihr, wie viele Jahre er brauchte, um so heranzuwachsen? (---)
Wären wir doch so wie ein Baum: Er läßt *jeden* in seine Nähe. Er will *allen,* die kommen, Zuflucht und Sicherheit schenken. Für ihn sind alle gleich gut, ob groß oder klein, schwarz oder weiß ... Er läuft nicht weg: Er ist immer für uns da – wie ein guter Freund. Er sucht das Glück nicht anderswo: Er versucht da, wo er steht, die Welt zu verändern.
Seine *Wurzeln* müssen gesund sein, wenn sie ihn nähren und im Sturm halten sollen. Er saugt die Kraft aus der vorgegebenen Erde; für uns Menschen hieße das: aus der Vererbung, der Tradition und der Kultur. Ein »entwurzelter« Mensch wird krank ...
Jede Wurzel hat noch feinere, ja feinste Haarwurzeln, die immerzu vordringen, um Nahrung zu suchen. – Wir Menschen haben die Sinne, mit denen wir riechen, schmecken, tasten und hören ..., um ständig das zu verarbeiten, was uns jeden Tag umgibt. Auch daraus können wir Kraft, Halt und Nahrung schöpfen.
Der *Stamm* steht zwischen Wurzel und Krone, zwischen Erde und Himmel: Er trägt, stützt und verbindet. Die Lebenssäfte aus der Erde steigen in ihm hoch, und, bereichert mit der Kraft des Lichtes von oben, fließt ein anderer Strom zurück. – Auch uns Menschen macht stark, »stämmig«, wenn wir im »Prozeß des Lebens« stehen. Dann werden wir belastbar, tragfähig, verbindend; dann wirft uns so leicht nichts um. Wenn wir dem Leben trauen und das Risiko immer wieder wagen, machen uns die vielen kleinen Vorgänge des Lebens stärker und reifer.
In der *Baumkrone* verzweigt sich in Ästen, was unten aus vielen Wurzeln geworden ist. – Auch der Mensch muß sich entfalten, verteilen und verschenken, sonst bleibt er einsam, eng und arm. Wenn wir uns »verzweigen«, werden wir zum Segen für viele: Dann werden wir zur Anlaufstation (Anflugstation) für viele Gäste. Wir sind das, was wir für andere sind! Hierin liegen tiefstes Glück und der Sinn des Lebens.

Im Empfangen und Schenken wachsen wir immer wieder »über uns hinaus«. Und die Sonne Gottes, die Kraft »von oben«, läßt die guten Früchte reifen, die ein guter Baum bringen kann (vgl. Mt 7, 17).
Der Baum, ein Wunder der Schöpfung, der uns so vieles sagen kann!
(Verkürzt und leicht verändert nach Elmar Gruber. Dazu empfehle ich seine Dia-Meditation Nr. 19: »Im Leben stehen«, Impuls Studio, D-8000 München 83. Zu diesem Entwurf paßt das Gedicht von Detlev Block, Zu einem Baum, in: ders., Stichprobe, Sonnenweg-Verlag, Neuffen 1977, S. 12.)

Auch die folgende Erzählung kann noch neue Gedanken beitragen:
Rabbi Uri lehrte: »Der Mensch gleicht einem Baum. Willst du dich vor einen Baum stellen und unablässig spähen, wie er wachse und um wieviel er schon gewachsen sei? Nichts wirst du sehen. Aber pflege ihn allezeit, beschneide, was an ihm untauglich ist, wehre seinen Schädlingen, zu guter Frist wird er groß geworden sein. So der Mensch: Es tut nur not, die Hemmnisse zu bewältigen, auf daß er zu seinem Wuchs gedeihe; aber ungeziemend ist es, allstündlich zu prüfen, um wieviel er schon zugenommen habe.«
(Martin Buber, Die Erzählungen der Chassidim, Manesse-Verlag, Zürich 1949, S. 613)

Siehe auch »Kurzgeschichten 3«, Nr. 168: Ein Baum erzählt.

75. Liebe verwandelt

(Zwei Brillen: eine mit dunklen Gläsern, eine als rote Herzbrille)

Lesungen: 1 Kor 13, 4–8a (Was Liebe vermag); Joh 14, 15–17.21 (Wenn ihr mich liebt, haltet ihr meine Gebote)

In einem Vers des Evangeliums kam gleich viermal das Wort »Liebe« vor: »Wer meine Gebote hat und sie hält, der ist es, der mich liebt; wer mich aber liebt, wird von meinem Vater geliebt werden, und auch ich werde ihn lieben und mich ihm offenbaren« (Joh 14, 21).
Wir wissen, wie wichtig die Liebe ist, und betrachten sie einmal an drei Beispielen näher. Diese beiden Brillen helfen uns zu unterscheiden:
1. Die achtjährige Sonja hat ihre Flöte, auf der sie noch nicht lange spielt, mit zur Schule genommen, weil ein Mädchen Geburtstag hat. Sie spielt auch etwas vor, aber weil sie aufgeregt ist, verspielt sie sich. Was passiert? Die ganze Klasse lacht. (Pr zieht die dunkle Brille an:) Sonja weint aus Wut und Enttäuschung. Sie will die Flöte nie wieder anpacken!
Am nächsten Tag will die Lieblingstante Sonjas Fortschritte im Flötenspiel hören. Sonja kramt ihre Flöte widerwillig hervor. Aber die Tante nickt ihr aufmunternd zu. (Herzbrille anziehen:) Und als die Tante nach dem ersten Stückchen klatscht und sie lobt, spielt sie fast fehlerfrei. – Liebe hat Kraft zu verwandeln, wenn sie aufmuntert, ermutigt, zugeneigt ist.

2. Dirk ist ein As in der Klasse; er schreibt fast nur Einser und will nie einem etwas Böses. Wie reagieren die Klassenkameraden? (Dunkle Brille:) Der ist ein Streber! Der ist eingebildet! Mit dem kann man nicht spielen! – Dirk steht meist allein. Als Klaus wegen einer Blinddarmoperation über zwei Wochen gefehlt hat, ruft er Dirk an, ob der ihm etwas erklären könne. (Herzbrille:) Dirk setzt sich sofort aufs Rad, erklärt alles geduldig ..., und sie spielen noch etwas zusammen. Nachher ist alles anders! – Die Liebe hat Kraft zu verwandeln, wenn man aufeinander zugeht, Vorurteile abbaut, hilft und bereit ist, sich helfen zu lassen!

3. Zehn Familien wohnen in einem Haus. Dazwischen eine ältere Frau, die sich oft gestört fühlt. (Dunkle Brille:) Die Kinder sind frech, die Musik dröhnt durchs Haus, Abfall liegt auf der Treppe. Die Frau wird immer unfreundlicher, keiner grüßt sie mehr ... Dann wird ein Hausfest geplant. Auch die alte Frau wird eingeladen. (Herzbrille:) Zunächst traut sie ihren Ohren nicht, dann nimmt sie die Einladung an. Es wird ein schönes Fest. Die Atmosphäre im Haus ändert sich. – Liebe hat Kraft zu verwandeln, wenn einer wieder den ersten Schritt versucht, wenn Begegnung möglich wird, wenn Rücksicht geübt wird.

Jesus spricht im Evangelium von der Kraft, die uns dabei helfen kann: Der Beistand von oben, der Geist der Wahrheit, der Heilige Geist, den jeder Mensch empfangen kann. Er hält den Wunsch Jesu in uns wach, alle Menschen durch die »liebevolle Brille«, die »Herzbrille« anzuschauen; auch die Menschen, die wir nicht leiden können; sogar unsere Feinde (Mt 5, 44; Lk 6, 27), damit die ganze Erde verwandelt wird.

(Hier flossen Ideen ein aus einem Vorschlag der Pfarrei St. Theresia, D-4000 Düsseldorf 13.)

76. Von der jungen Liebe
(Eine Rose)

Lesungen: Ps 90, 1–12 (Tausend Jahre sind für dich wie ein Tag); Mt 12, 9–14 (ähnlich Mk 3, 1–6; Lk 6, 6–11: Heilung eines Mannes am Sabbat); Lk 13, 10–17 (Heilung einer Frau am Sabbat)

In unserer zu lauten und hektischen Zeit hat Zartes und Reines wenig Chancen; da muß »zur Sache« gekommen werden; da wird gleich gefragt: Was bringt mir das? Doch immer, wenn ich in so eine aufblühende Rose schaue, in das Symbol der Liebenden, dann weiß ich: Das gibt es noch, das Zärtliche, das Reine, das Leise, das Knospende, das Duftende ... Ich will versuchen, davon zu erzählen.

1. *Sekunden der Ewigkeit lassen Zeit vergessen.* Wenn »junge« Liebende – das ist keine Frage des Alters! – sich unterhalten, dann verfliegt auf einmal die Zeit. Nach einigen Stunden schauen sie überrascht auf die Uhr: Wo ist nur die Zeit

geblieben? So erzählt eine Legende von zwei berühmten Geschwistern, der hl. Scholastika und dem hl. Benedikt, beide Ordensgründer, daß sie einmal in ein wunderbares Gespräch vertieft waren. Obwohl sie dachten, es sei nur eine halbe Stunde lang gewesen, war die ganze Nacht verflogen. – Bei Langeweile fließt die Zeit unheimlich träge und zäh dahin. Liebende aber erfahren Sekunden von Ewigkeit, die ja immer nur aus Augenblicken besteht. Denn sie sind ja ganz gegenwärtig, nicht halbherzig, und in diese Augenblicke bringen sie ihre ganze Vergangenheit mit, aber auch Träume und Hoffnungen der Zukunft. Weil all unsere Zeiteinteilungen in diesen Augenblicken gegenwärtig sind, darf ich sie »Sekunden der Ewigkeit« nennen (Auch der »Mönch von Heisterbach«, vgl. »Kurzgeschichten 4«, Nr. 223, vergaß bei seinem Eintauchen in Gott die Zeit und kam erst nach Jahrhunderten wieder; vgl. auch die Lesung!): Da vereinen sich beide Seelen und tauschen die größten Geheimnisse aus; sie sollten auf dem Grunde der Seele liegen bleiben. Darum gab es in mittelalterlichen Ratsstuben und an Beichtstühlen die geschnitzte Rose: »Behalte alles wie ein Beichtgeheimnis, was Liebende miteinander gesprochen haben.« Auch wenn die Wege sich trennen sollten, dürfen diese Geheimnisse nie laut feilgeboten werden.

2. *Liebe steht oft über Regeln und Gesetzen.* Eine andere Geschichte erzählt von den eben erwähnten Geschwistern, daß der hl. Benedikt einmal sein Kloster verließ, um seine Schwester Scholastika im Kloster der Schwestern zu besuchen. Als regeltreuer Mensch achtete er darauf, bis zum Abend wieder in seinem Kloster zurückzusein. Aber das Zusammensein dort mit noch anderen Brüdern und Schwestern war so harmonisch und schön, daß Scholastika ihren Bruder bat, doch die Nacht im Kloster zu verbringen. Benedikt war außer sich über diese Regelverletzung, die ihm seine Schwester zumutete, und reagierte verärgert, worauf Scholastika sich sehr getroffen fühlte und weinte und betete. Da ging, so erzählt die Legende weiter, ein so starkes Gewitter mit Blitz und Donner nieder, daß es zu gefährlich, ja unmöglich war, sich auf den Weg zu machen. – Was Benedikt verneinte, bejahte der Himmel.
Jesus Christus hat bei seinen Wunderheilungen am Sabbat (vgl. Evangelium) sehr oft die Liebe über die Gesetze gestellt. Nicht, daß Regeln und Ordnungen überflüssig wären, aber es gibt Augenblicke, da reichen sie einfach nicht bis in die gegebene Situation hinein. Übrigens: Im darauf folgenden Jahr, auf das der hl. Benedikt seinen erneuten Besuch vertagen wollte, war seine Schwester bereits tot. *Jetzt* die Augenblicke leben, sonst versäumen wir vieles!

3. *Das Reine ist über boshaftes Geflüster erhaben.* Auch von Franziskus und Klara, die mit 16 aus ihrem adligen Elternhaus zu Franziskus ausgerissen war, gibt es eine wunderbare Geschichte: Nach der Gründung eines Schwesternordens durch Klara war vieles mit Franziskus zu besprechen, und sie trafen sich oft. Das entging den Leuten nicht, und boshaftes Geflüster machte die Runde. Franzis-

kus und Klara merkten es und sprachen über das Gerede der Leute. Schließlich sagte Franziskus – es war gerade Winter: »Es wird Zeit, uns zu trennen. Geh voraus! Vor Einbruch der Nacht wirst du im Kloster sein. Ich werde dir von weitem folgen!« Klara rang um Fassung und fragte traurig und ohne Kraft: »Wann werden wir uns wiedersehen?« »Wenn der Sommer kommt, wenn die Rosen blühen!« antwortete Franziskus. Da – so erzählt die Legende weiter – geschah etwas Wunderbares: Es war den beiden, als blühten ringsum auf den Rauhreifsträuchern unzählige Rosen. Klara pflückte einen ganzen Strauß davon und legte ihn Franziskus in die Arme. Sie spürte, wenn sie auch noch so weit voneinander entfernt leben, so waren sie nicht getrennt. – Das Reine steht über boshaftem Geflüster, auch wenn es Rücksicht nehmen muß.

In unserer zu lauten und hektischen Zeit fällt es schwer, dem Reinen und Zarten und Heiligen Kraft zu verleihen. Aber immer, wenn ich in eine Rose schaue, weiß ich, das gibt es noch! Besonders im Gesicht eines Kindes begegnet es uns. Darum vielleicht schickte uns Gott keinen erwachsenen Retter, er schickte ein zartes, reines, »knospendes« Kind. »Es ist ein Ros' entsprungen ...« Aus diesem Grund lege ich gleich diese Rose auf den Altar. Es gibt aber noch eine Stelle, wo ich das alles, was ich sagen wollte, wiederfinden kann: Im Gesicht von Menschen, die sich in junger Liebe begegnen. »Junge« Liebe ist keine Frage des Alters! (Pr legt die Rose auf den Altar.)

77. Die Möglichkeiten meiner Hände
(Die Hände eines jeden)

Lesung: Lk 10, 29–35 (Der barmherzige Samariter)

Haben wir schon einmal bewußt unsere Hände betrachtet? Darf ich Sie bitten, das jetzt einmal zu tun! Unsere Hände erzählen eine Lebensgeschichte. Sie spiegeln meine Einmaligkeit wider, denn unter mehr als fünf Milliarden Handpaaren gibt es keins mehr mit den gleichen Lebenslinien.
Aber denken wir vielmehr beim Betrachten unserer Hände über folgendes nach: Wem habe ich schon schweigend eine Hand gehalten – mit meiner Hand Trost gespendet – zum letzten Mal die Hand gereicht – wem gedroht – wann stand der feuchte Angstschweiß darin? Ist meine Hand offen, wünscht sie noch den Kontakt zum Nächsten?
Wenn ja, dann darf ich Sie bitten, nicht die offene Hand Ihres Nachbarn zu berühren, aber Ihre offene Hand neben die des Nachbarn zu halten. Lassen Sie sich etwas Zeit dabei, und betrachten Sie die andere Lebensgeschichte – vielleicht vergleichen Sie auch ... (Stille)

Welche Hände mag Jesus gehabt haben? Er hatte heilende, tröstende, segnende, betende Arbeiterhände; dann die durchbohrten und schließlich die erlösten Hände! – Schauen wir jetzt wieder nur auf *unsere* Hände und denken wir an das Evangelium, das wir eben gehört haben; da waren überall Hände im Spiel: Schlagende, raffende, ohnmächtige, nicht helfende. Und von dem es keiner erwartete, der Ausländer, der in den Augen der Juden Ungläubige aus Samaria, er besaß die helfenden Hände, die verbindenden, austeilenden; seine Hände waren Brücke und Hilfe.

Wessen Hände möchte ich haben? Die des Räubers, des Niedergeschlagenen, des Priesters, des Leviten oder die des barmherzigen Samariters? Vom Verstand her können wir uns schnell das Positive aussuchen, aber wie steht es wirklich um mich?

Wenn wir uns schon jetzt (vorgezogen) einander den Friedensgruß geben, dann soll etwas von folgendem im Händedruck liegen: Unser Versagen, so oft keine offene oder freie Hand gereicht zu haben; unsere Bereitschaft zur Versöhnung; unser Offensein für den anderen; unser Wille zur Unverkrampftheit; unser guter Wille zu trösten, zu heilen und zu segnen! Gebt einander ein Zeichen des Friedens und der Versöhnung!

(Verkürzt und verändert nach Johann Grabenmeier, in »PuK« 6/89, S. 755–757.)

78. Vom Einsatz und der Liebe (Hl. Florian)

(Ein Sprungtuch der Feuerwehr oder: vier Kinder halten ein Leinentuch)

Lesungen: 1 Joh 4, 16–21 (Furcht und Liebe); Mt 25, 31–40 (Vom Weltgericht)

Dieses Sprungtuch, das die Kinder halten, soll uns an die Einsätze unserer Freiwilligen Feuerwehr erinnern, die sich heute zum Fest ihres Patrons, des hl. Florian, hier versammelt hat.

1. Gefahr der Privatisierung von Gottes- und Nächstenliebe. Wenn die Sirene geht, schauen wir manchmal auf die Uhr, um festzustellen: Wie schnell ist unsere Feuerwehr? Aus sicherem Abstand schauen wir auch beim Löschen und Retten zu; aus der Entfernung sieht es sogar interessant und spannend aus, wenn zum Beispiel einer vom Dach eines brennenden Hauses springt und hoffentlich im Sprungtuch landet. Aus der Entfernung sieht vieles faszinierend aus, da erkennen wir nicht die Angst in den Gesichtern und die verschwitzten Hände.

Wieso stehen wir dann nur da und glotzen neugierig? Geht uns die Not nicht alle an? Ist die Rettung eine »Privatangelegenheit« der Feuerwehr? Wenn ein Feuerwehrmann uns bitten würde: »Komm, wir brauchen noch einen, der das Sprungtuch hält!«, so wären wir doch sofort dazu bereit! Ja, mehrere sind nötig, ein Sprungtuch zu halten, und keiner darf zu früh loslassen (Teamgeist!). Und wenn

aus unserem Haus ein Selbstmörder weggetragen oder hinter einer aufgebroche-
nen Tür eine Frau – schon tagelang tot – im Bett gefunden würde, dann erst däm-
merte uns, daß dies alles auch uns angeht und nicht nur aus der Zuschauerper-
spektive gesehen werden darf.

Es ist heutzutage eine der schlimmen Verirrungen, daß wir auch das Religiöse
»privatisiert« haben. Sie kennen den gern gebrauchten Ausdruck: »Das geht nur
mich was an!« Der Dank an Gott hat aber auch etwas mit Gemeinschaft zu tun!
Darum treffen wir uns sonntags auch in der Gemeinschaft und nicht jeder einzelne in seiner Kammer oder im Wald – wie manche vorgeben. Auch die Nächstenliebe hat etwas mit Gemeinschaft zu tun. Wenn z. B. zum Blutspenden aufgerufen wird, ist uns das sehr klar. Immer, wenn wir uns da oder an anderer Stelle
engagieren, darf uns das Wort des Evangeliums vor Augen stehen: »Was ihr für
einen meiner geringsten Brüder und Schwestern getan habt, das habt ihr mir
getan!« (vgl. Evangelium Mt 25, 40).

2. *Das »Einmann«-Sprungtuch.* Manchmal treffe ich auf Not, da stehen der Betrof-
fene und ich ganz allein da; dann muß ich sozusagen das Einmann-Sprungtuch
auseinanderfalten: Wenn einer weint, weil er die Prüfung nicht geschafft hat, mit
einem Leid nicht fertig wird, arbeitslos geworden ist ... Ich brauche den genauen
Blick, um herauszufinden, wo es täglich brennt, um dann »Feuerwehrmann« zu
spielen. An dieser Stelle ein kleines Danke an all die Anwesenden, die schon
immer in der Nachbarschaft und Verwandtschaft »Feuerwehrmann«, mehr
noch »Feuerwehrfrau« spielen, obwohl sie der Feuerwehr gar nicht angehören.

3. *Von der Liebe und Kameradschaft.* Eben hörten wir in der Lesung: »Wer Gott
liebt, soll auch seinen Bruder lieben« (1 Joh 4, 21). Alle Christen, die noch eine
Kirche von innen sehen, tragen eine größere Verantwortung, in der Nächstenliebe zu überzeugen als die, die den Weg nicht mehr nach hier finden. Denn ob
diese Gottesliebe echt und ehrlich ist, zeigt sich erst in der Nächstenliebe. Jesus
sagt: »Es gibt keine größere Liebe, als wenn einer sein Leben für seine Freunde
hingibt« (Joh 15, 13). Darum stehen wir ja auch betroffen vor dieser großen
Liebe, wenn einer beim Rettungseinsatz sein Leben verliert.

Noch ein Satz aus der Lesung gab mir zu denken: »Die vollkommene Liebe vertreibt die Furcht!« Wenn ein Feuerwehrmann es wagt, einen Menschen aus
einem brennenden Pkw zu befreien, obwohl das Auto jeden Moment explodie-
ren könnte, dann packt auch ihn die Angst. Aber die vollkommene Liebe vertreibt die Furcht! Wie bei einer Mutter, die sich unter Lebensgefahr ins brennende Haus stürzt, um ihr Kind zu retten.

Diese Liebe zeigt sich aber auch in der Gottesliebe. Was wäre die Feuerwehr
ohne die Kameradschaft und ohne die Zusammenkünfte, in der diese Kameradschaft spürbarer wird? Und genau das ist *ein* Grund, warum wir uns hier als

Christen sonntags versammeln, um in der *Gemeinschaft* Gott zu loben und zu danken.

Hl. Florian, bitte für uns, daß wir die rechte Gottes- und Nächstenliebe zeigen!

(Nach einer Idee bei Franz Edlinger, All ihr Kinder, lobet den Herrn! Gestaltete Kindermessen, Herold Druck- und Verlagsgesellschaft, Wien 1988, S. 75–78.)

79. Einander dienen
(Ein Besen)

Lesungen: 1 Petr 4, 8.10f (Dient einander); Mt 20, 24–28 (ähnlich Mk 10, 41–45; Lk 22, 24–27: Vom Herrschen und Dienen); Joh 13, 4–9.12–15 (Jesus wäscht den Jüngern die Füße)

Wir waschen einander lieber die Köpfe als die Füße. Wenn wir das Beispiel Jesu richtig verstehen wollen, müssen wir uns vor Augen stellen, daß zur damaligen Zeit zwar ein Sklave überhaupt keine Rechte hatte, aber zum Füßewaschen durfte er nicht gezwungen werden! Tiefer konnte Jesus sich also nicht bücken ...

1. Dieser Besen hier kann uns an Jesu Haltung erinnern. Ihr wißt ja, wie beliebt der Kehr- und Küchendienst ist ... Im übertragenen Sinn darf ich sagen: Wenn dieser Besen hier nur wenige Borsten hat, d. h. wenn im Lager nur wenige bereit sind, Gemeinschaftsdienste zu verrichten, dann gibt es oft miese Situationen, weil alles Unangenehme liegenbleibt, und die »Dummen« den Dreck wegfegen dürfen. Aber – das Beispiel Jesu vor Augen – sind diejenigen wirklich dumm, die mitanpacken? Die etwas aufheben, auch wenn sie es selbst nicht hingeworfen haben? Ich wünsche mir etwas vom Geist Jesu in unserer Mitte, dann kann unser Miteinander noch schöner werden. Jeder mit der Gabe – wie es in der Lesung hieß –, die Gott ihm geschenkt hat.

2. An etwas anderes soll uns dieser Besen aber auch noch erinnern. Dazu lese ich euch eine Stelle aus dem bekannten Buch »Momo« vor. In diesem Buch begegnet uns Beppo, der Straßenkehrer. Er erzählte Momo, einem Mädchen, das sehr gut zuhören kann, aus seinem Beruf und gibt ihm dabei den Rat, beim Kehren einer langen Straße immer nur an den nächsten Besenstrich zu denken ... (Ausführlicher: siehe Kurzgeschichten I, Nr. 204.)

Ich darf euch diese Geschichte deuten: Vor euch liegt auch so eine lange Straße. Du weißt gar nicht, was auf dich wartet: Komme ich in der neuen Klasse zurecht? Werde ich einmal arbeitslos? Werden sich die Eltern weiter vertragen? ... Gerade die Schule liegt auf mancher Seele wie ein dunkler Schatten. Bei der schönsten Veranstaltung kann es passieren: Nur *ein* Gedanke an die Schule und schon ist alle Freude verflogen. Wer so ganz in die Ferne schaut, kann schnell mutlos werden. Darum hat Beppo, der Straßenkehrer, mit dem Tip recht: Denke jetzt nur an den *nächsten* Besenstrich. Jetzt bist du hier in den Ferien. Genieße diese Tage. Dann erholst du dich, stärkst deine Kräfte und kannst schließlich am Ende der Ferien an den nächsten Besenstrich gehen. Aber jetzt schon auf die Schule oder noch weiter nach vorne schauen und sich Angst machen, da geht dir schnell die Puste aus.

Dieser Besen hier soll uns also an zwei Dinge erinnern: Denke nur an den nächsten Besenstrich, und den mache sehr sorgfältig. Und sei bereit zur Haltung des Dienens – wie Jesus es uns vorgelebt hat.

(Dazu ein ausformulierter gleichnamiger Gottesdienstentwurf in »FaJu«, Juli 88.)

80. Komm – folge mir nach!
(Drei ausgeschnittene Fußabdrücke: vom Säugling, vom Erwachsenen, übergroß für Jesus)

Lesungen: 1 Petr 2, 21 (Damit ihr in seine Fußstapfen tretet – so lautete die alte Übersetzung); Mt 16, 24–28 (ähnlich Mk 8, 34–9, 1; Lk 9, 23–27: Wer mir nachfolgen will)

1. (Pr zeigt alle drei Fußabdrücke, dann den des Säuglings allein)
   Das könnte der Fußabdruck Ihres Kindes sein, noch sehr klein, aber bald bereit zum Krabbeln und schneller als Sie glauben, für die ersten Schritte. Dann kundschaftet es die erreichbare Umgebung aus; Sie haben nicht genug Augen; es kann anstrengend werden. Nicht jeder Schritt wird Ihnen gefallen, manche sehr: Wohin lassen Sie Ihr Kind laufen, wohin nicht? Nach welchen Gesichtspunkten?

2. (Pr zeigt den Fußabdruck des Erwachsenen)
   Das könnte Ihr Fußabdruck sein. Wohin Sie die Schritte lenken, dahin läuft bald auch das Kind. Es liest Ihren Schritten und Ihrer Stimme ab, ob etwas gut und gewollt oder böse und gefährlich ist. Ein Kind lernt zu 90% durch Nachahmen der Erwachsenen. Liefen Sie bisher ausgetretene Pfade, da, wo alle laufen? Wollen Sie Ihrem Kind jetzt einen besseren Weg zeigen? Welchen? Ein Kind braucht zunächst einen festen Standpunkt fürs Leben, dann kann es eigene Schritte versuchen, wobei Sie immer mehr loslassen müssen.

3. (Pr zeigt den übergroßen Fußabdruck = Jesus)
   Sie haben Ihr Kind zur Taufe gebracht: Es soll Christ werden, d.h. in die Fußstapfen Jesu treten. Jesus sagte eben in der Frohen Botschaft: »Wer mein Jünger sein will, ... folge mir nach!« (Mt 16, 24). Er hat auch viele Einzelpersonen dazu aufgefordert: »Komm, folge mir nach!« (z.B. Mt 9, 9). Er kennt den Weg zum

Vater, d.h. zum Ziel des Lebens, denn er verkündete: »Ich bin der Weg, die Wahrheit und das Leben; niemand kommt zum Vater außer durch mich« (Joh 14, 6). Jesus hält Leben in Fülle für uns bereit (Joh 10, 10). Aber Jesus ist unsichtbar. Wenn Ihr Kind diesen Weg finden soll, dann muß es zunächst begleitet werden. Dann kann sich Ihr Kind irgendwann entscheiden, ob es so leben will, »wie man halt so lebt«, oder ob es im Vertrauen auf Gott und Jesus Christus seinen Weg gehen will. Die Fußspuren der Gottes- und Nächstenliebe (nicht des Egoismus) bedeuten weit mehr als nur berechnete Nettigkeit auf eigenem Kurs!

Es wäre schön, wenn möglichst viele hier diesen christlichen Weg mitgehen, auch wenn Sie jetzt – um des Kindes willen – an der Richtung Ihres Lebens einiges ändern müssen. Jesus sagt uns ja allen: »Komm, folge *mir* nach!« Heutzutage eine echte Alternative! Wir als Gemeinde der Christen möchten Ihnen dabei helfen, weil Ihr Kind ja heute in unsere Gemeinschaft aufgenommen wird.

(Frei nach Martin Auffarth, D-6900 Heidelberg; vgl. »KiBö« 90–1, S. 7.)

81. Die Rose von Jericho (Taufe)

(Zwei Exemplare der sogenannten Auferstehungsblume; sie ist eine Wüstenpflanze, die in großen Gärtnereien gekauft werden kann. Eine der Auferstehungsblumen vorher ca. drei Stunden in Wasser legen, die andere trocken lassen.)

Lesungen: Ps 1, 1–3 (Der Gerechte ist wie ein Baum, der an Wasserbächen gepflanzt ist); Jer 17, 5–8 (Wer sich auf Gott verläßt, ist wie ein Baum am Wasser); Joh 4, 13–15 (Meine Quelle schenkt ewiges Leben)

Die »Rose von Jericho« ist ein botanisches Wunder. Man fand sie auch als Grabbeigabe in Pharaonengräbern und brachte sie wieder zum Blühen. Sie kann also eine Trockenphase von mehreren tausend Jahren überstehen. Wenn dann dieses Bärlappgewächs, das es seit ca. 80 Millionen Jahren auf unserer Erde gibt, wieder mit Wasser übergossen wird, öffnet es sich zu einer grünen Pflanze (je wärmer das Wasser, um so schneller). Wegen dieser Eigenschaft gilt diese »Rose« als Symbol für ewiges Leben, als »Auferstehungsblume«. Sie wird auch zu Heilzwekken benutzt: Als Tee gegen mancherlei Krankheiten, zum Inhalieren bei Erkältungskrankheiten, im offenen Zustand auf den Tisch gestellt, verzehrt sie den Rauch; trocken zwischen die Wäsche gelegt, vertreibt sie Motten. In manchen Familien wird sie als Symbol für Glück und Segen von Generation zu Generation vererbt. Im geöffneten Zustand kann man auch ein kleines Geschenk in sie hineinlegen und sie wieder trocknen lassen. *Achtung:* Als Wüstenpflanze braucht sie nach ein, zwei Wochen auch wieder ihre Trockenphase.

(Pr zeigt zunächst die trockene Blume.) Diese Wüstenpflanze, die sog. »Auferstehungsblume«, auch »Rose von Jericho« genannt, kann jahrelang irgendwo trocken liegen. Sie sieht dann aus wie diese: wie eine Faust ineinanderverkrallt, vertrocknet und irgendwie traurig. Wenn ich sie aber für einige Stunden ins Wasser lege (Pr zeigt die entfaltete, »aufgeblühte« Blume), zeigt sie, daß ihr Keim lebendig und wach geblieben ist: Sie entfaltet sich langsam und stetig, sie blüht auf und wird wie eine geöffnete Hand. Der Wasserguß gleich über das Köpfchen Ihres Kindes liebe Eltern und Paten, legt auch einen lebendigen Keim in Ihr Kind, der nie absterben kann, den unauslöschlichen Charakter des Sakramentes Taufe. Dieses Kind Gottes kann Jesus an die Hand nehmen. Das muß ihm aber, wenn es größer wird, in Worten und Taten gezeigt werden, denn Kinder lernen bis zu 90% durch Nachahmung! Aber selbst wenn es das nicht erfährt, liegt – wie gesagt – die »innerste Wurzel« lebendig da, bis ein Ereignis oder ein Mensch sie ausschlagen läßt. Taufe ist also der erste Wasserguß an eine Pflanze, den wir umschreiben können mit: Du kannst Gott vertrauen, und wenn du dich von Jesus an die Hand nehmen läßt, kannst du nicht in die Irre gehen. Wenn Ihre »Rose von Jericho« wachsen und blühen soll, sind allerdings weitere Wassergüsse nötig.

Den inneren Wurzeln Ihres Kindes wünschen wir, daß sie nie austrocknen in Traurigkeit, Verzweiflung oder Unfrieden, sondern sich immer nach dem Wasser des Lebens, das Jesus uns reichen will (vgl. Evangelium), ausstrecken. Dann ist es, wie die Lesung in alttestamentlicher Bildersprache sagt, wie ein Baum, der an Wasserbächen gepflanzt ist und der nichts zu fürchten hat, wenn die Hitze oder die trockenen Jahre des Lebens kommen (vgl. Jer 17, 8).

Es kann noch weiter auf das Wasser eingegangen werden, das ja auch im Nachklang alttestamentlicher Vorbilder immer etwas mit Gottes Schöpfergeist zu tun hat, der über den Wassern schwebte, wie auch mit der Errettung aus der Sintflut und aus den Wassermassen des Toten Meeres (= Geistbejahung, Reinigung, Rettung und Befreiung).

(Nach einer Idee bei Franz Edlinger, All ihr Kinder, lobet den Herrn! Gestaltete Kindermessen. Eine praktische Handreichung, Herold-Druck- und Verlagsgesellschaft, Wien 1988, S. 71–74.)

Sinn des Lebens / Lebensweisheit / Frieden

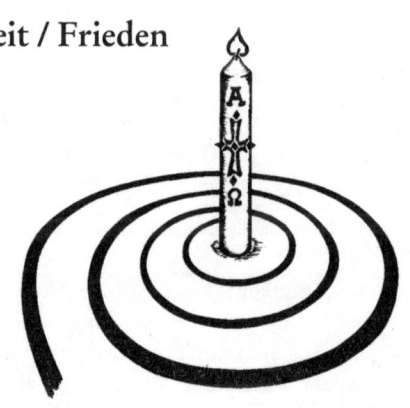

82. Die Mitte finden

(Die Osterkerze steht in der Mitte eines zur Spirale geformten dicken Seiles. Das Seil muß so liegen, daß Personen durch die Spirale gehen können.)

Lesung: Mk 6, 30–34 (Ruht ein wenig aus! = 16. So i. J., Lesejahr B)

Vor dem Altar liegt ein dickes Seil zur Spirale geformt. In der Mitte steht die Osterkerze – Symbol für den auferstandenen Christus.

In der Ferienzeit folgen wir natürlich gern der Aufforderung Jesu: »Kommt, ruht ein wenig aus!« Jesus weiß darum – auch wenn er selbst letztlich daran gehindert wurde –, daß wir bei aller Hetze und allen Zwängen erst die innere Mitte wiederfinden müssen. Dann erst können wir den vielen Menschen im Alltag wieder wirklich begegnen. Auch in dieser Reisezeit kommt es nicht auf die gefahrenen Kilometer an, sondern ob ich »nach innen« reise – das kann ich auch auf dem Balkon! Also die Bewegung: von außen nach innen!

Wenn ich die Mitte gefunden habe, kann ich neu nach außen, ins tägliche Leben, zurückgehen und sogar noch etwas mitnehmen. Für diesen Bewegungsablauf liegt die Spirale.

1. *(Ein Jugendlicher geht mit einem Teelicht durch die Spirale vor dem Altar.)*
Wir sehen einen *Jugendlichen* auf dem Weg zur Mitte. *Wenn* er sich aufmacht, kann er Jesus finden. Wir haben es in den Lesungen gehört: Jesus ist *die* Mitte und *der* Friede für alle Menschen. Er will der Hirte sein. Für diese Liebe brennt die Osterkerze. Hier kann jeder sein Licht entzünden.
(Jugendlicher entzündet sein Teelicht an der Osterkerze und geht durch die Spirale zurück.)
Jetzt habe ich eine neue Orientierung! Und wenn ich ja zu mir selbst sage, fühle ich mich nicht mehr so gnadenlos gehetzt von allem, was ich leisten soll. Ich bekomme Gespür für falsche Wegweiser. Ich bekomme mehr Mut, gegen den Strom zu schwimmen. Ich kann das Licht meiner Erfahrungen an andere weitergeben.
(Jugendlicher gibt sein Teelicht an einen in der Gemeinde weiter und setzt sich wieder.)

2. *(Ein Erwachsener mit seiner Taufkerze macht sich auf den Weg durch die Spirale.)*
Ein Erwachsener sucht jetzt den Weg nach innen. Immer wieder klopft Gott an die Tür des Herzens – auch bei denen, die meinen, Gott und Kirche hinter sich zu haben. Ein junger Erwachsener will ja zunächst nach außen: Was will er nicht alles erreichen? Und doch spürt er diese Sehnsucht nach der Mitte. Dieser Weg, der sich zunächst zu verengen scheint, führt eigentlich zum Wesentlichen. Es ist wie bei einer Erwachsenentaufe:
(Erwachsener entzündet Taufkerze an der Osterkerze.)
Ich sage ja zu Jesus, dem Licht der Welt. Ich halte meine Taufkerze. Ich werde selbst zum Licht für die Welt: Als alter Adam bin ich losgegangen im Dunkel mancher Blindheit; als neuer Mensch kann ich Licht sein für andere.
(Erwachsener gibt die Taufkerze in die Gemeinde weiter.)

3. *(Eine alte Frau geht mit einem Teelicht in die Spirale.)*
Wir sehen: Eine betagte Frau folgt der Einladung Jesu. Ein kranker oder alter Mensch wird oft so durcheinandergerüttelt, daß er ganz neu anfangen muß. Alles hat sich verengt. Jeder Schritt wird mühsam. Und oft ist keiner da, der ihn in den Arm nimmt oder mitgeht. Es ist schmerzlich, anderen zur Last zu fallen. Nur der Weg nach innen wird zum Ausweg. Hier entzünden wir täglich neu unsere Hoffnung.
(Frau entzündet Kerze an der Osterkerze.)
Dann weiß ich, daß Gott ja zu mir sagt, so wie ich bin. So kann auch ich eher ja sagen zu meiner Gebrechlichkeit und meinen engeren Kreisen. Ich nehme bereitwilliger an, was Gott mir schickt oder andere mir antun. Dann ist auch mein kleines Licht noch wichtig und hell genug zum Weitergeben.
(Frau gibt ihre Kerze weiter.)

4. *(Ein behindertes Mädchen geht mit einem Teelicht durch die Spirale.)*
Ein behindertes Mädchen macht sich auf den mühsamen Weg. Der ist eng und von der Gesellschaft vorgezeichnet. Und es gibt genug Leute auf ihm, die am liebsten von Anfang an solch ein Leben nicht annehmen wollen. In diesem Bereich hat sich die Kirche immer verantwortlich gezeigt. Und eine christliche Gemeinschaft wie hier sollte einen Behinderten in besonderer Weise tragen. Denn aus unserer Mitte ruft Jesus auch heute: »Kommt alle zu mir, die ihr euch plagt! Ich werde euch Ruhe verschaffen!« (Mt 11, 28). Von diesem Licht darf sie sich zuversichtlich anstecken lassen.
(Mädchen entzündet Kerze an der Osterkerze.)
Dann brauche ich kein Mitleid. Ich kann leichter ja zu mir sagen. Mit Jesus fühle ich mich nicht allein. Ich kann andere in ihrem Leid besser verstehen. Dann kann ich mit meinem Licht erst recht anderen Mut und Hoffnung geben.
(Mädchen gibt seine Kerze weiter.)

5. *(Eine Mutter mit Kleinstkind auf dem Arm geht durch die Spirale.)*
Eine Mutter mit ihrem Kind ist unterwegs. Immer, wenn ein neuer Erdenbürger sich meldet, treten große Veränderungen ein. Vorbei das lange Ausschlafen und viele liebgewordene Gewohnheiten. Ich muß einen neuen Weg suchen. Dabei ist die schönste Aufgabe, das Kind auf den Weg zu Jesus zu führen. Dieser Jesus hat einst so ein Kind in die Arme genommen und gerufen: »Wenn ihr nicht werdet wie die Kinder ...«
(Mutter entzündet Kerze.)
Mit diesem Licht von Jesus her verliere ich die Angst vor dieser großen Verantwortung. Ein Kind ist doch viel *mehr* als Last und Überforderung. So kann ich andere ermuntern, auch dieses Wagnis auf ein neues Du hin zu versuchen – weil es Leben in Fülle birgt.
(Mutter gibt Teelicht in die Gemeinde weiter.)

Wir haben gesehen, der Weg in die Spirale nach innen zur Mitte ist für jeden Menschen eine lebenslange Aufgabe. Wer es täglich versucht, kann ganz anders leben. Damit sich dieser Vorgang noch mehr für unsere Sinne einprägt, gehen jetzt noch andere diesen Weg.

(Kinder und Jugendliche gehen bis zur Gabenbereitung einzeln durch die Spirale und entzünden ihre Lichter.)

(Dieser Gottesdienst wurde in Zusammenarbeit mit dem Familienmeßkreis St. Pankratius, D-5010 Bergheim-Paffendorf erstellt und am 17.7.88 im ZDF aus unserer Kirche übertragen.)

83. Gegen die Sinnlosigkeit
(Ein Ring, eventuell für jeden einen Gardinenring)

Lesungen: 1 Joh 4, 16b–21 (Furcht zeigt an, daß die Liebe noch wachsen muß); Lk 15, 11–32 (Gleichnis vom verlorenen Sohn)

Der Ring in unseren Händen (an unserem Finger) erinnert uns an:

1. *einen Kreis:* Ein Kreis, ohne Anfang und Ende, ist ein Symbol für Gott und seine Ewigkeit und unendliche Liebe. In der Sonne steht uns dieser lebenspendende Kreis täglich vor Augen. Wir singen auch zu Jesus voller Vertrauen: »Sonne der Gerechtigkeit« (GL 644) und feiern an Weihnachten eigentlich das »Sonnenwendfest«: Christus, unsere Sonne, hat durch seine Geburt, sein Aufgehen, die Macht der Finsternis besiegt. Er verkündete uns die frohe Botschaft von der Barmherzigkeit des Vaters, die wir eben im Evangelium gehört haben: Der Vater steckt dem zurückgekehrten Sohn den Ring der Versöhnung an den Finger. Das Fest kann beginnen. Das gibt unserem Leben Sinn.

2. *den Bund Gottes mit uns Menschen:* Schon in Gen 9, 12 ist der Regenbogen, ein halber Ring, Zeichen des Bundes Gottes mit uns Menschen. Gott erneuerte ihn mit Abraham, Isaak, Jakob, mit Israel am Sinai, mit David ... In Jesus als Mittler zwischen Gott und den Menschen (Hebr 9, 15; 12, 24) schloß er den Neuen Bund (Lk 22, 20), der in jeder hl. Messe gegenwärtig wird. Das gibt unserem Leben Sinn.

3. *das Zeichen der Treue zwischen Mann und Frau:* »Trage diesen Ring als Zeichen der Treue«, heißt es bei der kirchlichen Trauung. Die fast übermenschliche Forderung, in »guten und in bösen Tagen« bis in den Tod hinein dem anderen die Treue zu halten, wird möglich durch die Zusage Gottes, dabei zu helfen, wenn Er als der Erste in diesen Bund mit hineingenommen wird. Das gibt unserem Leben Sinn.

4. *das Symbol für den ganzen Menschen als Mann und Frau* wie es uns im chinesischen Zeichen des Yang und Yin begegnet: Wer bereit ist, einander zu geben und zu nehmen, zu nehmen und zu geben, erstarkt in echter Partnerschaft zu etwas Ganzem. Doch bei noch so großer Harmonie bleibt die Sehnsucht nach der ursprünglichen Liebe, aus der die menschliche Liebe kommt und zu der alle Liebe zurückkehrt. Das gibt unserem Leben Sinn.

5. *einen Rettungsring:* Jeder »Augenaufschlag« des Geschöpfes an den Schöpfer, jedes Gebet, jeder Gottesdienst, jedes Sakrament ist wie ein SOS-Rettungsring, der uns mit neuem Vertrauen, neuer Liebe ... erfüllen kann. Oft wünschen wir uns auch Menschen als Rettungsringe, an denen wir uns festhalten möchten, wenn wir spüren, daß wir untergehen. Oder wir werden selbst zum Rettungsring für einen anderen Menschen. Das gibt unserem Leben Sinn.

(Dazu eine ausformulierte Bußfeier mit vielen Kurzgeschichten in »3 × 7 Bußfeiern«, Nr. 14.)

84. Die Wahrheit hat verschiedene Seiten

(Zwei große Poster (A und B) mit unterschiedlichen Motiven werden in gleichmäßige ca. 5–6 cm breite Streifen geschnitten und auf ein Leporello geklebt – wie auf der Zeichnung ersichtlich. Ein Betrachter von rechts kann jetzt nur Motiv B erkennen, der von links nur Motiv A.)

Holzschablone zur Verstärkung oben und unten

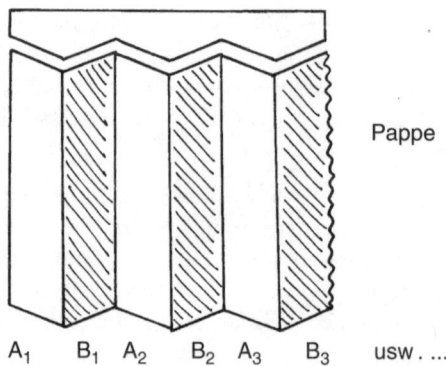

Pappe

A₁ B₁ A₂ B₂ A₃ B₃   usw. ...

Lesungen: Lk 19, 1–10 (Jesus sieht in Zachäus die schlechte, aber auch noch seine bessere Seite und spricht ihn darauf an); Joh 8, 3–11 (Jesus stellt sich nicht gegen, sondern neben die Ehebrecherin und sieht ihre andere, bessere Seite)

Ein Pfarrer hatte ein solch seltsames Bild. Kamen streitende Eheleute zu ihm und war die Angelegenheit – wie meistens – undurchsichtig, weil jeder nur seinen Blick der Wahrheit vor Augen hatte, dann stellte er sie rechts und links neben das Bild und ließ sie das zu Sehende beschreiben. (Pr bittet zwei Kinder herauf, die erzählen, was sie Verschiedenes sehen.) Dann ließ er sie die Plätze tauschen (auch der Gemeinde die verschiedenen Ansichten durch Drehen des Bildes zeigen). Schließlich zog er daraus den Schluß: Wenn jeder von euch auf seinem eigenen Standpunkt bestehen bleibt, werdet ihr ewig streiten. Zu einer Einigung könnt ihr nur kommen, wenn ihr bereit seid, euch auch einmal auf die Seite des anderen zu stellen und *dessen* Ansicht einzusehen.
Wer nur seine eigene Ansicht gelten läßt, wer immer auf seinem Standpunkt beharrt, macht Gemeinschaft unmöglich! Die »Wahrheit« hat meist viele Seiten. (Jetzt können verschiedene Probleme bzw. Standpunkte durchgespielt werden, z.B. Generationskonflikt: Ein Jugendlicher und ein älterer Mensch stellen ihre Ansichten zu einem Problem dar. – Ein Arbeitsloser und ein gutsituierter Bürger. – Schüler und Lehrer. – Strafentlassener und Nachbar.)
Jesus machte nicht mit, wenn sich Menschen gegen andere Menschen stellten. Er stellte sich nicht gegen – sondern neben sie und sah überraschend andere Seiten (vgl. Evangelium). Nur so können Menschen miteinander leben. Nur so kommt »die« Wahrheit ans Licht.

(Dazu ein ausformulierter Gottesdienst von Gerhard Vidal, Frankenthal, in »FaJu«, Febr. 89, »Den Standpunkt ändern«.)

Zur Thematik noch folgende Geschichte:
Zwei Weinprüfer probierten in einem Weinkeller alten Wein aus einem Faß. Der eine glaubte, einen Beigeschmack nach Metall, nach Eisen, zu schmecken, während der andere darauf schwor, der Wein schmecke nach Leder. Sie gerieten darüber in Streit.
Viel später, als das Faß leer war, fand sich auf seinem Boden ein kleiner Schlüssel mit einem ledernen Bändchen daran.

85. Unsichtbare Mauern und Zäune überwinden
(Eine große Drahtschere, eventuell ein Drahtzaun, in den während der Predigt ein Loch geschnitten wird)

Lesungen: Eph 2, 11–22 (Jesus riß durch sein Sterben die trennende Wand der Feindschaft zwischen Juden und Heiden nieder); hier eignet sich – besonders für Familien- und Kindergottesdienste – als »Lesung« sehr gut das moderne

Märchen von Oscar Wilde: »Der selbstsüchtige Riese«, verkürzt und auf zwei Sprecher verteilt in »3 × 7 Bußfeiern«, S. 78f. Lk 9, 51–56 (Jesus, von den ungastlichen Samaritern abgelehnt, verbietet den Jüngern, die Mauer der Vergeltung dagegenzusetzen); Lk 19, 1–10 (Jesus hilft Zachäus, die selbsterrichteten Mauern zu seiner Umwelt abzubauen)

Mit solch einer großen Drahtschere wurden die Grenzzäune durchschnitten, die Ungarn von Österreich und die Bundesrepublik von der DDR trennten. In der Nacht zum 9. November 1989 hat alles angefangen, was Europa noch heute verwandelt. Das war schon toll. Doch noch viel schwieriger erscheint es, die unsichtbaren Zäune und Mauern zu beseitigen, weil viele sie gar nicht bemerken. Darum versuche ich erst einmal, die Augen dafür zu öffnen:

1. *Sehen:* Mauern entstehen durch Worte, wenn es heißt: »Wohnung zu vermieten an ruhiges Ehepaar – ohne Kinder.« Oder wenn ihr, Kinder, beim Spiel einem Hinzukommenden sagt: »Wir sind schon genug!« – Da wachsen unsichtbare Zäune und Grenzen!
Es gibt auch die unsichtbaren Mauern des Wohlstandes: Wir umgeben uns mit tausend Dingen, aber unsere Seele verhungert, weil uns nicht Dinge, sondern nur Menschen glücklich machen können. Außerdem setzen wir oft noch einen zusätzlichen Zaun, wenn wir sehen, daß sich einer alles leisten kann: den Zaun des Neides. – Oder wir errichten eine Mauer der Vorurteile. So hieß es bei uns, als eine neu zugezogene Familie aus der DDR schöne Gardinen an den Fenstern ihrer Wohnung hatte: »Da sieht man, wie gut es denen geht und wie die bevorzugt werden!« Daß eine Nachbarin sie vielleicht geschenkt hatte oder ein Sonderangebot äußerst günstig lag – das interessiert gar nicht; Hauptsache, das Vorurteil stimmt.
Ebenfalls durchziehen unsere Pfarreien unsichtbare Zäune und Mauern (hier muß auf das Lokalkolorit eingegangen werden: Gibt es Zäune zwischen dem Ober- und Unterdorf, zwischen dieser Straße mit Sozialschwachen und jener mit gutsituierten Bürgern; zwischen diesem Dorf oder Stadtteil der Pfarrei und jenem ...?). – Mit dieser Drahtschere möchte ich auch das Autoritätsdenken in der Kirche oben und unten zerschneiden – oder noch mehr die Zäune zwischen katholischen und evangelischen Christen. Ich träume davon, daß wir wieder einmal gemeinsam Eucharistie feiern können und Ökumene schneller fortschreitet. Das Wunder, das die Berliner Mauer fallen ließ, könnte doch auch innerhalb der Kirche möglich werden!?

2. *Urteilen.* Wenn wir jetzt einige unsichtbare Mauern und Zäune bemerkt haben, dann geht es ans Beurteilen. Da hat uns das moderne Märchen vom selbstsüchtigen Riesen schon etwas die Augen geöffnet. Denn hinter seinen Mauern verkümmert und vereinsamt der Riese, ja die Kälte dringt bis an sein Herz. Erst die

unbekümmerten Kinder lassen ihn mit der Brechstange das einzig Richtige tun, er erwacht aus seiner Verkrampftheit und Starre ... Jesus ist unser eigentliches Vorbild: Er überwand die Mauern der Tradition und Vorurteile, indem er zum Beispiel die Liebe über den Sabbat stellte, Zachäus aus seiner Isolation holte und besonders auf die »Randsiedler« der Gesellschaft zuging. Er sah die Menschen in ihren selbstgezimmerten Gefängnissen und verkündete ihnen die frohe Botschaft: Gott will solche Gitterstäbe nicht. Durch seinen Tod und seine Auferstehung hat er sogar eine Bresche in die Mauer des Todes geschlagen und uns den Weg in ein neues Leben geöffnet.

Im Evangelium hörten wir vom verweigerten Quartier in Samaria, weil er nach Meinung der dortigen Gläubigen auf dem »falschen« Weg zum Heiligtum nach Jerusalem war. Wie verhält sich Jesus bei dieser noch aus religiösen Gründen scheinbar unüberwindlich hohen Mauer? Er verbietet es seinen Jüngern, eine weitere Mauer, die des Hasses und der Rache dagegenzusetzen und Feuer vom Himmel regnen zu lassen. Jesus geht geduldig weiter; bei solchen Mauern kann er geduldig warten.

3. Sehen – Urteilen – *Handeln*. Erwartet jetzt keine Rezepte! Aber das Handeln beginnt damit, über einen anderen nicht zu lachen oder den Kopf zu schütteln. Das Handeln fängt mit dem Zuhören an oder mit dem Signal: Ich nehme dich ernst – so wie du bist und denkst ... Vielleicht sollten wir uns einmal *auf* die Mauer setzen, die der andere ja auch zu seinem Schutz errichtet haben kann.

Bei einem Treffen mit Alleinerziehenden wurde die Information weitergegeben, daß es zwar viele alleinerziehende Väter und Mütter gibt, sich aber nur 1% überhaupt solidarisiert oder Hilfe erbittet. Es paßt ja nicht in unsere Leistungsgesellschaft, sich helfen zu lassen und damit das eigene Unvermögen einzugestehen. Eher gehen sie an ihrer Situation zugrunde ... Viele Pfarreien geben Telefonnummern an, unter denen Babysitter usw. angefordert werden können, aber selten macht jemand Gebrauch davon. Den ersten Schritt muß immer ein Betroffener selbst tun, sonst kann ihm nicht geholfen werden. Wir aber, die vorsichtig sein müssen, weil wir auch nicht genau wissen, ob wir uns mit Zäunen umgeben haben, wir können nur leise – wie mit dieser Drahtschere – den Draht hier und da zerschneiden.

(Dazu ein ausformulierter Gottesdienst in »FaJu«, Mai 90, vom Familienmeßkreis St. Pankratius, Bergheim-Paffendorf.)

Verschiedenes

86. Der Wert einer Bibel
(Bibel oder Evangeliar)

Lesungen: vom Tage

Wenn der Priester im Gottesdienst das Evangelium verlesen hat, beugt er sich nieder und (--- ?) küßt den ersten Buchstaben des vorgelesenen Wortes Gottes. In vielen Kirchen wird das Evangeliar vom Priester erhoben in den Gottesdienst getragen als Zeichen der Hochachtung vor dem Wort Gottes. Es wird durch Kerzen herausgehoben, und im feierlichen Hochamt beweihräuchert der Priester sogar das »heilige« Buch, bevor er mit dem Verlesen der frohen Botschaft beginnt.
Das alles sind Zeichen der Ehrfurcht vor dem Wort Gottes, d.h. diese heiligen Worte ehren und fürchten wir und erheben sie über alles.
Haben wir eine Bibel zu Hause? Wie gehen wir damit um? Einen Menschen nicht beachten, wie Luft behandeln, ihn vielleicht sogar wie unerwünscht anschauen, das ist das Schlimmste, was wir ihm antun können! Und wenn wir zu Hause die Bibel wie Luft behandeln, sagt das nicht eine Menge über unseren Bezug zur Frohen Botschaft Gottes aus? Darum möchte ich euch ein Ereignis aus dem vorigen Jahrhundert erzählen, das – so ist es verbürgt – wirklich stattgefunden hat:
Im Bergischen Land herrschte um 1820 in Witzhelden bittere Not durch Kriegseinfluß und zwei schwere Mißernten. In der jungen Ehe eines armen Schusters schlief das älteste Kind mit den Eltern im einzigen Bett, das zweite Kind lag noch in der Wiege, stieß aber oben und unten schon an. Das dritte war unterwegs. Als ein Ausrufer die Versteigerung einer Gaststätte ankündigte, kratzte der Schuster seine ganzen Ersparnisse zusammen, 17 Taler, und ging zur Gastwirtschaft, die er sonst nie von innen sah. Betten waren reichlich da, aber zuerst wurde eine alte, riesige Bibel versteigert. Die meisten Anwesenden, die nicht allzuviel von Gott und der Kirche hielten, waren bereits angetrunken und lachten und spotteten, als die Bibel aufgerufen wurde. Dann bot ein Kaufmann fünfzehn Groschen – er brauchte Einwickelpapiere! Das Herz des gläubigen Schusters krampfte sich zusammen: Hier wurde über das Buch gespottet, das er so sehr liebte, in dem er jeden Abend las! Und er bot einen Taler dagegen. Unter Lachen und Witzen trieben die Leute den Preis hoch, um dem frommen Schuster eins auszuwischen. Schließlich bot jemand 16 1/2 Taler, der Schuster setzte 17 dagegen. Er bekam den Zuschlag und nahm still die Bibel und ging nach Hause – ohne Bett.
Der Haussegen hing schief, zumal seine Frau nicht an Gott glaubte. Als er abends aus der neuen Bibel vorlesen wollte, ging sie aus dem Zimmer ... Am nächsten Morgen erschien in aller Frühe ein Müller aus der Nachbarschaft – mit einem Bett! Er

hatte seiner Frau am Abend die ganze Geschichte erzählt, und die hatte ihm gehörig den Kopf gewaschen. Sie gab nicht eher Ruhe, bis er das überflüssige Bett aus der Gesindestube hinübergetragen hatte. »Nimm das Bett bitte«, sagte er zum Schluß, »sonst bekomme ich keine Ruhe!« Des Schusters Frau, die inzwischen hinzuge- kommen war, schaute ihren Mann an und der sie. Dann ging sie hinaus – mit Tränen in den Augen. Und das Bett wurde abgeladen und in der Kammer aufgestellt. Happy end! Aber – so erzählt die Begebenheit zum Schluß – es erfüllte sich dabei ein Wort, das in der Bibel steht: »Befiehl dem Herrn deinen Weg, und vertrau ihm; er wird es fügen!« (Ps 37, 5).

(Im Todesjahr ihres Mannes, den die Frau um 21 Jahre überlebte, kam sie übrigens zum Glauben an Christus.)

Das heilige Buch mit den Worten Gottes achten und ehren, über alles erheben – das heißt auch, Ehrfurcht haben vor Gott. Und das wird uns nie reuen!

(Der Original-Wortlaut der Geschichte steht in »KiBö«, Nr. 89–4, S. 27.)

87. Die Predigt eines Hundes
   (Ein größerer Stoffhund)

Durch den Kunstgriff mit dem Hund sollen den Zuhörern Grundaussagen der Bibel klarer werden, auch die des heutigen Evangeliums: Jesus kam, um *alle* Menschen zu retten.

Lesung: Mt 15, 21–28 (ähnlich Mk 7, 24–30: Aber selbst die Hunde bekommen von den Brotresten; 20. So i. J., Lesejahr A)

Wenn ihr leise und aufmerksam seid, könnt ihr verstehen, was dieser Hund uns heute sagen will ... (eventuell auswählen):
Ja, ich habe mich hierher gewagt, weil mein Name heute zweimal im Evangelium vorkam; allerdings nur mit Herzklopfen, denn es könnte ja einer sagen: »Was will so ein ›blöder Hund‹ hier«! Doch wir Hunde sind nicht dumm: Wir sind das älteste Haustier und haben nicht nur in den Bergen schon manches Leben gerettet. Unsere tolle Nase hat schon viele Übeltäter aufgespürt, ja, wir besitzen so etwas wie den siebten Sinn und erspüren manchmal früh genug, was auf ein Haus und seine Bewohner Schlimmes zukommt, und warnen die, denen wir vertrauen. Nein, wir sind nicht dumm: Wenn wir draußen einen anderen Hund beschnüffeln oder anbellen, dann geben wir immer blitzschnell all unsere Informationen weiter; des- halb kenne ich mich bei meinen Vorfahren aus – bis in die Bibel hinein.
Aber darüber wollte ich ja erzählen, wo in der Bibel Hunde vorkommen und wo nicht. Zuerst haben wir Hunde uns wahnsinnig darüber geärgert, daß keiner dabei war, als Jesus geboren wurde. Schafe waren da, der Esel, der Ochs, mit den Königen kamen wohl auch Dromedare, aber von Hunden ist keine Rede. Dabei hätten wir

doch dahingepaßt, weil dieser Jesus später so oft gesagt hat: »Seid wachsam!« Und das sind wir doch! – Der einzige Trost ist der Gedanke, daß die Hirten mit ihren Schafen vielleicht auch einen Hund mitgenommen hatten. Denn in *jener* Nacht brauchten sie uns nicht bei den anderen Schafen zurückzulassen. Es gab nichts zu bewachen, selbst mein Vetter, der Wolf, hatte in dieser Nacht stumpfe Zähne. Darum finde ich es schön und richtig von euch, daß ihr uns manchmal an eure Krippe zu den Schafen setzt. (Zudem sind wir Hunde ja auch etwas aufgewertet worden, weil einer von uns auf dem Misereor-Hungertuch von 1990 aus Indien zu sehen war!)

Nicht nur an einer Stelle kommen wir in der Bibel vor. Erinnert ihr euch? Da liegt der arme Lazarus hungernd vor der Tür des Reichen und hätte gerne seinen Hunger mit dem gestillt, was vom Tisch der Satten herunterfiel. Aber keiner gab es ihm. Da haben wenigstens wir Hunde uns seiner erbarmt und den Eiter von seinen Geschwüren abgeleckt (Lk 16, 21). Vielleicht zuckt ihr jetzt etwas zusammen, aber das hat ihm nicht weh getan; unser Speichel ist so sauber und hygienisch, daß er auf den Wunden des Bettlers wie eine gute Arznei wirkte – wir lecken ja auch *unsere* Wunden und heilen sie auf diese Weise.

Einer meiner Urahnen hat die Geschichte von dem Sohn beobachtet, der in kurzer Zeit seinen ganzen Erbteil in Wirtschaften durchgebracht hat. Als der »auf den Hund gekommen war« – entschuldigt, auf die Schweine –, da ging er voller Reue mit gesenktem Kopf wieder nach Hause zu seinem Vater. Und stellt euch vor, der hat ihn nicht geohrfeigt oder ausgeschimpft, der hat ihn voller Mitleid in die Arme genommen und vor Freude geküßt (Lk 15, 20). Seitdem ich das weiß, bin ich davon überzeugt, daß auch der Vater im Himmel alle Menschen liebt, und die am meisten, die von falschen Wegen wieder zu ihm zurückkehren wollen.

Deshalb kam für mich auch nicht überraschend, was da heute im Evangelium geschrieben stand: Da wollte die Frau aus dem Ausland doch, daß Jesus ihre kranke Tochter heilt. Aber der weist sie ziemlich schroff ab und sagt: »Ich nehme das Brot nicht den Kindern weg – damit meint er sein Volk Israel – und werfe es den Hunden, den Heiden, den Ausländern vor!« Da mußte ich zwar schlucken, als ich das hörte. Das war ein »dicker Hund«, was Jesus da sagte. Aber die Frau läßt nicht locker, sie hat einen ganz großen Glauben in diesen Jesus und antwortet: »Ja, du hast recht. Aber selbst die Hunde bekommen von den Brotresten, die vom Tisch ihrer Herren fallen. Da kannst du uns Heiden auch nicht ganz leer ausgehen lassen!« Das saß. Was eine Mutter nicht alles für ihr Kind wagt! Da war selbst Jesus baff und hat das Mädchen geheilt. – Eigentlich wurde schon an der Krippe klar, als diese Ausländer, diese Heiden aus dem Morgenland, das Kind in Betlehem fanden, daß Jesus in die Welt gekommen war, um *alle* Menschen zu retten. So einer ist Jesus!

Ja, ich könnte euch noch viel von damals erzählen, als Hunde dabei waren, auch wenn die Bibel sie nicht immer erwähnt. Ihr seid doch auch überzeugt davon, daß der junge David nicht ohne einen Hund von der Herde bis an die Front zu seinen

Brüdern gegangen ist ... Aber ich will euch hier nicht langweilen; ich weiß auch nicht, wie lange hier die Predigten sonst dauern. Vielleicht noch die eine Begebenheit: Als der junge Tobias von seinem Vater Tobit auf die lange Reise zu seinen Verwandten geschickt wurde und natürlich auch einen Hund mitnahm, hat mein Urahn sofort gesehen, daß Tobias' Reisegefährte Rafael ein Engel war. Für das Besondere haben wir eben eine Spürnase, auch wenn keine Engelflügel zu sehen waren.

Apropos Flügel: Im Himmel brauchen auch wir Hunde keine Flügel, wenn wir mit euch einmal gemeinsam Gott loben und preisen. Keine Angst, da wird es nicht zu eng, wenn all die Tiere teilnehmen dürfen an der Herrlichkeit des Himmels. Das ist ja kein Problem des Raumes! Endlich hat das euer Papst mal ganz klar gesagt: Jesus hat die *ganze* Schöpfung erlöst, nicht nur alle Menschen.

Vielleicht klingt bereits jetzt unser Bellen Gott angenehmer in den Ohren, als wenn ihr bei den Liedern nur die Lippen und die Zunge bewegt, aber mit dem Herzen ganz woanders seid. Denn was *wir* anfangen, das machen wir mit ganzem Herzen! So, das soll für heute genügen. Vielleicht sehen wir uns einmal wieder. Vor allem aber vergeßt nicht: Jesus ist gekommen, um *alle* Menschen zu retten. Und uns Tiere auch!

(Zuerst veröffentlicht in »PuK«, 5/90, S. 562–565.)

88. Ich, der Fisch
(Ein großer ausgeschnittener Fisch)

Lesungen: Mt 4, 18–22 (ähnlich Mk 1, 16–20; Lk 5, 1–11; Joh 1, 35–51: der reiche Fischfang); Mt 14, 13–21 (ähnlich Mk 6, 31–44; Lk 9, 10–17; Joh 6, 1–13: Speisung der Fünftausend)

Auf folgende originelle Art sollen die Kinder ihr Bibel- und Katechismuswissen einbringen!

Gefällt euch dieser Fisch hier? Ihr wißt, Fische sind stumm. Aber dieser kann denken. Und weil er ein besonderer Fisch ist, könnt ihr auch hören, was er denkt – wenn ihr ganz still seid!

(Jetzt spricht nur noch der Fisch – durch Pr:) Ich fühle mich wohl wie ein Fisch im Wasser, d.h. früher schmeckte mir das Wasser besser, vielleicht schüttet ihr mal weniger von eurem Schmutz hinein; einige meiner Artgenossen sind schon eingegangen!

Ich möchte euch meine biblischen Erlebnisse erzählen. Kennt ihr welche, in denen Fische eine Rolle spielen? (---: Was die Kinder nennen, kann später entfallen.)

Vor langer Zeit hat einer von meiner Rasse, ein riesiger Fisch, einen Propheten namens Jona verschluckt! Die Geschichte kennt ihr? (---) Der hat sich im Fischbauch sicher nicht wohlgefühlt, aber mein Vorfahre war auch froh, als er den Mann wieder los war: Propheten sind nämlich schwer verdaulich; die liegen ganz schön im Magen!

Mit den Fischern am See Gennesaret haben wir Fische unterschiedliche Erfahrungen gemacht. In einer Nacht haben wir ihnen mal ein Schnippchen geschlagen: Keiner von uns ließ sich fangen. Allerdings, als Jesus eingriff, konnten wir nicht mehr viel machen. Ja, das war zu der Zeit, als die Fischer ihren Beruf wechselten: Sie wurden Menschenfischer.

In der Wüste haben sich alle sehr gewundert, was durch Teilen, immer wieder Teilen, alles möglich wird: Von nur fünf Broten und zwei Fischen wurden über fünftausend Männer satt, die Frauen und Kinder nicht mal mitgerechnet. Allerdings hatte Jesus wieder seine Hand im Spiel ...

Ach ja, das wollte ich euch eigentlich als Wichtigstes erzählen: Mein griechischer Name weist auf Jesus selbst: Ichthys. Das heißt übersetzt: »Fisch« = die Anfangsbuchstaben von Jesus Christus, Gottes Sohn, Heiland. Ist das nicht toll? Ich, der Fisch, bin ein Erkennungszeichen für Christus und seine Auferstehung! Deshalb haben die ersten Christen, als sie verfolgt wurden, mich zum Geheimzeichen gemacht: Wenn einer meinen Kopf aufmalte und ein anderer Unbekannter ihn mit der Schwanzflosse ergänzte, dann wußten die beiden ohne jedes gefahrbringende Wort: Sie sind Christen. Und mein spitzer Kopf war wie ein Pfeil, der die Richtung in die Katakomben anzeigte, in denen sie sich heimlich trafen. Das waren damals mutige Christen! Manche, die aufgefallen sind, büßten dafür mit dem Leben. Wie steht es dann mit eurem Mut als Christen? Schon oft auf Tauchstation gegangen?

Auf manchem Taufbrunnen könnt ihr mich im Stein erkennen. Ja, seit der Taufe schwimmt ihr alle als Fische um den »Jesusfisch«. Ihr malt ja manchmal die Swimmygeschichte: Die vielen kleinen Fische sind stark, weil sie zusammenhalten. Bei einem solchen Swimmy würdet ihr Jesus am besten als Auge malen, denn er kennt den Weg zu Gott Vater, zum Ziel – durch all die gefahrvollen Gewässer dieser Welt, in denen die großen Fische, wie Haie, aber auch die Kraken und giftigen Pflanzen auf uns lauern.

Wir Fische überlebten damals die Sintflut, obwohl wir nicht in die Arche brauchten; ja schmunzelt nur: Wir hatten sie ja nicht nötig. Wenn ihr euch ganz eng an den »Jesus-Fisch« haltet, überlebt auch ihr die Sintflut, die im Tod auf jeden Menschen wartet.

Danke, daß ihr mir so gut zugehört habt. Jetzt will ich wieder stumm sein wie ein Fisch.

(Leicht verkürzt und verändert nach Theodor Glaser, Vom Himmel auf Erden, Fromme Bilder für das Leben, Rosenheimer Verlagshaus, Rosenheim 1987, S. 70–73.)

89. Die Gemeinde zum Klingen bringen
(Eine Harfe, notfalls eine Gitarre)

Lesungen: Num 11, 24–30 (Würden doch alle vom Geist Gottes erfaßt! Vers 29);
1 Kor 3, 5–9 (Wir sind nur Gottes Mitarbeiter); Mt 5, 14–16 (Die Stadt auf dem
Berge)

Ein(e) Harfenspieler(in) könnte während der Predigt durch meditatives Spiel den nötigen
Raum schaffen, um das Gesagte wirken zu lassen.

Diese Harfe darf ich mit Ihnen, liebe Gemeinde, vergleichen:
1. Viele »Saiten« sind nötig, damit überhaupt auf ihr gespielt werden kann. Vor mir
   in der Kirche sehe ich auch kleine und große »Saiten«, genug, um eine Harfe
   damit zu bestücken. Sind Sie auch bereit, sich »einspannen« zu lassen, oder
   erfreuen Sie sich mehr am Zuhören? Doch wenn es nicht genügend Mitarbei-
   ter-»Saiten« gibt, die sich einspannen lassen, die mitmachen wollen, woher soll
   die Harmonie, die verzaubern soll, kommen? – (Spiel)
2. Die »Harfe« ist nicht für den Priester gebaut worden – eine Gemeinde ist nicht
   für den Pfarrer da. Die »Harfe« ist meist ein kostbares, altes Erbstück, das längst
   vor ihm entstand und ihn auch überdauern wird. Der Pfarrer darf nur eine Zeitlang auf ihr spielen und sie nicht als seinen Besitz betrachten. Ein anderer ist Stif-
   ter und Eigentümer (vgl. Lesung 1 Kor: Jesus selbst.) – (Spiel)
3. Eine Harfe mit so vielen verschiedenen Saiten zum harmonischen Klingen zu
   bringen, ist schwer. Kein Spieler, kein Seelsorger, bekommt sie jemals ganz in
   den Griff. Es gehört zur hohen Kunst eines Seelsorgers und erfordert viel
   »Taktgefühl«, die einzelnen verschiedenartigen Saiten der Gläubigen so zum
   Klingen zu bringen, daß andere angelockt werden, daß die christliche Gemeinde
   zur »Stadt auf dem Berge« wird (vgl. Evangelium). Dabei haben wir in der
   Lesung gehört (Num 11, 29), daß sich in jeder Saite, in jedem Menschen, der
   Heilige Geist offenbaren kann. – (Spiel)
4. Das »Nachstimmen« der Saiten erfordert viel Arbeit und Mühe: Kein Pfarrer hat
   das »absolute Gehör«; er braucht eine Menge Mitarbeiter, ja manchmal »Mit-
   Hirten«, die ehrlich und offen ihre Meinung einbringen, damit die Harmonie der
   Harfe am Wort Gottes ausgerichtet bleibt.
   Zudem ist es nicht leicht, für gerissene, langgediente und alt gewordene Saiten
   neue einzuziehen. Das erfordert immer wieder Fingerspitzengefühl und gute
   Berater. – (Spiel)
5. Schließlich wäre es dann schön, wenn aus den vielen Saiten eine Melodie hervor-
   gezaubert würde, die zum Lobe Gottes und zur Freude der Menschen beiträgt:
   aus den vielen Saiten der Gemeinde, die froh sein dürfen und traurig, übermütig
   und zweifelnd, stark und schwach, bescheiden und stolz, klug und weniger klug

– so wie wir alle gerade sind. Die Harmonie kann uns dann zu neuen Ufern weitertragen ... Laßt uns darum beten. – (Spiel)

(Stark verkürzt und verändert nach Alfons Klotz in »PuK«, 5/89, S. 628 f.)

90. Im Zeichen des Fisches
(Eine Angel mit Schnur, ein kleines Fangnetz und ein »Fisch«)

Lesungen: Mt 17, 24–27 (Im Maul des geangelten Fisches befindet sich das Geld für die Tempelsteuer); Lk 24, 36–42 (Er aß ein Stück gebratenen Fisch); Joh 21, 1–14 (Das Netz war mit 153 großen Fischen gefüllt)

Diese drei Gegenstände lassen Ihr Anglerherz sicher höher schlagen. Ich darf sie einmal symbolisch auf einer »anderen Ebene«, der christlichen, deuten:
1. Wer heute Familie hat, muß sich bemühen, Frau (Mann) und Kinder »an der *Angel*« zu halten. Ja, manchmal kommt das menschliche Herz einem Ozean gleich – so tief ist es. Dann muß die *Schnur* so lang sein, daß sie bis auf den Grund des Herzens der uns Anvertrauten reicht. Wieviel Faden fehlt manchmal Ihrer Angelschnur, obwohl Sie glaubten, das Gewässer der Familie zu kennen? Stehen wir in der Gefahr, daß uns einer davonschwimmt?
2. In Jesus hat Gott die Angel ausgeworfen, damit wir an diesem Liebesangebot »anbeißen«. Wenn wir dazu bereit sind, kann er uns aus mancher dunklen Tiefe der Schuld und Ängste heraufholen in das Licht seiner Gegenwart. Seit der Taufe können wir mit Jesus und hinter ihm her zum Vater schwimmen. Ja, der *Fisch* war das Geheimzeichen der ersten Christen (vgl. in diesem Buch Nr. 88): Christus selbst war dieser Fisch (hier paßt auch der Swimmy-Gedanke hin; vgl. Nr. 22 in diesem Buch).
3. Christus hat die Jünger zu Menschenfischern berufen. Im Evangelium (Joh 21, 11) hörten wir, daß das *Netz* mit 153 großen Fischen gefüllt wurde. 153 Fischarten waren damals am See Gennesaret bekannt; die Aussage bedeutet soviel wie: *Alle* Menschen sollen in die Netze Gottes eingebracht werden.
4. Zunächst waren die Jünger nicht leicht von der Auferstehung Christi zu überzeugen. Jesus tadelt sie wegen ihrer Ängstlichkeit mit den Worten: »Warum laßt ihr in eurem Herzen solchen Zweifel aufkommen?« (Lk 24, 38). Er zeigte ihnen seine Hände und Füße und forderte sie auf, sie anzufassen. Aber sie konnten es vor Freude – oder war es nur fromme Umschreibung des Evangelisten? – immer noch nicht glauben: Da ließ er sich ein Stück gebratenen Fisch geben und aß es vor ihren Augen. Ein *Fisch*, der die letzten Zweifel, die ja auch in uns sitzen, nehmen soll!

(Hier flossen Gedanken ein von Helder Camara und Paulus Terwitte.)

91. Eine verschworene Gemeinschaft
(Ein Fußball)

Lesungen: Apg 2 (Pfingstbericht); Apg 2, 43–47 (Wie die Urgemeinde zusammenhielt); 1 Kor 12, 12–28 (Ihr bildet alle zusammen den Leib Christi); Kol 3, 12–15 (Ertragt euch und vergebt einander); Joh 17, 20–23 (Alle sollen eins sein)

1. Ihr seht, dieser Fußball ist aus vielen Lederstücken zusammengesetzt: Sie müssen untereinander alle sauber vernäht sein, sonst ist der richtige Zusammenhalt nicht gewährleistet, und die innere Blase wäre gefährdet. Ihr ahnt, auf was ich hinaus will: Eine Fußballmannschaft, die beim Weltmeisterschaftsturnier erfolgreich sein will, darf nicht aus elf einzelnen Spielern bestehen, in der sich jeder profilieren will. Der Mannschaftsgeist zählt, die verschworene Gemeinschaft. Da darf der eine den anderen nicht »über« haben, sondern muß bereit sein, den Ball abzugeben, wenn der andere günstiger steht ... (aktuelle positive oder negative Beispiele einfügen.)
Dieses Bild trifft auf jede Gemeinschaft zu: Auf jeden Teil kommt es an, und der Zusammenhalt der vielen Teile muß gewährleistet sein, wenn sich ein »Erfolg« einstellen soll.

2. »Alle sollen eins sein«, haben wir im Evangelium gehört. Und hier darf ich etwas zur »inneren Blase« des Balles sagen, die mit genügend Luft aufgepumpt sein muß. Diese Luft, diese Kraft von außen, die in den Ball gefüllt wird, bedeutet Gottes Heiligen Geist: Er will uns mit Freude, Begeisterung, Kraft und Ideen erfüllen (vgl. Lesung), *wenn* wir uns öffnen für sein Wirken.

(Bis hier frei nach Werner Eizinger, Schülergottesdienste im Kirchenjahr. 36 Modelle mit Spielszenen, Verlag Friedrich Pustet, Regensburg 1987, S. 48; vgl. »KiBö« Nr. 88–1, S. 16.)

3. Wenn der »christliche Fußball« die Welt erobern soll, dann kommt es auf alle Teile der christlichen Konfessionen an. Es gibt über 300! Eigentlich ein Skandal; aber im Gebet, in der christlichen Gottes- und Nächstenliebe, in der Bibel, in wenigstens zwei Sakramenten (Taufe, Abendmahl), im Glauben an die Auferstehung Christi und damit an das Weiterleben nach dem Tod haben wir solide Fäden, die alle »Lederteile« miteinander nahtlos verbinden können. (Wir sehen auch auf dem Fußball keine Naht.) Der Gegner ist mächtig: Er hält alles für machbar, baut nur auf die eigenen Kräfte und lehnt »Übernatürliches« ab. Darum darf es in der Missionierung unserer Welt keine Hakeleien mehr zwischen den christlichen Konfessionen geben, sonst geraten wir ins »Abseits«.

4. Die Lederteile des Fußballes müssen gepflegt werden, wenn er lange halten soll. Das Öl, das uns pflegt und stark macht, ist das Gebet; der Sonntag, der uns in der Freude über den Auferstandenen zusammenführt, der Empfang der Sakramente, in denen wir ganz eng mit unserem Mannschaftskapitän verbunden werden. Besonders die Sakramente Taufe und Firmung, die uns in die Mannschaft Jesu aufnahmen, werden mit Öl gespendet.
5. Nicht nur beim Friedensgruß können wir zeigen, daß wir schon eine verschworene Mannschaft sind: Wir müssen zusammenhalten, denn wenn nur an einer Stelle zwischen den Lederteilen eine Naht aufplatzt, ist die »innere Blase« gefährdet. Dann kann schnell die Luft 'raus sein ...

Dieser Ball kann also Wesentliches über unsere christliche Gemeinschaft aussagen.

Andere Idee

Unser Leben – wie im Zirkus
(Ein Zirkus am Ort – das aktuelle Ereignis aufgreifen und ein Plakat oder etwas von den aufgezählten »Gleichnissen« mitbringen)

Lesungen: 1 Joh 4, 7–12.20 f (Gottes- und Bruderliebe); Mt 22, 35–40 (ähnlich Mk 12, 28–34, Lk 10, 25–28: Worauf es ankommt in der »Arena des Lebens«). Es sind auch andere Evangelien je nach Akzent denkbar, z.B. zum Stichwort »Vertrauen« bei Nr. 2.

Da im Fernsehen regelmäßig Übertragungen aus einem Zirkus auf dem Programm stehen, kann diese Predigt zu allen Zeiten aktuell sein.

Unser Leben gleicht ...
1. *einem Balance-Akt* – wie ihn die Drahtseil-Akrobaten zeigen. Wir geraten leicht aus dem Gleichgewicht, wenn Schwankungen des Lebensseiles uns in die Gefahr des Absturzes bringen ... – Wie der Akrobat müssen wir gut aufpassen, wohin wir unseren Fuß setzen, damit wir nicht den Halt verlieren.

2. *einem Trapezkünstler in der Kuppel* – ohne Netz und doppelten Boden: Einer fängt und hält den, der Saltos macht und durch die Luft fliegt. Es gehört zum täglichen Training dazu, im richtigen Moment zu fangen. Vor allem gehört das Vertrauen dazu, daß der Fangende zugreifen und festhalten wird. – Bei unseren täglichen »Saltos« brauchen wir auch das Miteinander, Gemeinschaft, Menschen, die uns halten und auf die wir uns verlassen können.

3. *einem Jongleur,* der mit Leichtigkeit Bälle wirft und fängt oder Hüte und Teller balanciert. – Unser Leben mit dieser Leichtigkeit zu meistern, erfordert immer wieder, neu anzufangen. Und geht etwas daneben, lassen wir den Mut nicht sinken, stellen unsere »innere Balance« wieder her und machen das Beste daraus.

4. *einem Clown,* der Menschen zum Lachen und Träumen bringt und *zuletzt* die Lacher auf seiner Seite hat. So können auch wir hin und wieder – jeder auf seine eigene Art und Weise – andere verzaubern: durch ansteckende Fröhlichkeit, zärtliche Gesten, liebe Worte oder eine helfende Hand.

5. *einem Zirkusdirektor,* der sich um die kleinen und großen Probleme seiner Artisten kümmert, der organisiert und plant, damit sich bei seinem bunten Programm alle wohlfühlen.
So ist jeder von uns in seiner kleinen Arena verantwortlich, zu organisieren und zu planen, um andere aus manchen Alltagssorgen herauszuholen, damit wir miteinander Freude haben.
Und der ganz große Zirkusdirektor – entschuldigt, wenn ich damit jetzt Gott meine – bietet uns seine vielfältige, phantastische Schöpfung an und sagt: Freut euch an ihr, erholt euch in ihr, aber sorgt auch für sie, damit ihr Zauber nicht zerstört wird. Er hat uns sogar seinen Sohn gesandt mit einer frohen, glücklich machenden Botschaft, die auf den Punkt gebracht lautet: Gott liebt dich! Für all das danken wir jetzt in der Eucharistiefeier ...

(Pfarrei St. Theresia, D-4000 Düsseldorf 13, leicht verkürzt und verändert.)

Weiterer Gedanke: Wie ein Dompteur sein, der manchmal in Schach halten muß ... Hier passen auch verschiedene Lieder; z. B. aus: »Nehmt Abschied, Brüder ...«, die Strophe: »... Schließt den Kreis, das Leben ist ein Spiel ...« oder aus »Mich brennt's in meinen Reiseschuh'n ...«: »Und keiner kennt den letzten Akt, von allen, die da spielen. Nur, der da oben schlägt den Takt, weiß, wo das hin will zielen.«

Schulbeginn

92. Gott legt das Maßband um das Herz
(Ein Maßband von 1,50 m, wie es SchneiderInnen benützen)

Lesungen: Mt 18, 1–4 (ähnlich Mk 9, 33–35: Der Rangstreit der Jünger)

Jetzt beginnt wieder die Jagd nach guten Noten, wenigstens für die oberen Klassen. Das Maßband wird um den Kopf gelegt (Pr legt das Maßband wirklich um seinen Kopf)! Selbstverständlich ist das Lernen wichtig. Auch die Bibel fordert uns dazu auf, mit unseren Talenten zu arbeiten. Aber etwas ist noch wichtiger, und davon will ich euch erzählen:
Wenn ihr sehr alte Leute im Dorf (oder in der Stadt) fragt, dann können die euch noch berichten, daß es früher keine Wasserleitungen gab. Da konnte man nicht einfach den Wasserhahn aufdrehen, sondern man ging zu den verschiedenen Brunnen im Ort. Dort wurde gepumpt, und es bedurfte einer gewissen Mühe, um die Kanne, den Krug oder den Eimer mit frischem Wasser zu füllen. Es war sehr anstrengend, einen Eimer voll Wasser nach Hause zu tragen! Das Wasserholen hatte aber auch einen Vorteil: Die Leute trafen sich öfter und sprachen mehr miteinander: »Ach, sind Sie wieder gesund?« – »Stimmt es, daß die Familie sich vergrößert?« – »Gestern sind beim Gewitter im Nachbardorf alle Keller voll Wasser gelaufen ...« Der Gesprächsstoff ging nie aus.

So wird erzählt – es hätte auch hier bei uns passieren können –, daß drei Frauen mit ihren gefüllten Krügen am Brunnen noch zusammenstanden und sich über ihre Kinder unterhielten. Ein alter Mann saß in der Nähe auf einer Bank und hörte zu. Nun ist es meistens so, daß Mütter von ihren Kindern gern nur Gutes erzählen und dabei auch oft übertreiben. So auch damals:

»Mein Sohn«, sagte die erste, »singt wie eine Nachtigall. Vielleicht wird er mal ein großer Star!« Und da kam er auch schon herbeigelaufen und rief: »Mutter, gibst du mir etwas Geld? Bei N.N. gibt es so leckere süße Sachen!« Ich glaube, er sagte nicht einmal danke, als die Mutter seinen Wunsch erfüllte.

»Meine Tochter«, erzählte die zweite Mutter, »ist im Sport so toll. Sie macht die ›Brücke‹ so gut wie kein anderes Mädchen. Und sie übt den Handstand auf *einem* Arm! Vielleicht wird sie einmal eine bekannte Sportlerin!« Und da kam sie auch schon die Straße herunter und machte tatsächlich einen Handstandüberschlag, wie er besser nicht hätte sein können! »Mutter, darf ich zu meiner Freundin spielen?« »Aber du wolltest mir doch beim Einmachen helfen!« »Ach, Mutti!!« Und die Mutter sagte ein bißchen traurig: »Na, wenn du meinst.«

Schließlich tauchte auch der Sohn der dritten Mutter auf. Er sagte nichts; die Mutter hätte auch nichts Großartiges von ihm erzählen können, aber – er nahm ihren schweren Krug mit Wasser und trug ihn nach Hause.

Die drei Frauen wußten, daß der alte Mann auf der Bank alles mitangehört und angesehen hatte. Daher fragten sie ihn beim Verabschieden: »Na, was hältst du denn von unseren Kindern?« Da sah der alte Mann sie an und meinte: »Kinder? Ich sah nur ein einziges Kind!«

(Nach der Geschichte »Die drei Söhne« von Leo Tolstoi.)

Warum hat der alte Mann das gesagt? (---) Ja, so begabt wie zwei von den Kindern auch waren, der Mann hatte auf das Herz geschaut. Es ist zwar wichtig, daß ihr sportlich seid und auch in Mathe, Musik und vielen anderen Fächern etwas leistet, aber mindestens genauso wichtig ist noch etwas anderes! Jesus hat es an seinen Jüngern kritisiert: »Wer der Erste und Beste sein will, soll bereit sein, allen zu dienen.«

Die Schule legt das Maßband um den Kopf (zeigen!); Gott legt das Maßband um das Herz (zeigen = das Band um den Oberkörper, das Herz legen) und fragt: »Kannst du teilen? Kannst du nachgeben, verzeihen? Läßt du ein fremdes Kind neben dir sitzen? Willst dem anderen helfen? Holst du den anderen mit in den Kreis? ...«

Wenn jeder von euch das tut, dann wird die Schule für alle Kinder schön.

So wünsche ich euch zu Beginn des Schuljahres beides: Daß euer Kopf »wächst«, aber noch mehr euer Herz!

(Dazu ein ausformulierter Gottesdienst in »FaJu«, Juli 91.)

93. Von der Mühe
(Eine Hacke, eine Gießkanne und etwas Bast)

Lesungen: Mt 25, 14–30 (ähnlich Lk 19, 11–27: Das Gleichnis vom anvertrauten Geld)

Es sieht ganz so aus, als wollte ich jetzt in meinen Vorgarten gehen (in den Schulgarten – wenn es ihn gibt) – mit dieser Hacke, der Gießkanne und dem Stückchen Bast. Aber ich hätte genauso einen Ranzen mitbringen können, Hefte und einen Stift. Denn ich möchte euch das Märchen von der Wunderblume erzählen. Wer sie findet und blühend zum König bringt, den macht er zur Königin. Jetzt gucken die Mädchen vielleicht etwas interessierter drein als die Jungen, aber wenn die Wunderblume vielleicht das gute Zeugnis am Ende des Schuljahres ist, dann könnt ja auch ihr der Mutter oder dem Vater eine besondere Belohnung aus der Tasche ziehen.

Also, das Märchen beginnt typisch: Da waren einmal zwei Schwestern, die eine schön, die andere häßlich. Sie suchten Beeren im Wald und hörten plötzlich einen Zwerg jammern, der sich nicht mehr aus dem Dorngestrüpp befreien konnte. Während das schöne Mädchen lachte, hatte das häßliche Mädchen den Zwerg befreit und sachte auf die Erde gesetzt. Zum Dank zeigte er ihnen den Weg zur Wunderblume – zu finden gleich an der Quelle.

»Geh du nach Hause, auch wenn du die Wunderblume findest, du bist zu häßlich, du wirst sowieso nicht Königin«, meinte die schöne Schwester sehr »charmant« zur häßlichen und machte sich allein auf den Weg. Aber als sie nacheinander an dieser Hacke, dieser gefüllten Gießkanne und diesem Stückchen Bast vorbeikam, die alle riefen »Nimm mich mit!«, da hatte sie nur Ausreden: »Du bist mir zu schmutzig! Du bist mir zu schwer! Du bist mir zu wertlos!« Schließlich erreichte sie die Wunderblume, aber die Quelle war versiegt und die Blume verdorrt; sie fühlte sich betrogen.

Die häßliche Schwester machte es besser. Als Hacke, Gießkanne und Bast wieder am Wegesrand riefen: »Nimm mich mit!«, da sagte das Mädchen: »Gern! Vielleicht kann ich dich brauchen!« – Habt ihr es gehört? »Gern, vielleicht kann ich dich brauchen!« – Als sie die Quelle erreichte, war sie ebenfalls versiegt und die Wunderblume verdorrt. Aber jetzt nahm sie die Hacke und lockerte die Erde, goß dann die verdorrte Blume und band sie mit dem Endchen Bast auf. Da fing die Blume erneut an zu leben, wuchs, streckte eine neue Knospe der Sonne entgegen und öffnete sich. Das Mädchen merkte gar nicht, wie es über die Arbeit und das Betrachten der Blume selbst schön geworden war. Als der König das schöne Mädchen mit der Blume sah, machte er es gleich zur Königin. Die schöne Schwester aber wurde von Tag zu Tag häßlicher, weil Neid und Eifersucht sie verzehrten.

Wie hieß noch das Zauberwort, das die noch häßliche Schwester der Hacke, der Gießkanne und dem Bast zur Antwort gab? »Gern, vielleicht kann ich dich brauchen!«

Auch in diesem Schuljahr schreibt ihr viele Hefte voll und Patronen leer, so daß ihr manchmal wie die andere Schwester rufen möchtet: »Das ist mir zu blöd! Das ist mir zu schwer! Das kann ich alles nicht gebrauchen!« Dann hilft euch das Wort »gern« weiter und auch das: »Vielleicht kann ich es später gebrauchen.« Denn ohne Mühe ist die Wunderblume, der erfolgreiche Abschluß der neuen Klasse, nicht zu finden. Und was wollt ihr eurer Prinzessin oder eurem Prinzen später einmal bieten, wenn ihr mit leeren Händen dasteht?

Das sieht alles etwas nach moralischem Zeigefinger aus, doch auch die Regeln Gottes lauten nicht anders. Wir haben es eben im Evangelium gehört: Der Knecht, der sein Talent, d. h. seine von Gott geschenkte Fähigkeit einfach vergrub, durchgefaulenzt hat, der wird bestraft, der verfehlt den Sinn seines Lebens.

Vielleicht malt ihr in den nächsten Tagen eine tolle Wunderblume, die ihr an eine Wand eures Klassenzimmers hängt. Sie soll euch an dieses Märchen erinnern. Darunter schreibt ihr: »Ohne Arbeit geht es nicht!« In *dem* Falle darf das Wort »Arbeit« ruhig in Rot dastehen.

(Das Märchen von der Wunderblume finden Sie im originalen Wortlaut in der »KiBö« 87–1, S. 6, oder in »100 einfache Texte zum Kirchenjahr. Für Kindergarten und Vorschule«, hg. von Rolf Krenzer und Volker Fritz, Verlag Ernst Kaufmann, Lahr – Kösel-Verlag, München 1983, S. 128 ff; Autor: Max Bolliger.)

94. Die Seilschaft beim Aufstieg
(Ein langes Bergsteigerseil)

Lesungen: Röm 12, 10–18 (Was uns verbinden kann); Kol 3, 12–15 (Ertragt euch und verzeiht einander); Lk 24, 13–16.28–31 (Jesus geht unerkannt mit)

Eventuell stellen sich ca. 10 – 20 Schüler als Seilschaft an das Seil und gehen damit ein Stück – auch über ein Hindernis (Stuhl) ...

Dieses Seil soll uns ein Gleichnis sein für das neue Klassenziel: Wenn ihr es alle in Gemeinschaft erreicht, macht es viel mehr Freude. Folgendes ist dabei zu beachten:

1. Im »Berg« des Schuljahres sichert und schützt an schwierigen Stellen einer den anderen. Der Schwächste müßte eigentlich beim Tempo das Maß setzen ...
2. Der »Bergführer«, der Lehrer oder die Lehrerin, kennen den Weg zum Ziel besser, denn sie sind ihn schon öfter gegangen. Darum befolgen wir am besten ihre Anweisungen, aus denen Erfahrung spricht – was euer Denken natürlich nicht auszuschalten braucht.
3. Achtet darauf, daß keiner vor dem Ziel das Seil losläßt. Wenn seine Entkräftung oder Angst groß ist, dann helfen eure Nähe und Verbundenheit. Wenn du einmal das Seil absichern mußt, legen die anderen ihr ganzes Vertrauen in dich!

4. Zieht als Gemeinschaft alle in dieselbe Richtung, wenn ihr zügig vorankommen wollt. Wenn einer dem anderen »auf die Füße getreten« hat, dann verzeiht einander. Denn solange sich zwei streiten, können die anderen nicht weitergehen (weitere Gesichtspunkte: siehe Lesungen).
5. *Jeder* ist wichtig, um mitanzupacken, zu sichern, zu ermuntern; das stärkt den Kameradschaftsgeist. Dann macht das Miteinander Spaß, auch in der Mühe.
6. Achtet darauf, daß das Seil nirgendwo durchscheuert, zu sehr durch den Schmutz gezogen wird oder gar zerreißt. Sonst verzögert sich der Aufstieg zur nächsthöheren Klasse.
7. Es gibt noch einen anderen »verborgenen« Bergführer, von dem wir eben im Evangelium hörten, den die Emmausjünger erst am Ziel, am Gipfelkreuz gewissermaßen, erkannten. Darum können wir ab und zu stehenbleiben, wo die Aussicht herrlich ist oder eine schwierige Passage in Angriff genommen werden muß, und beten zu dem, der unsichtbar mitgeht, damit unsere Freude wächst und unsere Kräfte ausreichen.

(Verändert nach Franz Melcher, D-5768 Sundern; vgl. »KiBö« 89–2, S. 6.)

Andere Ideen

1. Werde kein Heuchler!
(Ein Fernglas)

Lesungen: Röm 12, 17–21 (Besiege das Böse durch das Gute); Mt 7, 3–5 (ähnlich Lk 6, 41 f: Vom Splitter und Balken im Auge)

So ein Fernglas ist sehr praktisch: Was weit weg ist, sieht man ganz nah. Was sonst nur ganz klein zu erkennen ist, sieht man ganz groß. (Durchs Fernglas gucken!) Da, die Frau Maier: Sieht die verkniffen aus. Typisch Lehrerin! Kein bißchen geduldig, immer nur rummeckern. Freut euch, wenn sie jemanden blamieren kann. Und nachtragend ist die! Ewig schmiert sie einem aufs Butterbrot, was man einmal verbockt hat. (Fernglas absetzen) Macht richtig Spaß, da durchzugucken. Was für einen Mist doch die anderen machen! (Wieder durchs Fernglas sehen) Da, mein Vater! Wahnsinnig autoritär. Er ist sauer, wenn nicht gemacht wird, was er sich in den Kopf gesetzt hat. Alle müssen das Programm sehen, das *er* auswählt. Bist du nicht brav, bekommst du eine gescheuert. (Fernglas absetzen) Sehr praktisch, so ein Fernglas. Ob es auch Lehrer gibt, die ein Fernglas haben? (Wieder hindurchsehen) Da, der Lars! Unmöglicher Typ. Stört nur, stinkfaul. Kommt jeden Tag zu spät. Jeden Tag! Und dann noch frech! Motzt immer nur! Un-mög-li-cher Schüler! (Fernglas absetzen) Wirklich, tolle Sache, so ein Fernglas. Den Mist der anderen sieht man ganz groß ... Was? Ich soll *mich selbst* mal ansehen? Gut, wenn ihr meint. Mache ich. (Fernglas verkehrt herum halten und hindurchsehen) Was sehe ich denn da? (leiser) Was sehe ich denn da? Beinahe nichts. Nicht der Rede wert. Ganz klein nur. Schimpfe schon mal mit der Schwester. Aber ganz selten. Hab' ihr auch schon eine geknallt. Aber fast nie! Meinen Vater habe ich letzte Woche hän-

gen lassen. Aber nur ein bißchen ... Also, wenn ich mich so angucke: Ich sehe beinahe nichts. Nicht der Rede wert. Ganz klein nur.
(Am besten wird hier das Evangelium verlesen)
Jeder Mensch hat so ein Fernglas in der Tasche. Und wie oft benutzen wir es! Was *die anderen* falsch machen, sehen wir ganz groß; was *wir selbst* für einen Mist bauen, sehen wir ganz klein. Man kann das Fernglas ja so herumhalten (vormachen!) – oder so herum (vormachen!)
In jedem Gottesdienst beten wir im Vaterunser »Vergib uns unsere Schuld!« *Unsere* Schuld – dazu soll jeder stehen, ob nun die »unmöglichen« Lehrer, Eltern und Pfarrer, aber auch die »unmöglichen« Schülerinnen und Schüler. Wir alle liegen manchmal daneben. Wir alle brauchen Gott und Menschen, die uns vergeben. Gott hat uns fest versprochen, daß er es tun will. Darum brauchen wir kein Fernglas mehr. Oder wir drehen es jeweils herum: Die Schuld der anderen vergrößern wir nicht, und unsere eigene schauen wir uns genauer an!
Mein Wunsch fürs neue Schuljahr wäre also: Versucht ohne Fernglas auszukommen, oder dreht es jeweils so herum, damit du den Balken im eigenen Auge bemerkst, den Splitter aber im Auge des anderen nicht überbewertest. Dann wird es ein angenehmes Schuljahr.

(Leicht verändert nach Rainer Ollesch, Krefeld, im »Materialdienst« Nr. 43, S. 51 f, der wiederum von meiner Idee in »Wir freuen uns auf die Predigt«, Mainz ²1977, S. 45 [vergriffen], inspiriert wurde; unverkürzt in »KiBö« 90–2, S. 6 f.)

Hinweis: Natürlich könnten in dieser Predigt auch ein echter Balken und ein echter Splitter eine Rolle spielen.

2. Mit mehr Zufriedenheit ...
(Unterschiedliche Schuhpaare an einem Wäscheständer)

Lesungen: 1 Sam 18, 6 ff (König Saul neidet dem »Aufsteiger« David, daß er beliebter ist); Mt 20, 1–15 (Neid der Arbeiter im Weinberg); Lk 15, 25–32 (Der Neid des älteren Bruders auf den jüngeren)

Wir sind oft deshalb unzufrieden, weil wir meinen, andere haben es besser:
– Z. B. gehören diese schicken Mädchenschuhe der Sandra. Sie trägt immer das Neueste vom Neuen. Dazu bringt sie Supernoten nach Hause. Und erst mal ihre Geburtstagsfeten! Da hält keiner mit. – Du möchtest mit ihr tauschen? Aber weißt du auch, daß sie immer die besten Noten haben *muß;* daß sie kaum Freizeit hat, weil sie immer üben, üben, üben muß? Sie darf nicht auf der Straße herumtollen, weil sie schon fürs »spätere Leben« lernt. Willst du in ihren Schuhen stecken?
– Diese Schuhe gehören dem Jochen, der immer so hilfsbereit ist und deshalb oft von der Lehrerin gelobt wird. Ihm fällt der Weg zur Schule heute besonders schwer: Er muß die Klasse wiederholen. Er weiß nicht, wie die neuen Schulkameraden ihn aufnehmen, welche Lehrer er bekommt, ob er das neue Schuljahr schaffen wird ... Möchtest du mit ihm tauschen?
– Diese Schuhe sind von der Ursel. Schlampig ist sie, kommt immer zu spät, hat selten ihre Hausaufgaben. Immer muß sie alles ausleihen. Keiner mag neben ihr sitzen. Möchtest du in Ursulas Schuhe schlüpfen? – Ich verrate dir auch die Ursachen: Die Eltern sind geschieden, und der Vater kümmert sich überhaupt nicht um sie. Die Mutter muß schon sehr früh zur Arbeit. Oft schläft Ursula dann nochmal ein und kommt daher zu spät zur Schule. Nach den Schulsachen und Hausaufgaben fragt sie keiner ...
– Die Fußballschuhe hier sind die von Max. Der beste Fußballer der Klasse. Bei Wettkämpfen im Sport wird er immer als Erster gewählt. *Die* Schuhe möchtest du tragen? – Ich weiß aber:

- Max trainiert deshalb täglich, weil zu Hause ständig dicke Luft ist. Da spielen sich furchtbare Szenen zwischen den Eltern ab; da haut Max lieber ab.
- Die Stiefel gehören unserem Hausmeister. Er ist nicht immer freundlich und zeigt uns auch seine grantigen Seiten; manchmal hat er keine Geduld, zeigt kein Verständnis ... Du darfst aber nicht vergessen, daß er in den Ferien die meiste Zeit in der Schule verbracht hat! Ohne ihn kann der große »Hausputz« nicht stattfinden; da mußten Tische und Bänke geschleppt werden, viele Reparaturen waren dringend nötig ... Und wenn nun wieder eine wilde Horde von Schülern die Klassen stürmt ... Verstehen kann ich es schon, wenn er »mosert«.

Hier müßten noch viele Schuhe hängen: die der Lehrer und Lehrerinnen, die auch nicht abschütteln können, was sie von Zuhause her bedrückt ... Da wir oftmals nur die eine Seite eines Menschen sehen, urteilen wir zu oberflächlich, zu ungerecht. Schreibt daher über das neue Schuljahr das Sprichwort der Indianer:
»Großer Geist, hilf mir, daß ich niemanden richte, ehe ich nicht einen halben Mond lang in seinen Mokassins (= Schuhen, Sandalen) gegangen bin.« (Eventuell Wortkarte anhängen oder für jede Klasse zum Aufhängen mitgeben.) Mit dieser Einstellung werden wir zufriedener unseren Weg gehen und zudem vorsichtiger, einen anderen zu beneiden.

(Leicht verkürzt nach Rainer Fielenbach, Gottesdienstteam Christkönig, D-8510 Fürth; unverkürzt in »KiBö« 90–2, S. 3 f.)

Als wichtige »Ergänzung« ist denkbar: Das hier sind die Sandalen von Jesus. Er würde in diesem Zusammenhang zu uns sagen: Bei Gott gibt es keinen Zufall. Geh in deinen Schuhen auf dem Weg, den er dir zugewiesen hat. Und denk daran: Gott liebt dich – so wie du bist, mit all deinen Fähigkeiten und Fehlern. Sage ja zu diesem Weg; dann brauchst du dich nicht dabei aufzuhalten, andere zu beneiden ...

Ferien/Schöpfung/Umwelt

95. Sonnenstrahlen sammeln
(Eine große Sonne aus leuchtend gelbem Papier mit so vielen Strahlen, daß jedes Kind am Schluß des Gottesdienstes einen mit nach Hause nehmen kann)

Lesungen: Als »Lesung« wird die bekannte »Frederik«-Geschichte von Leo Lionni gespielt oder erzählt (Middelhauve-Verlag, Köln): Frederik sammelt Sonnenstrahlen für die Tage der Kälte und Dunkelheit. – Lk 7, 11–17 (Der junge Mann von Nain: Hinter der dunklen Wolke des Todes scheint die Sonne der Auferstehung); Lk 10, 38–42 (Im Zuhören sammelt Maria »Sonnenstrahlen« für ihr Herz)

1. Diese große Sonne steht für die herrliche Sonne Gottes. In den Sommerferien fangen wir Sonnenstrahlen ein, von denen wir dann noch zehren können, wenn

es in der Schule oder am Arbeitsplatz wieder »kalt« und »stressig« zugeht – wie in der Frederik-Geschichte gehört.

2. Im Angesicht eines Leides oder gar des Todes kann uns eine »Kälte« überfallen, der wir nicht gewachsen sind. »Wärmen« können uns dann nur die »Sonnenstrahlen« des Vertrauens auf Gott und des Glaubens an ein Leben nach dem Tode, wenn ich sie vorher in meinem Herz aufgenommen habe.

3. Vertrödeln wir die Zeit, wenn wir sonntags in der Kirche zusammenkommen? Sollten wir statt dessen nicht besser Kranke besuchen? Die Antwort: Wir fangen »Sonnenstrahlen« des Wortes Gottes auf; wir schöpfen Kraft aus der Gemeinschaft; wir öffnen unser Herz für die Nähe Gottes. Sie wärmt uns wie die Sonne. Hier in der Kirche halten wir gemeinsam unsere Seele in die Sonne, damit wir genügend Sonnenstrahlen in uns haben, wenn eventuell mitten im Sommer ein kalter Wintersturm über uns hereinbricht ...

(Familienmeßkreis St. Pankratius, 5010 Bergheim-Paffendorf, in einem ausformulierten, gleichnamigen Gottesdienst in »FaJu«, März 88.)

96. Der Wald – schönstes Geschenk der Natur

(Eine Schale mit Moos oder ein junges Bäumchen; oder eine Postkarte, auf der ein Wald zu sehen ist, z.B. Fotokunst-Verlag Groh, D-8031 Wörthsee, Nr. 23095180, oder Kawohl-Verlag, D-4230 Wesel 1, Nr. 8884. Am besten wäre es natürlich, mitten auf einer Lichtung im Wald den Gottesdienst zu feiern.)

Lesungen: Ps 96, 1–4.10–13 (Jubeln sollen alle Bäume des Waldes); Mk 8, 22–26 (Langsam – wieder – sehend werden: für die Wunder der Schöpfung)

Der Wald bleibt das schönste Geschenk der Natur: Er legt sich wohltuend grün über Berge und Hügel, sichert steile Hänge der Täler, regelt die Wasserversorgung, speichert den Segen der Wolken, wehrt den Winden, schirmt die sengende Glut ab, verweigert der schneidenden Kälte den unbeschränkten Eintritt ... Dabei die Vielfalt: Nicht ein Blatt gleicht dem anderen! Abgesehen von seinem Nutzholz dient der Baum als Nest- und Brutstätte. Selbst abgestorbene Bäume bieten Herberge für Nester, Käfer und Insekten. Wir brauchen alle unsere Sinne, um an den kleinen und großen Wundern nicht vorbeizulaufen.

Einige Beispiele: Im verlassenen Vogelnest eines toten Baumes haust jetzt ein wilder Bienenschwarm. – Wenn die großen Disteln an den Randzonen nicht wären, gäbe es weniger Schmetterlinge. – Je kultivierter ein Wald, um so weniger Leben darin: Trockenes Reisig, vom Wind wahllos zusammengetragen und vor sich hinrottend, beherbergt Igel, Kröten, Mäuse. – Üppig wuchernde Wegraine einfach abzumähen, zerstört Lebensraum für viele Insekten, die wiederum Grundlage für höheres und anderes Leben sind. – So regelt sich im Wald alles selbst: Er hält sich und seinen Kreislauf gesund – wenn der Mensch nicht zu sehr eingreift.

Es genügt, die Vielfalt an wenigen kleinen Wundern aufzuzeigen, z. B. hier dieses Moos in der Schale: Es ist wie ein Schwamm, vollgesogen mit Leben. Alles wohnt hier »billig zur Miete«. Dieser »Samt« des Waldes sammelt nach unten die Feuchtigkeit, nach oben streckt es sich als ideale Samenanlage zierlich ins Licht. Hier findet Tannensame beste Nahrung, elastischen Halt und kann zu wachsen beginnen ...

Ein kleiner Tümpel wird zur Oase des Lebens, mehr noch als ein Biotop im Garten. Da tummeln sich Wasserreiter, Käfer, Larven, Molche, Lurche, Kaulquappen; die hellen Kaulquappen werden zu Fröschen, die schwarzen zu Kröten; nur ein Prozent(!) schafft diesen Prozeß, die anderen dienen kleinen Räubern als Futter ...

Schließen wir einmal die Augen und hören in den Wald hinein (auch wenn wir jetzt in der Kirche sitzen): Da piepsen die Meisen, singen die Finken, jauchzen die Rotschwänzchen, »lachen« die Zaunkönige, trillern die Schwarzdrosseln; jetzt lockt sogar ein Kuckuck. Ein vielfältiges Konzert, das mit so verschiedenen Stimmen doch harmonisch klingt!

So könnte ich jetzt die Blumen »abgehen«, die Beeren, die Pilze ..., selbst die Steine; aber es genügt, an einer Stelle das Wunder zu ahnen.

Wer still wird, spürt im Eichenwald den Atem der Jahrhunderte; fühlt sich im Buchenwald wie in einem Dom ...

Hätten wir doch den Blick für Gottes Handschrift: Alles im Wald strebt nach dem Licht, auch die Vegetation am Erdboden; je spärlicher das Licht, das durch die Baumkronen dringt, um so größer und breiter die Auffangflächen der Halme und Blätter, um nur ja genügend Sonne aufzufangen. Nur der Mensch wendet sich ab, lebt und stirbt fast hinter Steinen und Beton, er wächst krumm den tausend Dingen entgegen, die ihn umgeben und grau werden lassen mit der farblosen Materie. Wie sind wir Menschen doch verbogen und verdreht! Darum laßt uns öfter in den Wald gehen, denn hier bekommen wir einen klaren Kopf, eine ruhige Seele, ein friedliches Herz. Hier können wir uns mit neuer Energie füllen; hier werden die Probleme kleiner, die wir in unseren vier Wänden haben; hier kommen wieder Träume über uns. Und vor allem: Hier können wir wieder die geöffnete Seele in die Sonne Gottes halten.

(Nach »ferment« 8/9, 1982.)

97. Am seidenen Faden

(Im Chorraum hängt an einem Seil ein Netz mit einem Globus)

Lesungen: Ps 104 oder Ps 148 (Loblied und Danklitanei auf den Schöpfer); Lk 16, 10 f.13 f (In den kleinsten Dingen verantwortlich handeln)

Unsere Erde hängt am »seidenen Faden«: Das Netz mit der Erdkugel, das hier vorne hängt, soll uns folgendes Gleichnis deutlich machen: Siehe »Kurzgeschichten 1«, Nr. 180: Eine Spinne hält den Faden »nach oben« an ihrem Netz für überflüssig und beißt ihn ab; das herabfallende Netz erstickt sie.

Wir wissen, wie gefährdet unsere Erde ist; trotzdem plündern wir sie wie selbstverständlich weiter aus, lassen die Müllhalden wachsen und verschmutzen nach wie vor Luft, Wasser und Erde allzusehr. Genauso schlimm ist die wachsende Ungerechtigkeit bei uns und anderen. Manche Kritiker geben sogar den Christen eine besondere Schuld: Die Bibel würde zu sehr betonen, daß der Mensch die Krone der Schöpfung sei und jetzt beute er sie wie ein schlechter König aus ...

Wenn wir nicht wieder den »Faden nach oben« absichern und schützen, werden die Hab- und Machtgier zu vieler Menschen die Erde wirklich zerstören. Der »Faden nach oben« heißt im übertragenen Sinne: Verantwortung Gott gegenüber. Wir sind nicht die Herren, sondern die Verwalter der herrlichen Schöpfung Gottes. Jedes Ausbeuten wirkt wie ein Schlag ins Gesicht des Schöpfers; ein Schlag, der ja wie ein Bumerang wirkt, denn die Folgen spüren wir wieder am eigenen Leibe: Jeden Tag stehen Katastrophen an – meistens selbstgemachte. »Wir können nicht Gott dienen und dem Mammon«, hieß es im Evangelium. Und: »Wir müssen wieder bis in die kleinsten Dinge hinein verantwortungsvoll werden.«

Wenn jetzt eine kleine Aktion zur Rettung unserer Welt vorgestellt wird, dann sehen wir darin einen Tropfen auf den heißen Stein, aber besser als gar nichts ist er sicherlich.

(Hier läßt sich gut eine Aktion einbauen.)

Abschließend hören wir von einem Traum, in dem unsere Schöpfung gerettet und erlöst wird (diese Meditation von Inge Karner finden Sie in voller Länge in P. Karner/E. Fuchs, Texte für grüne Christen, Herder Verlag, Freiburg 1982, S. 141 ff. Hier nur skizziert:) Nach vielen Jahrmillionen hatten die Menschen endlich den Auftrag Gottes begriffen: »Macht euch die Erde untertan!« (Gen 1, 28). Und sie begannen immer mehr das zu werden, wozu sie Gott von Anfang an geschaffen hatte: Zu seinem Ebenbild.

Die letzten sieben Jahre der Erde begannen. Die Menschen schafften im ersten Jahr den totalen Rüstungsstopp und die Vernichtung aller Waffen; im zweiten wurden die Flüsse und Meere nicht mehr vergiftet; im dritten hatten sie das Problem der Luftverschmutzung gelöst; im vierten gab es genug Grünanlagen um alle Wohnviertel; im fünften waren die letzten Krankheiten besiegt; im sechsten die Sorge um Leib und Seele *aller* Menschen anerkannt, und es wurden Hungersnöte bewältigt sowie Unterdrückung und Rassenhaß abgeschafft. Im siebten Jahr ruhten die Menschen aus und priesen Gott, der mitten unter ihnen wohnte.

(Verkürzt und stark verändert nach einem Gottesdienst von Peter Frowein »Unsere Oase« in »FaJu«, Juli/August 90.)

98. Interview mit dem Schnee
(Unterschiedliche, vergrößerte Schneekristalle, aus Pappe geschnitten)

Lesungen: Dan 3, 60–88 verkürzt (Preiset den Herrn Eis und Schnee); Mk 8, 22–26
(Langsam – wieder – sehend werden für die Herrlichkeiten Gottes)

(Auch als Sprechspiel denkbar, wobei verschiedene Kinder oder Jugendliche die
Antworten geben; dabei halten sie die Schneekristalle in Höhe des Mundes.)

Man muß schon höchst aufmerksam sein, um den Schnee sprechen zu hören. Wahrscheinlich muß Jesus uns auch öfter die Hände auf die Augen legen (vgl. Evange-
lium), bis wir scharf genug sehen.
Beim Schnee paßt vieles nicht zusammen: Er ist eiskalt und hüllt trotzdem wär-
mend ein. Er ist in großen Mengen tonnenschwer und fällt doch leicht, sanft und
schwebend zur Erde. Am lautesten und deutlichsten spricht er, wenn er – schweigt.
Ich wage ein Interview mit dem Schnee, damit uns die Augen für diese Herrlichkeit
Gottes mehr aufgehen:
(Pr zeigt den ersten Kristall und fragt das 1. Kind ... usw.)
Pr: Lieber Schnee, wir Menschen sind schon oft »aus allen Wolken gefallen«; liebst
   du Wolken?
1.: Natürlich. Die Wolken sind meine Wiege. Ich habe einen sehr strengen Vater,
   den Frost, vor dem alles erzittert. Meine Mutter ist das Wasser, das von der
   Sonne so lange liebkost wird, bis es in die Wolken hinaufsteigt. Die Winde treiben mich in die Arme meines Vaters, der mich zu weißen Sternen haucht, zu
   funkelnden und blitzenden Kristallen.
Pr: Lieber Schnee, magst du Menschen?
2.: Ja, am meisten die Kinder: Sie strahlen mir entgegen und stürzen sich spielend in
   die weiße Pracht. Am wenigsten die Autofahrer: Sie starren mich mißmutig an,
   wischen mich mit leisem Fluch von ihren Autos und verwünschen mich. – Ich

liebe die Dichter: Sie verstehen etwas vom Geheimnis der Welt, auch vom inneren Leben des Schnees. Sie können mit dem Herzen sehen und brauchen die Augen gar nicht aufzuschlagen. Ich mag auch die Sportler, die sich sehr über mich freuen und mit ihren Brettern über mich hinwegsausen. Wenn sie über meinen Rücken rutschen, spüre ich, daß es sich zu leben lohnt: Ich trage doch zu ihrer Freude bei.

Pr: Lieber Schnee! Lebst du gefährlich, hast du Feinde?

3.: Ich bin nur ein zartes Gebilde, oft nur für ein paar Stunden ins Leben gerufen. Die Schneepflüge sind scheußlich und auch die Wagen, die Salz verstreuen. Mein größter Feind ist allerdings die Wärme der Sonne: Sie schleckt uns ab März regelrecht weg. Aber dann kehre ich heim ins Haus der Träume oder ziehe mich in die hohen Berge zurück.

Pr: Lieber Schnee! Wohin fällst du am liebsten?

4.: Auf den Spielplatz oder auf einen Schulhof. Da ist nämlich unbändige Lebensfreude. Gern falle ich auch auf die schlummernden Tiere in ihren Höhlen und Nestern und schütze ihre Träume vom kommenden Frühling. Ich schenke eine wärmende Hülle den gesproßten Kornfeldern. Ich bausche mich zur Watte auf und schenke den Sträuchern und Pfählen, den Drähten und Ästen Mützen und Helme, Hüte und Kapuzen.

Pr: Lieber Schnee! Bist du zärtlich?

5.: Ja, das bin ich. Voller Behutsamkeit falle ich auf das bunte Leben dieser Welt. Die zarten Tritte der Drosseln und Amseln geben mir ein eigenartiges Teppichmuster. – Kinder kommen und legen zutraulich ihre Hand in mein Weiß, um einen Abdruck zu hinterlassen.

Pr: Lieber Schnee! Bist du fromm?

6.: Ja, jeder Schneekristall ist eine persönliche Handschrift Gottes. Wir sind sein helles Aushängeschild, seine Visitenkarte. Ich komme von Gott und bin ganz für ihn da. Das ist der Sinn meines kurzen Lebens. – Jeder kann auch an uns ablesen: Schönheit ist vergänglich, kann dahinschmelzen. Die beständigen und wertvollen Dinge im Leben des Menschen liegen tiefer, auf dem Grunde des Herzens, aus dem die Liebe aufsteigt. Darum sind wir Schneeflocken ein Hinweis für den Menschen, nicht hängenzubleiben an äußeren Formen.

Pr: Dann hat dich Gott ja persönlich zu uns geschickt?

7.: Seht ihr Menschen denn nicht, wie wir Schneeflocken immer nur für euch lächeln?

(Stark verkürzt aus »ferment«, 1/80.)

99. Gleichnis Talsperre

(Ein kleiner »Staudamm« aus Steinen errichtet; blau bemaltes Papier deutet das gestaute Wasser an. Auf den Steinen können der Ferienort und die Jahreszahl geschrieben stehen.)

Lesungen: Röm 12, 9f.15.18.21 (Wie eine christliche Gemeinschaft handelt); Joh 15, 9.10a.11f.14 (Damit eure Freude vollkommen wird)

Wir wollen überlegen, wie diese Liebe, von der Jesus spricht, auf unser Ferienlager bezogen, aussehen kann.

Ihr seht hier vorne eine kleine Talsperre aufgebaut. Eure Steine halten das angedeutete Wasser. Dieser Staudamm macht es möglich, daß das ganze Jahr über Wasser reguliert und je nach Bedarf unterhalb der Mauer weitergegeben wird. Darauf bezieht sich der erste Gedanke unseres Symbols:

In diesen Tagen erleben wir sehr viel miteinander – die gemeinsamen Spiele, Wettkämpfe, Ausflüge ... bis hin zu den schönen Stunden abends vor dem Einschlafen. Immer ist etwas los, und später könnt ihr daheim stundenlang erzählen, was alles unternommen wurde. Von diesen Erlebnissen könnt ihr eigentlich ein ganzes Jahr leben. Wenn ihr euch später z. B. im Bus oder auf der Straße begegnet, könnt ihr sagen: »Weißt du noch ...?«, und dann kann selbst eine nicht so schöne Situation mit Schmunzeln aufgefrischt werden. Und so sollte es auch sein, wenn ihr euch nach den Ferien durch die unterschiedlichsten Schulen, Vereine oder Gruppen wieder auseinanderlebt. Zeigt einander bei den mehr oder weniger flüchtigen Begegnungen, daß euch die Tage hier zusammengeschmiedet haben, daß neue Freundschaften entstanden sind und die Erlebnisse hier euch über Monate hinaus verbinden können. Auf diese Weise könnt ihr das Anonyme am Heimatort und in der Pfarrei durchbrechen.

Der zweite Gedanke liegt aber auch nahe: Liegt nur ein Stein in der Staumauer nicht an seiner Stelle, läuft das Wasser frühzeitig ab. Die Deutung: Jeder ist wichtig, damit die gemeinsamen Erlebnisse so positiv verlaufen, daß sie uns zusammen- und nicht auseinanderbringen. Ich kenne Kinder und Jugendliche, die nach einem solchen Ferienlager gesagt haben: »Da fahre ich nicht mehr mit. Was da in den Gebeten und im Gottesdienst gesagt wurde, das stimmt nicht überein mit dem, wie schließlich auf den Zimmern oder bei den gemeinsamen Unternehmungen geredet und gehandelt wurde!«

Wenn für uns Gott und Christus einen Stellenwert haben, dann ist das ein zusätzlicher Beweggrund, uns alle Mühe zu geben, daß Gemeinschaft hier spürbar wird. Es wäre doch schön, wenn andere Gruppen ein wenig nachdenklich würden, weil unsere Gemeinschaft eher gelingt – hoffentlich! Wie gesagt, auf jeden Stein kommt es an.

(Dazu ein gleichnamiger ausformulierter Gottesdienst nach Karin Metternich in »FaJu«, Juni 88.)

Andere Idee

Frei wie ein Vogel im Wind
(Ein farbenprächtiger Nylondrache)

Lesung: Mt 6, 25 ff (Sorgt euch nicht ...)

Die Ferien beginnen – herrlich frei geht es zu: »Frei wie ein Vogel im Wind« der Ferien können wir sein. Zugegeben: Dieser Nylondrache hier ist ein künstlicher Vogel, und »Vogel« stimmt eigentlich auch nicht ganz, aber gegen den Wind gehalten, schwingt er sich in die Lüfte und sieht dann hoch am Himmel wirklich aus wie ein Vogel. *Wir* sind dieser Vogel im Wind der Ferien.
1. Dieser Vogel steigt nicht im Zimmer! Lauft an die frische Luft, in den Wind, dem Himmel und der Sonne entgegen. Der Fernseher müßte in den Ferien eigentlich verboten werden, weil ihr dabei nicht träumen oder etwas erfinden könnt ... Und wenn es regnet, dann geht lieber mit einem spannenden Buch auf Abenteuerfahrt!
2. Diesen Vogel hält ein Kreuz aus zwei Fiberglasstäben. Dieses Kreuz kann uns an Jesu Kreuz erinnern, das auch aus einem waagerechten und einem senkrechten Holz besteht. Der waagerechte Stab läßt uns an Jesus mit seinen weit ausgebreiteten Armen denken – so wie ihr für eure Spielkameraden, Nachbarn, Geschwister und Eltern offen sein könnt. Es wird schön, wenn ihr nicht immer euren Kopf durchsetzen wollt, sondern freundlich, versöhnlich und hilfsbereit seid.
   Der senkrechte Stab weist nach oben wie ein schmaler Kirchturm: Vergeßt auch in den Ferien nicht den Gottesdienst, das Beten, Gott. Beachten wir die beiden Stäbe der Gottes- und Nächstenliebe, geben sie uns über die Ferien hinaus Halt und Festigkeit.
3. In der Fluganleitung zu diesem Vogel lese ich: »Um Weite zu erreichen – Schnur freigeben! Um Höhe zu gewinnen – Schnur anziehen.« Jetzt geben die Lehrer die Schnur ab, ihr seid frei wie sonst nie. Wenn die Eltern die Schnur auch in den Ferien manchmal anziehen, d. h. euch kleine Pflichten abverlangen, dann »motzt« nicht zu sehr; sie wollen ja, daß ihr an Höhe gewinnt!

Nun wünsche ich euch abwechslungsreiche und farbenfrohe Ferien – so bunt wie unser Vogel.

(Verkürzt nach Dietmar Schindler, D-8435 Dietfurt; vgl. »KiBö« 89–1, S.26 f.)

Erntedank / Danken / »3. Welt«

100. Vergiß das Danken nicht!
(Ein Korb mit folgenden Gegenständen: Nähnadel, Jutetasche, Aschenbecher, Ziegelstein, Salzstreuer, Schere, Korkenzieher)

Lesungen: Dtn 8, 7–18 (Vergiß den Herrn nicht im Wohlstand); Eph 5, 15–20 (Sagt Gott jederzeit Dank); 1 Tim 6, 6–11.17–19 (Werde nicht hochmütig im unsicheren Reichtum); Lk 12, 15–21 (Der reiche Kornbauer denkt nicht weit genug); Lk 16, 19–22 (Die Gerechtigkeit fängt spätestens im Tod an: reicher Mann – armer Lazarus); Lk 17, 11–19 (Nur einer *dankt,* und der wird gerettet)

Hinweis: Bitte auswählen!
(Pr nimmt den Korb in den Arm und packt nach und nach die Gegenstände aus) Es gibt nur eine einzige Arznei gegen die Traurigkeit des Herzens: Das Danke sagen. Am Erntedankfest sagen wir das immer für die Gaben der Felder, der Bäume und Sträucher, mehr noch für Sonne, Wind und Regen und die »Mutter« Erde. Heute möchte ich einmal danke sagen für all die kleinen Dinge, die sich der Mensch ausgedacht hat und die uns das Leben erleichtern. Aber selbst diese toten Gegenstände können uns noch eine Botschaft weitersagen … Sieben Gegenstände habe ich hier in meinem Marktkorb:

– Wir danken für diese *Nähnadel:* Ihre Lebensaufgabe ist es, Getrenntes zusammenzubringen. Allein schafft sie es nicht, darum braucht sie die Hilfe von jemandem, der sie dabei unterstützt. Wenn sie allein arbeitet, hinterläßt sie nur eine Unzahl von Löchern.
– Wir danken dieser *Tasche,* einer diskreten Herbergswirtin! Alle Gäste sind in ihr gut untergebracht. Sie mischt sich nie in die Privatangelegenheiten ihrer Schützlinge ein, aber sie fügt die unterschiedlichsten Dinge zu einer verschworenen Gemeinschaft zusammen, ob sie nun schwarz oder weiß, kostbar oder ziemlich wertlos sind … Ist sie nicht ein Vorbild für den Staat, der *alle* in seinen Grenzen zu einer großen Gemeinschaft zusammenführen soll, oder noch mehr für die Kirche, in der sich *alle* wohlfühlen sollen?
– Bei diesem *Aschenbecher* brauchen die Raucher nicht die Schultern einzuziehen, als ob ich mahnen wollte, obwohl es gut wäre, wenn er überflüssig würde. Aber dieser Aschenbecher ist selbst Nichtraucher, und doch steht er ganz selbstlos für die Raucher da. Mit welchem Gleichmut erträgt er es, Abfallbehälter zu sein.
– Wir danken für den *Ziegelstein.* Schaut ihn euch an. Mit seinen Brüdern und Schwestern trägt er seine Last, Tag und Nacht, jahraus, jahrein – ob hinter dem Putz verborgen oder nicht. Nie geht er in Urlaub, nie kommt es ihm in den Sinn, seinen Platz im Stich zu lassen.
– Dieser *Salzstreuer* ist ein behutsamer Ordnungshüter. Durch seine Dosierung sorgt er dafür, daß unser Essen an Geschmack gewinnt und paßt auf, daß nicht zuviel des Guten geschieht … Wenn einmal eine Suppe versalzen ist, ist das nicht seine Schuld!
– Ein Dank an den *Korkenzieher!* Die meiste Zeit liegt er untätig herum. Aber wenn er dann zum Einsatz kommt, geht er zäh, präzise und konsequent ans Werk …
– Danke der *Schere.* Es gibt zwar auch Zickzackscheren, aber diese hier ist sehr korrekt, wie nur noch wenige heute. Was sie macht, macht sie genau; sie läßt sich nicht bestechen.

So hätte ich noch viele andere Gegenstände mitbringen können, die uns das Leben erleichtern: einen Besen, eine Lampe, eine Kaffeemaschine (wie viele Bürohäuser würden zusammenbrechen, wenn es sie nicht gäbe ...), eine Brille, einen Fingerhut ... Aber es genügt. Wir danken für die kleinen Dinge des Alltags.

(Verkürzt und leicht verändert nach Josef Dirnbeck, Ein Lob der kleinen Dinge, gefunden in ferment 10/88, S. 12 u. 14. Dazu ein ausformulierter Gottesdienst »Danke« in »FaJu«, Aug./ Sept. 91.)

101. Wir danken dem Schöpfer

(In einem Korb sind eine Kartoffel, ein Glas Schattenmorellen, eine Zitrone, eine Nuß und eine Zwiebel.)

Lesungen: Gen 3, 1–24 (Vertreibung aus dem Paradies. Vorwort: Wir werden noch einmal aus dem Paradies »Wohlstand« vertrieben, wenn wir »alles« haben wollen. – Am besten nach W. Willms im unten angegebenen Buch, S. 81 f); Lk 17, 11–19 (Der dankbare Samariter)

Zum Korb mit oben genanntem Inhalt können als Anschauung auch noch drei Bäume aufgestellt werden: In den *ersten Baum* aus kahlen Ästen hängen die Kinder oder Besucher alles, wofür sie Gott danken wollen. Der *zweite gemalte Baum* vor dem Zelebrationsaltar zeigt den Baum des Paradieses mit der Schlange und einem Apfel in ihrem Maul, rechts und links davon »der Mensch« Adam und Eva. Daneben ein Warnschild: »Wenn wir im Schlaraffenland keine Grenzen mehr kennen, werden wir aus dem Glück, aus dem Paradies, vertrieben!« (Wer heutzutage bei *einem* Apfel nicht mehr dankbares Staunen gegenüber Gott verspürt, der wird beim zehnten Apfel in der Gefahr stehen, todsicher bei diesem Wunder »Äpfel« der Langeweile zu verfallen.) Der *dritte Baum* ist das Kreuz am Hochaltar oder gut sichtbar neben dem Tabernakel mit der kostbaren Frucht »Jesus Christus«. (Auf diese drei Bäume wird im folgenden nicht eingegangen; Verbindungen sind aber leicht einzubauen.)

Hinweis: Vielleicht entscheiden Sie sich nur für die Bäume *oder* den Korb.

Die Phantasie Gottes, des Schöpfers unserer herrlichen Welt, ist grenzenlos. Das erkennen wir schon an diesen wenigen Gaben, für die wir heute danken.

1. Zum Beispiel danken wir für diese *Kartoffel* hier. Was wir aus ihr nicht alles zaubern können! Hier hat die Phantasie Gottes uns Menschen angesteckt. Denn was machen wir nicht alles aus Kartoffeln: Reibekuchen, Kroketten, Püree, Chips, Klöße, Bratkartoffeln, Salz- oder Pellkartoffeln, Kartoffelpuffer und -gratin und – was habe ich vergessen? – ja, die heißgeliebten Pommes frites!

2. Hier habe ich ein Glas mit eingemachten *Schattenmorellen.* Allein die Frucht ist ein kleines Wunder! Das feine Häutchen, damit der Saft nicht in der Sonne verdunstet; das saftige Fleisch, das uns und die Vögel erfreut, und der Kern, den die Vögel fallen lassen und aus dem wieder ein neuer Baum wachsen kann. An diesem Glas Kirschen kann ich zudem aufzählen, wie viele Menschen zupacken,

bevor wir uns daran laben: Der Baum mußte gepflanzt und veredelt und die Kirschen müssen gepflückt werden. Dieses Glas und der Gummiring mußten hergestellt werden, und schließlich muß einer die leckeren Kirschen einmachen! Dankt allen, die helfen, daß so viele köstliche Früchte bis auf unsere Teller gelangen!

3. Seht diese saure *Zitrone!* Was wäre das Leben ohne das Saure? Alles Süße hinge uns schon lange zum Halse heraus. Schimpft nicht auf das Saure: Was wären der gekochte Fisch, der Salat, der Tee, das Schnitzel – ohne Zitrone? Das Saure gibt unserem Leben den letzten Pfiff!

4. Und diese *Nuß* hier! Gott gibt uns eine Menge Nüsse zu knacken! Zum Beispiel die Nuß »zuviel Wohlstand«, die uns die Augen zuwachsen läßt und die anderen Sinne verklebt ... Die größte Nuß, die Gott uns zu knacken gibt, ist der Tod. Aber sein Sohn hat die harte Schale des Todes aufgebrochen. Herr, danke dafür! Und hilf uns, bei allen harten Nüssen, die du uns schickst, auf den Kern zu kommen!

5. Zum Schluß hole ich eine *Zwiebel* mit ihren sieben Häuten aus dem Korb. Wer ihr die Häute abzieht, kommt bei so viel Scharfem und Würzigem ins Weinen. Aber Tränen reinigen die Augen und waschen den Staub von der Seele. Herr, schenke uns die Gabe der Tränen!

Habt ihr aus all diesen Wundern Gott »herausgeschmeckt«? Wenn wir ihn bei all den Herrlichkeiten dieser Welt nicht mehr herausspüren, dann sind wir schon aus dem Paradies vertrieben ...

(Verkürzt und verändert nach Wilhelm Willms, neu und älter als gedacht. nur ein schlüssel und türen gehen auf, Butzon & Bercker, Kevelaer 1984, S. 77–96.)

102. Gott sei Dank für seine Geschenke

(Ein Korb mit einem Brot, einer Weintraube, einer Kokosnuß, einer Flasche Saft, einem Ei, einem Glas Honig und einer Rose)

Lesungen: Sir 4, 1–10 (Neige dem Armen dein Ohr); Lk 17, 11–19 (Der dankbare Samariter)

(Pr mit dem Korb am Arm:) Ich komme mir vor wie eure Mutter nach dem Einkauf. Der schwere Korb zieht mir den Arm nach unten. Heute zum Erntedank will ich einmal die herrlichen Sachen auspacken, die ich eingekauft habe. Gott sei Dank, daß wir alles kaufen können ...

1. Hier ein *Brot.* Es ist unser wichtigstes Nahrungsmittel auf dem Tisch. Aus über vierzig Brotsorten können wir auswählen! Könnt ihr euch vorstellen, daß es Länder gibt, in denen ein Mann für solch ein Brot einen ganzen Tag arbeiten möchte? Manche halten sogar so ein Brot für »heilig« – sie beten es an vor lauter

Hunger! – Kommt es bei uns zu Hause vor, daß wir hartes Brot gedankenlos wegwerfen und nicht den Enten oder Pferden zukommen lassen oder es zu Frikadellen verarbeiten? (Auf den Altar legen = Symbol für Eucharistie!)

2. Diese *Weintraube* ist ein schönes Zeichen für Gemeinschaft: Aus vielen Trauben erst wird der Wein, der gleich auf dem Altar in den Kelch geschüttet wird. So wird er zum Zeichen für unsere Gemeinschaft hier: Wir sind so viele verschiedene Menschen, kleine und große, reife und weniger reife, verneigen uns aber hier zum Lobe Gottes. (Traube auf den Altar legen = Symbol für Eucharistie; darauf aber erst in der Eucharistiefeier eingehen.)

3. Auch für diese *Kokosnuß* möchte ich danken. Sie hat eine harte Schale, aber innen köstliches Fruchtfleisch und leckere Milch. Ein Gleichnis für uns Menschen: Wie oft zeigen wir nach außen eine rauhe Schale, aber innen haben wir alle einen guten Kern.

4. Diese *Flasche* ist gefüllt mit Säften von verschiedenen Früchten aus südlichen Ländern. Oft sind sie über tausende Kilometer per Flugzeug, Schiff, Bahn oder über die Straße herbeigeschafft worden. Wie viele Menschen mußten zupacken, bis wir solch eine Flasche Fruchtsaft in der Hand halten. Darum danken wir heute auch allen, die ernten, verarbeiten, transportieren und verkaufen …

5. Bei diesem *Ei* dürft ihr nun nicht vermuten, daß ich mich im Fest vertan hätte. Aber das Ei ist das Symbol für »Leben«, und wie vieles von dem, was auf den Tisch kommt, gäbe es ohne ein Ei am Anfang der Kette nicht! (Ja, selbst wir Menschen wären nicht ohne das Ei!) So danken wir heute für alle Tiere, die uns Menschen dienen!

6. Wie viele Bienen mußten wie oft um die Erde fliegen, um dieses *Glas Honig* zusammenzutragen? Honig hält uns gesund und schmeckt dazu noch gut. Der Honig soll ein Zeichen für all das Schöne sein, das wir immer wieder erleben und genießen dürfen. Danke, Herr!

7. Zuletzt zeige ich euch eine *Rose*, für viele Menschen die schönste Blume und Symbol für die Liebe. In ihr liegen Duft und Schönheit der Blüte wie das Schmerzhafte der Dornen ganz dicht zusammen – wie in unserem Leben. Die Rose kann uns an Jesus Christus erinnern, an seine Liebe und seinen dornigen Weg. Darum stecke ich sie ans Kreuz (lege sie auf den Altar); denn in der Eucharistie sagen wir nun Dank für diese Liebe und für alle Liebe, die wir erfahren dürfen.

Einfach hinsehen: staunen – nachdenken – danken – Erntedank!

(Diese Predigt kann auch – wie im Original – so gestaltet sein: Ein Kind bringt jeweils einen Gegenstand mit einem erklärenden Satz, z. B. »Ich bringe eine Flasche Fruchtsaft. Er stammt aus Früchten, die in Marokko oder Spanien gereift sind …«, und Pr führt die Gedanken weiter.)

(Frei nach Wolfgang Stowasser, D-8493 Kötzting, in »KiBö« 88-2, S. 10f.)

103. Gelobt sei der Herr für Feuer, Wasser, Luft und Erde

(Eine Schale mit Erde; ein Krug mit Wasser; ein kleines Windrad, mit Luft angepustet; eine metallene Schale mit Spiritus und ein Kerzendocht, um das Feuer zu entzünden; eventuell für jeden Besucher ein Tütchen mit Kresse)

Lesungen: Je nach Akzent (s. Text; auch »Sonnengesang des hl. Franziskus«, vgl. GL 285)

Über hundert Elemente kennt die Wissenschaft als Baustoffe für alles, was lebt. Davon sind die folgenden vier leicht zu behalten: Feuer, Wasser, Luft und Erde.

1. Diese Schale enthält fruchtbare *Erde,* die uns Jahr für Jahr trägt und ernährt. Zubetonierte, verschmutzte und vergiftete Erde schreit zum Himmel. Der Mensch steht in der Gefahr, sich selbst zu zerstören.
   Wenn wir hier zusammenkommen, heben wir die Gaben der Erde, Brot und Wein, ganz besonders hoch: Sie können Leib *und* Seele stärken.

2. Das *Wasser* in diesem Krug ist noch wichtiger als Brot, denn ohne Wasser kann kein lebendes Wesen existieren. Auch der Mensch wächst in einer Fruchtblase voll Wasser heran. Wasser kann unsere Kräfte erneuern und unseren Körper auch innerlich reinigen. – Und wer einem anderen auch nur einen Becher Wasser zu trinken gibt, wird von Gott belohnt! (Mt 10, 42).
   In Erinnerung an das Wasser der Taufe gehe ich rund und besprenge euch mit geweihtem Wasser (Asperges).

3. Beim ersten Schrei des Menschen entfaltet sich die Lunge; sein Leben beginnt, so wie – bildlich gesprochen – Gott dem ersten Menschen den Atem einhauchte.
   Wenn *Atem* über unsere Stimmbänder geht, können wir uns untereinander verständigen. Ohne Atem bleiben auch diese Instrumente stumm: (kurzes Flöten- oder Orgelstück).
   Bei »Atem« dürfen wir auch an den Atem des Hl. Geistes denken, der Morsches wegfegt, Türen aufreißt und Neues in Bewegung setzen kann (= Sturm an Pfingsten).

4. (Licht aus; Spiritus in der Schale entzünden) *Feuer* erhellt die Nacht, wärmt und schenkt Geborgenheit. Feuer läßt in der Dunkelheit den Weg erkennen – wie die Feuersäule die Israeliten beim Auszug aus Ägypten rettete und schützte. Der brennende Dornbusch wurde zum Zeichen der Gegenwart Gottes: ein Feuer, das läutert und verzehrt, aber nicht verbrennt. Im Osterfeuer feiern wir die Freude über den auferstandenen Christus. Die Zungen von Feuer am Pfingstfest begeisterten die ängstlichen Jünger.

5. (Pr zeigt Tütchen mit Kresse) Jeder Teilnehmer/jede Teilnehmerin erhält am Schluß des Gottesdienstes etwas Lebendiges, das noch lebendiger wird, wenn er die vier Elemente Feuer, Wasser, Luft und Erde anwendet. Ich meine diese Samenkörner. Wenn ihr sie einsät, habt ihr schon nach ein paar Tagen frische

Kräuter. Außerdem muß die Erde angefeuchtet (= Wasser) werden. Falsch wäre es, die Saat in den Kühlschrank zu legen, es muß nämlich Wärme (= Feuer) hinzukommen, außerdem Luft und Helligkeit; sonst wüchse nichts. Wenn ihr dann beobachtet, wie die Körner keimen und wachsen, dann denkt noch ein Stückchen weiter: Auch der Mensch, der »Mann aus Erde« (vgl. Gen 1) braucht diese vier Elemente zum Leben – wie die Kressekörner. Und er muß aufpassen, daß er sich seine Lebensgrundlagen nicht vergiftet, wenn er sie nicht heilig hält.

(Stark gekürzt nach einem ausformulierten, gleichnamigen Jugendgottesdienst in »FaJu«, Aug./Sept. 89.)

104. Im Kleinen das Große sehen

(Vier große gebastelte Wassertropfen: zwei blaue und zwei wie unten angegeben. – Der Text kann eventuell auf die Rückseite der »Wassertropfen« geklebt sein)

Lesungen: Ps 104 oder 148 (Loblied und Danklitanei für den Schöpfer); Dan 3, 57–88 in Auszügen (Lobgesang der drei Jünglinge); Lk 10, 11.13f (In den kleinsten Dingen verantwortlich sein)

Pr: Erntedank! An Kleinigkeiten können wir sehen, wofür wir danken können, z.B. an vier Wassertropfen:

1. Wassertropfen (Kind zeigt seinen blauen Tropfen)
Ich bin ein Tropfen Wasser. Frisch bin ich und klar.
Ein Tautropfen bin ich. Ich glitzere in der Morgensonne.
Ich liege auf dem Grashalm. Die Biene stillt den Durst an mir.
Die Sonne hebt mich auf. Ich verdunste langsam:
In eine Regenwolke gehe ich hinein. Und dann – gibt es Regen!
Als Regentropfen falle ich auf eure Erde.
Ich mache die Erde feucht.
Die Menschen freuen sich, weil nichts verdursten muß.
Regen! Alles kann wachsen!

2. Wassertropfen (Kind zeigt auf seinen Tropfen)
Auch ich bin ein Wassertropfen. Platsch! –
Keiner hat es gemerkt. – Umsonst bin ich gefallen und – verschwendet!
Niemand will mich, nicht als Waschtropfen, nicht als Tee- oder Kaffeetropfen!
Ein tropfender Wasserhahn – und schon bin ich weg.
Ich bin ein armer Tropf: Umsonst gefallen und – verschwendet.

3. *Wassertropfen* (Kind zeigt einen blauen Tropfen, in dem schwarze Farbe gut sichtbar ist)
Ich fühle mich dreckig und krank.
Ich bin ein Tropfen aus einem verschmutzten Fluß.
Für Fische bin ich gefährlich, denn ich stinke nur vor mich hin!
Ich bin kaum noch lebendig.
Und wenn ihr nicht mithelft, ihr Menschen,
dann bin ich bald tot. Hilfe!!!

4. *Wassertropfen* (Kind zeigt einen blauen Tropfen, in dem rote Farbe gut sichtbar ist)
Ich bin ein toter Tropfen aus dem Meer. Die Algen haben mich getötet.
Ihr habt nicht aufgepaßt, ihr Menschen!
Zu viele giftige Abwässer – aus Fabriken, von überdüngten Feldern.
Davon leben die Algen.
Die aber brauchen Sauerstoff. Mir blieb nichts mehr zum Atmen.
Ich bin erstickt. Ich bin tot.

(Verändert nach Evangelische Kirche im Rheinland [Hg.], Schulgottesdienste für die Primarstufe, Presseverband der Evang. Kirche im Rheinland, Postfach 6409, D-4000 Düsseldorf 1, S. 90f.)

105. Gleichnis Nuß
(Eine Walnuß – vielleicht für jeden)

Lesungen: Eph 4, 17f.20–26 (Legt den alten Menschen ab – Bußfeier); Tit 3, 4–7 (Erschienen ist die Menschenfreundlichkeit Gottes – Weihnachten); Lk 2, 15–20 (Sie fanden das Kind – Weihnachten); Lk 17, 11–19 (Der dankbare Samariter – Erntedank)

Leute mit Phantasie haben im Mittelalter in solch einer Nuß ein Sinnbild des Menschen gesehen: Die grüne Schale der Nuß, die bereits abgefallen ist, deutet auf unser Fleisch, die harte Schale auf unsere Knochen hin, der wertvolle Kern aber sei die Seele des Menschen – von außen her unsichtbar. Vergleiche hinken oft (es »riecht« auch sehr nach Platon), aber dieser ist doch irgendwie interessant. Jedenfalls soll diese Nuß uns helfen, heute ein paar wesentliche Gedanken einzufangen.

1. An *Erntedank* sagen wir danke für diese kleine Frucht. In die Erde gesteckt kann sie zu einem großen Baum werden, von dem es zentnerweise Nüsse regnet. Ein Symbol für viele Geschenke Gottes: Wir brauchen uns gar nicht übermäßig anzustrengen, und mit Gottes Hilfe wächst Großartiges heran!

2. Diese Nuß könnte uns in einer *Bußfeier* bei der Gewissenserforschung helfen. Denn wir sind wie diese Nuß in Schalen der Gesellschaft, der Mode und Meinungen eingepreßt, die wir durchbrechen müssen, um uns selbst zu finden. Es gibt so viele Verhärtungen und Verkrustungen auch in unserer Seele, die aufzubrechen, zu »knacken« sind!
   Eine Nuß fühlt sich kalt und hart an. Erst wenn ich mich mit ihr beschäftige, sie mit den Händen be-greife, wird sie mir warm und vertraut. Nehme ich mir genügend Zeit für meinen Partner und meine Kinder, um sie mir vertraut zu machen? Versuche ich, fremde Menschen erst zu »begreifen«, bevor ich urteile? Nur wenn ich die Nuß vorsichtig öffne, bleibt der weiche Kern unverletzt. Gehe ich mit allem, was mir in Menschen als Heiliges anvertraut ist, verantwortungsbewußt um? (Weitere Gedanken: siehe Quellenangabe.)

3. Zu *Weihnachten* sehen wir manchmal aus so kleinen Nußschalen gebastelte Wiegen bzw. Krippchen (vielleicht eine vorzeigen!). Auch in der sogenannten »Mandorla«, dem mandelförmigen Heiligenschein, der um viele mittelalterliche Darstellungen des wiederkommenden Christus gelegt ist, wird die Symbolik der Nuß wieder aufgegriffen. Ist das nicht großartig? In der harten Schale unserer Welt ist ein wunderbarer Kern zu finden: Jesus Christus.
   (Auf die Melodie des Liedes vom »Kleinen Senfkorn Hoffnung« [Impulse-Musikverlag, D-4406 Drensteinfurt] könnten wir an Weihnachten singen: »Kleines Kindlein Hoffnung, uns umsonst geschenkt, finden dich im Stalle, folgen wir dem Stern. Bist ganz arm geworden, klein und schwach wie wir. Himmel schaffst du allen, allen auf der Erde hier.«)

(Stark verkürzt nach Felicitas Hestermann in drei gleichnamigen Gottesdiensten in »FaJu«, Aug./Sept. 89, mit einer Bastelanleitung für eine Walnußwiege.)

Maria / Muttertag / Rosenkranz

106. Mütter – wie Blitzableiter
(Ein Stück gebogener Draht)

Lesungen: Lk 1, 26–38 (Maria hat ja gesagt zum Willen Gottes); Joh 19, 25–27 (Maria – unsere Mutter)

Hinweis: Diese Predigt schreibt eine Elternrolle fest, die überholt sein sollte – aber spielt sie sich nicht trotzdem alltäglich ab?

Zunächst ratet einmal, was ich hier wohl mitgebracht habe. Sobald ihr Bescheid wißt, hebt die Hand:
Niemand beachtet so etwas noch – aber es ragt immer dienstbereit in den Himmel – auf Häusern und Türmen – eine segensreiche Erfindung! Ohne sie würden bei jedem Gewitter einige Häuser abbrennen! Ja, ein Blitzableiter! Es gibt Menschen, die sind wie Blitzableiter! Wißt ihr, welche das sein könnten? (Z. B. die Feuerwehr: sie spielt die Rolle eines Blitzableiters, auch wenn es schon eingeschlagen hat; Ärzte …; eigentlich jeder Mensch, der irgendwie helfen will; besonders die Heiligen und heiligmäßigen Menschen.)
Heute am Muttertag möchte ich an die Mutter als Blitzableiter in der Familie erinnern und den Müttern in eurem Namen danken! Wie oft haben sie euch, Kinder, schon vor manchem Donnerwetter bewahrt. Wie oft schützen sie mit viel Diplomatie vor verhängnisvollen Einschlägen! Könnt ihr, Kinder, uns mal ein bißchen davon erzählen …?
(Ob die Diplomatie immer richtig ist? Und siehe obigen Hinweis!)
Im Mai möchte ich aber auch an eine Mutter erinnern, die zum Blitzableiter für die ganze Menschheit wurde: Maria. Sie will es auch heute noch sein! Wir singen ja: »Maria, breit den Mantel aus, mach Schirm und Schild für uns daraus; laß uns darunter sicher stehn, bis alle Stürm' (mit Blitz und Donner!) vorübergehen!« (GL 595). (Zu diesem »Chormantel« Mariens eine Symbolpredigt in »99«, Nr. 87.)
Durch ihr Ja hat Maria es möglich gemacht, daß auf den Gipfeln der Berge ein besonderer Blitzableiter steht, das Zeichen ihres Sohnes … Ja, ein Kreuz!
Der Dichter Reinhold Schneider hat einmal geschrieben: »Nur den Betern kann es noch gelingen, das Schwert über unseren Häuptern aufzuhalten …« So können auch unsere gefalteten Hände zu Blitzableitern werden, vielleicht die mächtigsten, die es gibt, weil sie ihre Kraft und ihren Schutz aus dem Kreuz holen.
Uns ist dafür etwas die Antenne verlorengegangen. Unsere Vorfahren jedoch haben im Dorf und den umliegenden Feldern kleine »Blitzableiter« aufgestellt: Ich meine die Hagel- und Wegekreuze, die vor allem Bösen schützen sollten.

Wenn wir gleich gemeinsam das Glaubensbekenntnis beten, dann wollen wir die Hände heute besonders spitz falten und etwas höher halten – vielleicht sogar über den Kopf – wie Blitzableiter. Und wenn der Satz vorkommt »geboren von der Jungfrau Maria«, dann denken wir besonders an die, die uns geboren haben und die uns ein Leben lang beschützen möchten.

(Nach einer Idee bei Helder Camara, Selig die träumen. 5 Minuten-Radiopredigten, pendo-verlag, Zürich 1982, S. 74ff; vgl. »99«, Nr. 87.)

107. Die sieben Freuden Mariens
(Sieben Rosen oder sieben Kerzen)

Sieben Sprecher setzen nach ihrem Text jeweils eine Rose in eine Vase, die vor einem Marien-bild steht. Denkbar sind auch sieben Kerzen, die auf einen siebenarmigen Leuchter gestellt werden. Damit die Gemeinde nicht nur zum Zuschauen »verurteilt« ist, kann sie nach jedem Text ein Ave Maria sprechen.

1.: Siebenmal hat Maria sich ganz besonders in ihrem Leben gefreut. Zum erstenmal, als der Engel Gabriel ihr die Botschaft von Gott brachte. Zuerst war sie natürlich erschrocken. Aber als sie »Ja« gesagt hatte zu Gottes Plan, war sie sehr glücklich: In Jesus sollte doch ihr ganzes Volk gerettet werden! –
Maria, laß alle Mütter zu ihren Kindern »Ja« sagen.

2.: Voller Freude eilte Maria über das Gebirge zu ihrer Verwandten. Und Elisabet rief ihr zu: »Maria! Gott hat dich gesegnet vor allen Frauen, dich und dein Kind. Du darfst dich freuen, weil du der Botschaft des Engels geglaubt hast!« Da sang Maria das Loblied: »Ich preise den Herrn. Ich freue mich über Gott, meinen Retter!« –
Maria, schenke allen Menschen, daß sie im Glauben an Gott froh werden!

3.: Wie jede andere Mutter hat Maria sich nach den Schmerzen bei der Geburt über ihr Kind gefreut. Es war ein gesundes Kind und wie jedes Kind zum Staunen für alle, die es betrachteten. – Die Geschenke der Hirten und der Magier aus dem Osten haben Maria etwas mit der Härte und Kälte des Stalles versöhnt. –
Maria, laß alle Menschen sich über Kinder freuen – Geschenke der Liebe Gottes.

4.: Vierzig Tage nach der Geburt brachte Maria Jesus in den Tempel, um ihren Sohn Gott zu weihen – wie das bei den Juden üblich war. Dort nahm der alte Simeon das Kind in seine Arme und pries Gott mit den Worten: »Jetzt schauen meine Augen das, was du mir versprochen hast. Nun kann ich in Frieden sterben. Denn ich sehe das Licht, das allen Völkern zeigen wird, wer du bist. Das Licht, das einen hellen Schein wirft auf dein Volk Israel!« –
Maria, erleichtere allen Menschen, die heute sterben müssen, die Angst des Sterbens.

5.: Zum fünften Mal freute sich Maria, als sie den zwölfjährigen Jesus nach drei Tagen des Suchens im Tempel wiederfand. Welche Not hatten sie und Josef ausgestanden! – Maria hat sich gewiß oft über Jesus freuen können, als er dreißig Jahre lang in Nazaret lebte und arbeitete. –

Maria, viele Eltern verlieren die Herzen ihrer Kinder. Nimm sie unter deinen Schutzmantel!

6.: Auch Maria mußte sterben. Aber im Tod hat Jesus sie mit Leib und Seele zu seinem Vater geholt. War das eine Freude für sie, jetzt auf ewig bei ihrem Sohn bleiben zu dürfen! –

Maria, deine Fürbitte helfe, daß alle Menschen von deinem Sohn gerettet werden!

7.: Jesus hat Maria nicht nur zu sich in sein Reich geholt. Er hat sie auch über alle Engel und Heilige erhoben. Er hat sie zur Königin des Himmels gekrönt. – Sie ist in ihrer Freude unsere große Fürsprecherin bei Gott.

Auch wir bitten sie um Hilfe in unseren Nöten.

(Vgl. Carlo Carretto, Gib mir deinen Glauben, Herder Verlag, Freiburg 1980, S. 122.)

108. Zwölf Sterne, die uns leuchten
(Zwölf Sterne um das Haupt Mariens)

Lesung: Offb 12, 1–5a (Die Frau und der Drache)

Nach überwiegender Auffassung der Bibelwissenschaftler ist mit der Frau »die Kirche« gemeint, aber ein Übertragen auf Maria erscheint mir verantwortlich. – Entsprechend der Textstelle werden dem Bildnis Mariens auf blauem Plakatkarton ein Halbmond unter die Füße gemalt und Sonnenstrahlen zu beiden Seiten. Um Marias Haupt muß genügend Platz für zwölf Sterne bleiben.

Zwölf Kinder sprechen einen der Texte, die jeweils auf der Rückseite der gelben Sterne stehen, und reichen ihn dann einem Erwachsenen zum Aufkleben. – In diesem Sprechspiel werden die Eigenschaften des Glaubens, die uns in Maria aufleuchten, auf anschauliche Weise sichtbar gemacht. Die zwölf »Ave Maria« zwischen den einzelnen Sterntexten bedeuten keine Überforderung der Kinder, zumal sie von verschiedenen Kindern eingebracht werden sollen.

1. Maria ist für uns die neue Eva geworden, die half, unsere Welt wieder zu heilen. Wir grüßen dich, Maria, mit den Worten des Engels Gabriel: »Gegrüßet seist du, Maria. Du bist voll der Gnaden. Der Herr ist mit dir!«

Kind aus der Gemeinde: Gegrüßet seist du, Maria ...

Pr: ... den du, o Jungfrau, vom Heiligen Geist empfangen hast. –

Alle: Heilige Maria, Mutter Gottes ...

2. Maria eilte über das Gebirge. Ihre Kusine Elisabet rief bei der Begrüßung: »Maria, du bist gebenedeit unter den Frauen, und gebenedeit ist die Frucht deines Leibes, Jesus.«

Kind aus der Gemeinde: Gegrüßet seist du, Maria ...

Pr: ... den du, o Jungfrau, zu Elisabet getragen hast. – Alle ...

3. Maria hat in einem Stall Jesus geboren, den Heiland und Retter der Welt. Er kam für die Armen und Sünder. So wurde er zum Licht für alle, die im Dunkel dieser Welt leben.

Kind aus der Gemeinde: Gegrüßet seist du, Maria ...

Pr: ... den du, o Jungfrau, geboren hast. – Alle ...

4. Himmel und Erde preisen Maria als Mutter des Herrn, weil sie geglaubt hat. Sie ist die Mutter aller, die sich Gott anvertrauen.

Kind aus der Gemeinde: Gegrüßet seist du, Maria ...

Pr: ... der den Glauben in uns vermehren wolle. – Alle ...

5. Maria bewegte alles in ihrem Herzen, was sie hörte und sah. Sie war eine betende Frau und Mutter. Und jetzt bittet sie bei ihrem Sohn für uns.

Kind aus der Gemeinde: Gegrüßet seist du, Maria ...

Pr: ... der die Hoffnung in uns stärken wolle. – Alle ...

6. Maria sagte auf der Hochzeit zu Kana den Dienern: »Was Jesus euch sagt, das tut!« Maria will immer wieder zu ihrem Sohn hinführen: Was Er gesagt hat, das sollen wir befolgen.

Kind aus der Gemeinde: Gegrüßet seist du, Maria ...

Pr: ... der die Liebe in uns entzünden wolle. – Alle ...

(Gemeinsames Lied)

7. Maria hielt zu Jesus bis zu seinem Tod am Kreuz. In ihrem Leben haben sieben Schwerter ihr Herz durchbohrt. Sie versteht Leid und Not der Menschen. Darum brennen vor ihrem Bild auch immer viele Kerzen.

Kind aus der Gemeinde: Gegrüßet seist du, Maria ...

Pr: ... der für uns das schwere Kreuz getragen hat. – Alle ...

8. Unter dem Kreuz standen Maria und Johannes. Als Jesus zu Johannes sagte: »Siehe da, *deine* Mutter!«, hat er auch uns ihrer Mutterliebe anvertraut. Wir danken dafür, daß wir *noch eine* Mutter haben; selbst wenn Vater und Mutter uns hier verlassen.

Kind aus der Gemeinde: Gegrüßet seist du, Maria ...

Pr: ... der für uns gekreuzigt worden ist. – Alle ...

9. Maria freute sich mit den Jüngern über den auferstandenen Jesus. Jetzt verstand sie, wie Gott alles zu einem guten Ende führen kann.

Kind aus der Gemeinde: Gegrüßet seist du, Maria ...

Pr: ... der von den Toten auferstanden ist. – Alle ..

10. Beim Kommen des Heiligen Geistes am Pfingstfest saß Maria mitten unter den Jüngern. Sie erlebte, wie begeistert viele Menschen den Weg zur jungen Kirche fanden.

Kind aus der Gemeinde: Gegrüßet seist du, Maria ...

Pr: ... der uns den Heiligen Geist gesandt hat. – Alle ...

11. Maria wurde von ihrem Sohn mit Leib und Seele zu sich in den Himmel geholt. An Maria können wir erkennen, worauf auch wir am Ende des Lebens hoffen dürfen.
Kind aus der Gemeinde: Gegrüßet seist du, Maria ...
Pr: ... der dich, o Jungfrau, in den Himmel aufgenommen hat. – Alle ...
12. Jesus hat seine Mutter im Himmel zur Königin über alle Engel und Heiligen gekrönt. Jetzt ist sie die Schutzpatronin des ganzen Gottesvolkes. Auch wir dürfen uns und unser Land unter den Schutz ihres weiten Mantels stellen.
Kind aus der Gemeinde: Gegrüßet seist du, Maria ...
Pr: ... der dich, o Jungfrau, im Himmel gekrönt hat. – Alle ...

(Zuerst veröffentlicht in »KiBö« 89–2, S. 19.)

109. Das Glaubensbekenntnis des Rosenkranzes
(Ein Rosenkranz)

Lesungen: Mt 7, 24–27 (Sein Leben auf Felsen bauen); Mt 14, 22–33 (Petrus geht übers Wasser)

Ihr habt sicher schon von den Schrecken der Konzentrations- und Kriegsgefangenenlager während der Nazizeit gehört. Das wenige, was für einen Menschen in so einer Hölle noch zählt und ihm dann noch wertvoll ist, das muß besonders wichtig sein. Ihr könnt euch vorstellen, für ein bißchen Brot, das jeder bekam, mit dem man aber nicht leben und nicht sterben konnte, für so ein Stückchen Brot hätte man alles gegeben!
In den vatikanischen Museen in Rom war etwas zu sehen, was aus diesem kostbaren Material hergestellt worden war: Ein Rosenkranz – aus Brotkrumen angefertigt. Ein hungernder Soldat hatte sich das lebensnotwendige Brot vom Mund abgespart, um sich solch eine heilige Kette zu gestalten, wie ich sie hier in Händen halte. Ich sehe den Rosenkranz heutzutage auch in den Händen vieler Sterbender. Was ist das für eine Kette, an der man sich selbst in den Ängsten und der Not des Todes noch festhalten kann?
Und noch ein Beispiel, das unterstreicht, welche Kraft in diesen Perlen steckt: Der Soldatenkönig, Friedrich Wilhelm I. von Preußen war bekannt für seine Vorliebe, möglichst »lange Kerle« unter seinen Soldaten zu haben. Er ließ ganz Europa nach solch großen Männern durchkämmen, auch die katholischen Gebiete. Und er ordnete an, daß sein katholischer Feldgeistlicher, ein Dominikanerpater, für jeden seiner katholischen Husaren einen Rosenkranz besorgen sollte, damit sie ihm – hört gut zu! – vor Heimweh nicht sterben würden! – Also: Was ist das Geheimnis der Perlenkette, das immer weniger Menschen kennen?

Der Rosenkranz faßt unseren Glauben zusammen! Von Perle zu Perle, von Gesätz zu Gesätz gehen wir in den Fußspuren Jesu, und die begleitende Hand der Mutter Jesu, Mariens, streckt sich uns entgegen. –
Der Rosenkranz beginnt mit dem Kreuz (zeigen). Der hl. Thomas von Aquin sagte: »Das Kreuz ist das Buch, das man nie ausstudieren kann.« Am Kreuz beten wir unser Glaubensbekenntnis. An den folgenden drei Perlen beten wir um Glaube, Hoffnung und Liebe. Sie halten uns im Leben über Wasser, wenn ich mein ganzes Vertrauen dem schenke, der auch Petrus über Wasser hielt – wie wir eben im Evangelium gehört haben (oder Mt 7: der mich mein Leben auf Felsen bauen läßt).
Dann folgen in einer Art Geheimschrift die vielen Gesätze, die das Leben Jesu von der Geburt bis zu seiner Heimkehr zum Vater beschreiben. Das ist ja auch unser Weg: Wir kommen von Gott und gehen wieder zu ihm. Wir können nicht in die Irre gehen, wenn wir uns dabei am Leben Jesu und an dem seiner Mutter orientieren.
Wer den Rosenkranz betend hält, dessen Hände greifen nicht ins Leere. Darum lade ich euch jetzt ein, den Altenberger Rosenkranz mit mir zu beten (= von jedem der 15 Gesätze *ein* Ave Maria mit dem entsprechenden Zusatz in GL 33, 3–5). Hoffentlich habt ihr dann etwas »Geschmack« bekommen, es zu Hause einmal selbst zu probieren.

(Frei nach Joachim Kardinal Meisner, Sein – wie Gott uns gemeint hat. Betrachtungen zu Maria, Bernward Verlag, Hildesheim/Morus-Verlag, Berlin 1988, S. 105–108.)

110. Die sieben Schmerzen Mariens
(Ein Marienbild, in dem sieben Schwerter stecken)

Hinweis: Damit die Gemeinde nicht nur zum Zuschauen verurteilt ist, kann nach jedem Sprechtext ein »Ave Maria« gebetet werden.

Wir sehen sieben Schwerter im Herzen der Mutter Jesu stecken. Diese Darstellung, die uns oft in Kirchenfenstern oder bei geschnitzten Marienfiguren begegnet, geht auf die Schriftstelle zurück: »Dir, Maria, wird ein Schwert durch die Seele dringen!« (Lk 2, 35). Sieben Schmerzen Mariens zählen die Kinder und Jugendlichen jetzt auf. Wir denken dabei an den bohrenden Schmerz eines Schwertes, an die harte Trennung oder die scharfe Entscheidung, die ein Schwert mit sich bringt – ein Schmerz damals wie heute.

1. Siebenmal mußte Maria in ihrem Leben schlimme Augenblicke aushalten. Das erste Mal, als der alte Simeon im Tempel zu ihr sagte: »Diesem Jesus wird widersprochen werden. Es wird manchmal so furchtbar sein, daß es dir, Maria, so vorkommt, als ob ein Schwert dabei durch deine Seele dringt.«
   Heute werden Christen um ihres Glaubens willen verfolgt.
   Herr, stärke die verfolgte Kirche, die aus so vielen Wunden blutet!

2. Kurz nach der Geburt Jesu wurdest du, Maria, ein Flüchtling. Wie furchtbar muß der Satz in deinen Ohren geklungen haben: »Fliehe nach Ägypten! Der König Herodes sucht das Kind, um es zu töten!« –
Niemals gab es in der Welt so viele Flüchtlinge wie in unseren Tagen.
Herr, laß unser Land verfolgten Flüchtlingen vorurteilsfrei und gastfreundlich begegnen!

3. Drei Tage haben Maria und Josef voller Angst Jesus gesucht. Drei Tage lang! Sie sind mit den Nerven am Ende, als sie Jesus im Tempel finden und sagen: »Kind, warum hast du uns das angetan?« –
Viele Eltern leiden heute darunter, daß Kinder ihre eigenen Wege gehen, die oft in Sackgassen enden.
Herr, schenke Vätern und Müttern die Gabe der Unterscheidung, die Hand ihrer Kinder im richtigen Augenblick loszulassen.

4. Maria steht am Kreuzweg. Sie sieht, wie die Henker ihren Sohn zugerichtet haben, wie er in den Tod getrieben wird, und sie muß hilflos zusehen. Gibt es einen Schmerz, der sich mit dem Schmerz Mariens messen kann? –
Herr, hilf den Menschen im Wohlstand, das Teilen mit den Ärmsten der Armen nicht zu vergessen.

5. Maria muß zusehen, wie Jesus ans Kreuz genagelt wird. Wie ihn dürstet und wie er leidet. Wie er schreit und zweifelt. Drei Stunden lang dauern die Qualen. Und wieder durchdringt ein Schwert ihre Seele. –
Das Leid derer, die dabeistehen, ohne helfen zu können, ist ebenfalls furchtbar.
Herr, hilf uns durch unsere Besuche und Gebete, die Not von so vielen Kranken mitzutragen.

6. Der tote Jesus wird vom Kreuze abgenommen und in den Schoß der Mutter Maria gelegt. Ihr Schmerz ist groß und tief wie das Meer. –
Maria versteht darum alle, die vor ihrem Bild suchen und bitten.
Wenn Eltern ihre Kinder durch den Tod verlieren, trifft sie das besonders furchtbar.
Herr, schenke ihnen den Blick für deine andere Welt, in der sie ihre Kinder wiedersehen.

7. Maria schaut zu, wie der Leichnam Jesu in das Felsengrab gelegt wird. Soll so ein Leben zu Ende gehen, das nur da war für Arme und Kranke, für Suchende und Verlorene? –
In der Not des Todes braucht jeder Mensch Hilfe. Auch jeder Angehörige, den der Tod eines anderen trifft.
Herr, tröste auch durch unser Mitgefühl so viele Trauernde.

(Frei nach GL 783, 6.)

111. Ave Maria

(Eine aussagekräftige Statue, die Maria als Mädchen zeigt – wie sie oft in den Wohnungen zu finden ist. Sie sollte aber wenigstens 70 cm groß sein. Oder ein entsprechendes Dia)

Lesungen: Gen 12, 1–7 (Abram zog – wie später Maria – ganz im Vertrauen auf Gott in ein neues Land); Jes 61, 10f (Das »Magnifikat« des Alten Bundes: Ein Lobgesang von Menschen, die Gottes erbarmende Liebe erfahren haben); Lk 1, 46–55 (Maria preist Gott, ihren Retter, im »Magnifikat«).

Pr nimmt die noch mit einem Tuch verhüllte Figur in die Hand) Bevor manche Künstler ihre Schnitzmesser zurechtlegen, um eine Madonna zu schnitzen, haben sie – wie ein Ikonenmaler – vorher oft tagelang gebetet und gefastet: Gott sollte ihm helfen, seine besten und reinsten Kräfte in dieses Holz zu legen, damit andere Menschen von dem Kunstwerk angerührt werden; damit sie davor beten und bitten können.

(Pr enthüllt die Marienstatue) Diese Maria habe ich schon stundenlang angesehen, ohne daß ich sagen kann, jetzt habe ich genug ... Wir sehen Maria, dargestellt als junges Mädchen, die Hände gefaltet, den Kopf leicht geneigt. Maria war noch im Teenageralter, als sie ihr Ja sprach. Und doch sehe ich dieser Gestalt an: Sie weiß schon, was sie will; sie ist schon eine Persönlichkeit. Dabei richtet sich Maria ganz auf Gott aus.

Beim Betrachten kamen mir zwei Worte in den Sinn, die darf heutzutage ein Prediger kaum mehr in den Mund nehmen: Die Worte heißen »Demut« und »Ehrfurcht«. Schaut euch diese Maria an: Sie hat Mut zum Dienen = De-mut. Und ihre Haltung sagt: Ich möchte einem anderen die Ehre geben. Ich bin nur ein Geschöpf, das vor seinem Schöpfer steht; ich ehre und fürchte meinen Schöpfer. Dabei hat das »Fürchten« nichts mit »Angst« zu tun; es umschreibt nur den Abstand zwischen Geschöpf und Schöpfer: Ehr-furcht haben.

Drei Gedanken darf ich mit auf den Weg geben, während wir auf Maria und ihr Leben schauen:

1. Ihre Gedanken kreisen nicht nur um sie selbst. Sie ist ansprechbar. Sie kann hören, zuhören. Sie vermag unter den vielen Stimmen die Stimme Gottes herauszuhören.

2. Sie hat ja gesagt zum Willen Gottes und geht dann konsequent ihren Weg im Vertrauen auf Gott, auch wenn sie selbst nur bis zur nächsten Wegbiegung sehen kann. Sie hat dieses Ja in guten und bösen Tagen durchgehalten.

3. Der dritte Punkt hängt mit dem zweiten zusammen. Der Engel sagte ihr: »Für Gott ist nichts unmöglich!« (Lk 1, 37). Wir möchten im Gegensatz dazu erst immer das genaue »Wie« wissen und uns dann erst heranwagen.

Maria aber hat das »Wie« Gott überlassen. Entscheidend ist für dieses Wagnis der Glaube; ein Glaube, der nur so groß ist wie ein Senfkorn. Denn selbst solch

ein Glaube kann Berge versetzen. Für einen Menschen mit Vertrauen auf Gott ist nichts unmöglich (Mt 17, 20; Lk 17, 6). Deshalb konnte Gott bei Maria »landen«. Deshalb konnte Maria die »neue Welt« in die Welt bringen.
Ich glaube, wir vermögen das zu verwirklichen, was Maria uns in ihrem Leben gezeigt hat:
– So zuhören können, daß wir Gottes Stimme unter den vielen Stimmen heraushören.
– Im Vertrauen auf Gott ein gegebenes Ja durchhalten – in guten und bösen Tagen.
– Und im Glauben in unserer kleinen Welt Berge versetzen.
Herr, hilf unserem Unglauben!
(Pr stellt die Figur jetzt so auf, daß sie auf den Altar ausgerichtet ist.)

Engel / Heilige

112. Profil zeigen
(Ein neuer Autoreifen oder ein größeres Plakat mit Reifenreklame)

Lesungen: 1 Joh 4, 19–21 (Wer Gott liebt, soll auch seinen Bruder lieben); Mt 22, 35–40 (ähnlich Mk 12, 28b–31; Lk 10,25–27: Hauptgebot)

Vorbemerkung: Was Josef Danko in seinem Buch »Kinder in der Gemeinde«, Don Bosco Verlag, München 1989, S. 113–117, am Beispiel des hl. Leonhard erarbeitete, läßt sich auf jeden Heiligen übertragen: Hier das verkürzte Schema:

Ein gutes Profil auf dem Reifen ist für das ganze Auto wichtig, denn abgefahrene Reifen sind lebensgefährlich – auch für die anderen Verkehrsteilnehmer. Bei gutem Profil liegt der Wagen in den Kurven stabil, er hat einen kürzeren Bremsweg und genügend Bodenhaftung. Also ein Sicherheitsfaktor für *alle* Autofahrer.
Manchmal sagen wir auch von Menschen »der hat Profil« und meinen damit: Der hat einen Standpunkt; Rückgrat; der hängt seine Meinung nicht wie die Wetterfahne nach dem Wind; der rennt nicht dem nach, was heute »modern« ist; was »man« so macht, was genehm ist und Profit bringt …
Heilige waren Menschen, *Christen* mit Profil. Wer ihr Leben »durchleuchtet«, der stellt auch fest, warum: Sie richteten sich ganz auf Gott und Christus aus und schöpften daraus alle Kraft für ein Leben in der Liebe zum Nächsten, besonders zu denen, die durch Krankheit, Not, Verachtung an den Rand gedrängt wurden (vgl. Lesungen). Sie beteten *und* arbeiteten. (Betrachtet die Reihenfolge!)

Wer das Profil des betreffenden Heiligen noch genauer erarbeiten will, der kann folgende Fragen stellen: Wie zeigte sich die Gottesliebe? Wie wirkte sich diese Liebe in der Nächstenliebe aus? Wie stand er zur Schöpfung (was uns ja heute auf den Nägeln brennt!)?

Die Heiligen sind uns Hilfen, unser »Profil« als Christen zu überdenken und zu verbessern.

Hinweis: Übertragung auf die »Kirche«: Profil an den Reifen gibt dem *ganzen* Wagen Sicherheit und Bodenhaftung und verhindert das Rutschen.

(Gedanken zu einer »Rundum-Erneuerung« siehe »144«, Nr. 77.)

113. Von todbringenden Pfeilen (Hl. Sebastian)
(Ein Sportpfeil, ein übergroßes Heftpflaster, z.B. ABC-Pflaster; eine St. Sebastianus-Fahne)

Lesungen: Ps 91, 1–9 (Fürchte nicht den Pfeil, der am Tag dahinfliegt); Jer 9, 1–8 (Ein tödlicher Pfeil ist ihre Zunge); Eph 6, 10–18 (Mit dem Schild des Glaubens könnt ihr alle feurigen Geschosse des Bösen auslöschen); Jak 3, 1–12 (Die Macht der Zunge); Mt 10, 28–33 (Fürchtet euch nicht)

(Pr zeigt Sportpfeil) Diesen Pfeil hier habe ich aus einer Wunde des hl. Sebastian gezogen. Wenn wir ihn fragten, würde er sicher sagen: »Ich bin nicht wild auf die versessen, die gut schießen können«.

In unserem Dorf (Stadtteil) gibt es allerdings genügend Leute, die unheimlich gut schießen. Von daher dürfte keine Bruderschaft Nachwuchsmangel haben. Ich meine all die Scharfschützen, die sich auf Herzschüsse spezialisiert haben, auch wenn mancher Pfeil dabei ins Auge geht. Da werden Giftpfeile verschossen. Das geht los mit der Bemerkung: »Haben Sie schon von dem oder der gehört ...?« Da gibt es männliche und weibliche Heckenschützen, die anonym und unverhofft aus ihren Verstecken schießen. Manche verschießen keine Pfeile, sondern Nadeln – heimlich, scheinheilig und mit dem frömmsten Gesicht. Solche heimtückischen Nadelstichgeschosse sind besonders schlimm, weil man sie nicht kommen sieht ...

Wie überlebt man solche Pfeile? Wie werden all die Frauen und Männer in den Vorständen der Bruderschaften oder Vereine mit Pfeilen der Kritik und der Boshaftigkeit fertig? Die Antwort haben wir eben in der Lesung gehört: Mit dem Schild des Glaubens können wir die Brandpfeile des Bösen auslöschen und abprallen lassen. (Hier darf ich mich bedanken bei all denen in verantwortungsvollen Posten der Bruderschaft, die aus diesem Glauben heraus schon manches »weggesteckt« haben, weil sie nicht auf diese Pfeile und deren Schützen sehen, sondern auf die, denen ihre Arbeit gilt.)

Sebastian ist dafür das beste Beispiel: Die Pfeile hatten ihm ja nicht den Tod gebracht, die Bogenschützen hielten ihn nur für tot. Gesundgepflegt stellte er sich als Totgeglaubter wieder dem Kaiser und bekannte seinen Glauben. So stark macht der Glaube! Dann erst wurde er niedergeknüppelt und seine Leiche in eine Kloake geworfen.

Wir verstehen jetzt sicherlich, warum der hl. Sebastian allergisch ist gegen diese Geschosse. Schauen wir ihn uns auf dieser Fahne an! (Ein Fahnenträger zeigt jetzt das Bild vom pfeiledurchbohrten Sebastian.) Er hängt ja noch immer mit diesen Pfeilen im Körper am Pfahl und verblutet.

Liebe Kinder! Da es hier ums Schießen geht, darf ich euch folgendes Ereignis berichten: Bei einem Hausbesuch erschien ein Kommunionkind mit einem Spielmaschinengewehr im Türrahmen, zielte auf die ganze Gesellschaft und machte tatatata. »Willst du alle totschießen?« wurde es gefragt. »Ja«, sagte es und machte wieder tatatata. »Woher hast du das Gewehr?« »Vom Christkind«, sagte das Kind. – Da muß man tief schlucken: Was für ein Christkind existiert da in manchen Familien; ein Christkind, das Maschinengewehre verschenkt?!

Diesen Pfeil möchte ich jetzt nicht in eine Wunde des hl. Sebastian zurückstecken. Ich möchte sie vielmehr mit diesem großen Heftpflaster zukleben. (Pr zeigt das ABC-Pflaster). Denn der hl. Sebastian verblutet vor lauter Kummer, wenn er sieht, wie viele seiner Bruderschaften ohne das Schild des Glaubens leben. Sie nehmen das Wort »Glaube (Sitte, Heimat)« zwar öfter bei Ansprachen in den Mund, aber leben nicht mehr aus dieser Mitte (Immerhin steht der Glaube im Wahlspruch der Schützenbruderschaft an erster Stelle!). Am liebsten jedoch würde ich dieses riesige Pflaster auf unseren großen Mund kleben, denn von hier aus werden ja die meisten tod- und ärgerbringenden Pfeile abgeschossen.

In diesem Gottesdienst wollen wir aber zuerst unseren Mund öffnen, um Gott zu loben und zu danken; wir wissen ja den hl. Sebastian in der Gemeinschaft der Heiligen als unseren Fürsprecher am Throne Gottes.

Beim Entlaßgruß: Nehmt bitte auch ein paar unsichtbare große Pflaster für den Mund mit. Manchmal *muß* etwas gesagt werden – da schweigen wir. Und manchmal reden wir über andere, die sich nicht wehren können, wenn auf sie geschossen wird, weil sie nicht anwesend sind. Da könnte, sobald es bemerkt wird, einer in Zukunft rufen, um einander zu erinnern: »Wo ist das Pflaster?«

(Zum Teil nach Wilhelm Willms, neu und älter als gedacht. nur ein schlüssel und türen gehen auf, Verlag Butzon & Bercker, Kevelaer 1984, S. 148–153.)

114. Liebe zu Gott, zum Nächsten und zur Kirche (Hl. Franziskus)
(Ein antikes Öllämpchen, Verbandsstoff und ein Mauerstein)

Lesung: Mt 22, 35–40 (ähnlich Mk 12, 28b; Lk 10, 25–27: Hauptgebot)

Nachdem Franziskus aus seinem gesicherten Leben »ausgestiegen« war, lachten die Leute von Assisi über ihn. Der reiche Kaufmannssohn ging nämlich als Bettler von Tür zu Tür und bat um – Öl, Verbandsstoff und Bausteine. Diese drei Bettelgaben habe ich mitgebracht. Wir wollen sehen, was sie Franz damals bedeuteten, und was sie uns heute sagen können.

1. Das Öl sollte wieder in den Lampen vor den Altären brennen zur Ehre Gottes als ewiges Licht. Die *Liebe zu Gott* ging Franziskus über alles. Ein Mann namens Bernardo, der ihm als erster Gefährte folgte, beobachtete den hl. Franz einmal während einer ganzen Nacht: Sein Gebet bestand nur immer wieder aus den Worten: »Mein Gott und mein alles!« Eine andere Begebenheit: Bruder Leo suchte Franziskus in einer hellen Mondnacht nahe einer Einsiedelei auf dem Berge La Verna. Er fand ihn kniend mit ausgebreiteten Armen und hörte immer wieder den einen Satz: »Wer bist du, gütigster Gott, und wer bin ich, der winzige Wurm, dein kleiner Knecht?« Und Gott sprach zu ihm wie aus flammendem Licht. – Uns erscheinen diese Worte in unserer Zeit übertrieben, aber diese Haltung ist besser als das übersteigerte Selbstbewußtsein vieler Menschen heutzutage, die meinen, ohne Gott auskommen zu können.
Diese Liebe zu Gott über alles wurde später augenfällig, als er Jesus durch die Wundmale an Händen, Füßen und der Seite ganz ähnlich wurde.

2. Die *Liebe zum Nächsten* lag Franziskus ebenso am Herzen. Unzählige Geschichten erzählen davon, wie er das letzte, das er erbettelt hatte, wieder hergeben konnte, wenn er auf große Not traf. Seinen Brüdern hat sich das tief eingeprägt. So wird erzählt, daß Bruder Wacholder, der Franziskus um mehr als dreißig Jahre überlebte, spontan einer bettelnden Frau die silbernen Glöckchen, die einen Altar zierten, schenkte – was ihm großen Ärger mit dem Ordensoberen eingebracht hatte.
Dieses Stück Verbandsstoff hier soll für die Nächstenliebe des hl. Franz stehen: Damit verband er die eiternden Wunden der unheilbar Aussätzigen, die er pflegte und für die er Essen sammelte. Er überwand dabei seinen Ekel, weil er in diesen Armen – wie Mutter Teresa – den gekreuzigten Christus wiedererkannte.

3. Der Baustein weist auf seine *Liebe zur Kirche* hin. Er zog ringsum durchs Land und baute mit eigenen Händen die zerfallenen Kirchen wieder auf. Franziskus nahm dabei wörtlich, was Jesus ihm auf seine Frage »Was soll ich tun?« geantwortet hatte: »Bau meine Kirche wieder auf!« Später schickte er seine Brüder – die Zahl ging in die Tausende – jeweils zu zweit in alle Welt hinaus. Das waren die »lebendigen Steine«, die die Kirche damals retteten.

Zu der Zeit stand Rom genauso in der Kritik wie heute. Aber Franziskus baute »Kirche« da positiv auf, wo er lebte. Wir begehen heute oft den Fehler, in fast selbstmörderischer Kritik Rom an den Pranger zu stellen. Kritik muß sein; aber wenn sie übertrieben wird und nicht mehr konstruktiv ist, wächst innerhalb der Kirche nur der Verdruß; und die Gleichgültigkeit und Feindschaft außerhalb der Kirche werden unterstützt.

Franziskus lebte uns vor: die Liebe zu Gott und zum Nächsten und zur Kirche! Eine dreifache Liebe, die auch heute Wunder wirken, Neues schaffen, ausstrahlen und mitreißen könnte.

(Vgl. das Kinderbuch von Lene Mayer-Skumanz, Franziskus und seine Gefährten, Verlagsanstalt Tyrolia, Innsbruck 1989. Der Name des Bruders »Wacholder« wurde daraus übernommen.)

115. Erneuerung der Kirche (Hl. Franziskus)

(Modell einer kleinen Kirche; von einem Kind aus Legosteinen oder ähnlichem gebaut)

Lesungen: Mt 16, 24–28 (ähnlich Mk 8, 34–9, 1; Lk 9, 23–27: Vom Nachfolgen und der Selbstverleugnung); Mt 19, 16–30 (ähnlich Mk 10, 17–31; Lk 18, 18–30: Vom Reichtum und der Nachfolge); Lk 9, 2–5 (ähnlich Mt 10, 5–15; Mk 6, 8–11: Anweisung für die Mission)

Franziskus hat in seiner Zeit die harte Kritik am Papst und den Kirchenfürsten positiv aufgefangen. Zur Zeit des Reformators Martin Luther hätte die Haltung eines Franziskus wahrscheinlich eine Spaltung verhindert. Aber wer will heute, wo wir selbst genug unterlassen oder falsch machen, über vergangene Zeiten richten? Franziskus versuchte zunächst, die Kirche, die damals an Reichtum und Unglaubwürdigkeit zu ersticken drohte, zu erneuern, indem er die Kirchen der Umgebung äußerlich wiederherstellte. Dafür erbettelte er Ziegelsteine und baute die Gebäude mit eigener Hand wieder auf. Dann erneuerte er die Kirche innerlich durch sein Armutsideal. Wir schauen genauer hin:

In der Zeit seiner eigenen Suche und seiner ersten Gefährten ging Franziskus mit Bruder Bernardo, der ihm gesagt hatte: »Ich möchte so leben wie du«, in eine Kirche, um Jesus zu befragen. Nach dem Gottesdienst baten sie den Priester, dreimal das Evangelienbuch aufzuschlagen. So war es damals üblich, wenn einer Gott befragen wollte. Der Priester machte das Zeichen des Kreuzes über das Evangelienbuch und schlug es auf.

Beim erstenmal las Franziskus: »Wenn du vollkommen sein willst, geh, verkaufe deinen Besitz, und gib das Geld den Armen!« (Mt 19, 21; Mk 10, 21; Lk 18, 22). Beim zweitenmal las er: »Nehmt nichts mit auf den Weg, keinen Wanderstab und keine Vorratstasche, kein Brot, kein Geld und kein zweites Hemd« (Lk 9, 3; Mt 10, 10; Mk 6, 8). Und beim drittenmal stieß er auf den Satz: »Wer mein Jünger sein will, der verleugne sich selbst, nehme sein Kreuz auf sich und folge mir nach!« (Mt 16, 24; Mk 8, 34; Lk 9, 23).

Stellt euch vor, wenn heute »die« Kirche fragen würde, was sollen wir denn zur Erneuerung tun, und ich würde wieder diese drei Stellen vorlesen, »der« Kirche *und* allen, die sich in ihr engagieren wollen, was wäre wohl die Reaktion? – Ich versuche es einmal. (Pr wiederholt die obigen drei Bibelstellen.)

Ich weiß, es ist naiv, das *so* auf die Kirche zu übertragen. Aber ich wage zu fragen, welche Kirche ist glaubwürdiger in der Welt: Unsere reiche hier oder die arme in so vielen Ländern?

Mehr Demut, mehr Bereitschaft, anderen die Füße, statt die Köpfe zu waschen, stände »der« Kirche bis hin zu den einzelnen Priestern gut an. Eine Chance, die Menschen mehr aufhorchen zu lassen! Und in Zweifelsfällen dürfen wir uns auch an eine Begebenheit mit einem Mitbruder des hl. Franz erinnern: Bruder Wacholder schenkte einer bettelnden Frau spontan die Silberglöckchen, die den Altar verzierten. Das brachte ihm großen Ärger mit seinem Ordensoberen ein. Da würde heutzutage auch jeder Pfarrer in seiner Gemeinde auf Unverständnis stoßen. Es gibt auch gute Gründe dagegen – aber dieser Akzent der Armut, könnte er »die« Kirche, die Kirche hier am Ort, und uns, die wir ja auch Kirche sind, nicht erneuern?

(Vgl. das Kinderbuch von Lene Mayer-Skumanz, Franziskus und seine Gefährten, Verlagsanstalt Tyrolia, Innsbruck 1989, S. 6f, 43f; der Name des Bruders »Wacholder« wurde daraus übernommen.)

116. Von der Ewigkeit in jedem Augenblick (Hl. Vitus)
(Ein Wecker und die Statue des Heiligen)

Lesungen: Ps 90, 2–12 (Tausend Jahre sind für dich wie ein Tag); Eph 5, 15–20 (Nutzt die Zeit!); Mt 24, 43-44 (ähnlich Lk 12, 39f: Er kommt zu einer Stunde, in der ihr es nicht vermutet); Joh 20, 19–23 (Er hauchte sie an)

Wenn ich an den hl. Vitus denke, fällt mir der Spruch meiner Mutter ein aus einer Zeit, in der es kaum Wecker gab: »Wenn du pünktlich wach werden willst, dann bete: ›Heiliger Sankt Veit, wecke mich zur rechten Zeit: Nicht zu früh und nicht zu spät, wenn die Glocke Sechse (= das Gewünschte) schlägt.‹«

Der hl. Vitus oder Veit ist also seit jeher fürs Wecken zuständig; darum habe ich diesen Wecker vor seine Figur gestellt. Hört gut zu, denn er möchte uns etwas über die Zeit sagen:

1. Da ich jetzt alles von der Ewigkeit her sehe, kann ich euch verraten: Es gibt gar nicht die Zeit, in die ihr alles einteilt. Es gibt nur Ewigkeit in jedem Augenblick.

Und der einzige richtige Wecker ist der große Er-wecker, nämlich Gott selbst, der euch einmal aus dem letzten Tiefschlaf, dem Tod, herausholt. Eure Termin-kalender stimmen alle nicht, denn von der Ewigkeit her gesehen existiert nur die Zeit, die mit Liebe gefüllt ist. Schaut euch doch Liebende an: Sie spüren nichts von Zeiteinteilungen, wenn sie beisammen sind; sie genießen schon die Sekun-den der Ewigkeit.

2. Auch bei Gott gibt es keine Zeit; ein Symbol für ihn ist der Kreis – ohne Anfang und Ende. In ihm ist nur Liebe, nur Ewigkeit; darin ist alles Gegenwart – also zeitgleich Vergangenheit und Zukunft –, wie auch in unserer Gegenwart die Ver-gangenheit gegenwärtig ist. Ähnlich ist die Zukunft in uns gegenwärtig im Hof-fen und Träumen, sonst wäre die Gegenwart leer und traurig. Wenn in Gott Zeit nicht existiert, dann hat der Psalm seine Richtigkeit, in dem es heißt: »Denn tau-send Jahre sind für dich wie der Tag, der gestern vergangen ist, wie eine Wache in der Nacht« (Ps 90, 4).

3. Laßt euch von Gottes Geist zur Gegenwärtigkeit erwecken: Für jeden, der euch braucht, *ganz* dazusein, mit ganzem Herzen. Denn eure Hetzjagden und die Furcht, etwas zu verpassen, machen euch halbherzig; und das ist schlimmer, als gar nicht dazusein. Atmet also den neuen Geist ein, mit dem Jesus seine Jünger anhauchte (Joh 20, 22), sonst erstickt ihr an der eigenen schlechten Luft eures Zeitgeistes, der oft nur Zeit totschlägt durch Konsumieren.

4. »Nutzt die Zeit«, ruft Paulus aus (Eph 5, 16), denn kein Fahrplan verrät euch, wann der große Erwecker kommt, der euren Wecker endgültig abstellt. Haltet euch bereit, denn er kommt zu einer Stunde, in der ihr es nicht erwartet (Mt 24, 44). Die Ordensleute haben den Tag in Gebetshoren eingeteilt (hora = die Stun-de): Mit »Bete und arbeite!« bringt ihr Ordnung in die Zeitabläufe und schwimmt gegen den Zeitgeist. Dann schöpft ihr Ewigkeit aus jedem Augen-blick. Herr, so hilf uns, Zeit in Ewigkeit zu verwandeln!

(Stark verkürzt und verändert nach Wilhelm Willms, neu und älter als gedacht. nur ein schlüssel und türen gehen auf, Butzon & Bercker, Kevelaer 1984, S. 154–164.)

117. Der Barbarazweig (Hl. Barbara)

(Ein »Barbarazweig«, z. B. ein Zweig vom Kirschbaum)

Lesungen: Vom Festtag

Dieser »Barbarazweig«, der ins Wasser gestellt, mitten im Winter Blüten treiben kann, erinnert mich an zwei Geschichten:
Die erste ist die Legende von der hl. Barbara, die wegen ihres Glaubens an Christus von ihrem Vater ins Gefängnis geworfen wurde. Auf dem Weg dorthin blieb sie mit

ihrem Gewand an einem Zweig hängen. Sie stellte ihn, weil er abgebrochen war, in ein Gefäß mit Wasser: Und er blühte genau an dem Tag auf, an dem sie zum Tode verurteilt wurde.

Die zweite Geschichte handelt zu der Zeit, als der Bergbau an der Ruhr noch in den Kinderschuhen steckte, und erzählt ebenfalls von der hl. Barbara, der Schutzpatronin der Bergleute. Sie beginnt damit, daß die halbwüchsige Anna ihrem Onkel, einem alten Bergmann, nicht glauben will, die hl. Barbara habe den Bergleuten im Ruhrgebiet schon geholfen. Dabei drehte der Onkel einen solchen Zweig in den Händen, den er von einem Kirschbaum geschnitten hatte. »Nein, Onkel«, sagte sie, »das glaube ich nicht. Barbara hat im Morgenland gelebt, war nie an der Ruhr, und ob es sie überhaupt gegeben hat, ist auch nicht ganz sicher!«

Einige Tage später hatten seine Neffen ein neues Flöz aufgeschlossen, und sein Bruder bat ihn, sich dieses näher anzusehen. »Ich habe so ein komisches Gefühl. Du kennst dich da besser aus!« Da zog der Onkel seine Arbeitskleider an und steckte den kleinen Kirschzweig, der schon ein paar Knospen getrieben hatte, einfach so ins Knopfloch. Dann stieg er in den Schacht und erreichte auch den neuen Querschlag. Der Onkel wunderte sich über das mächtige Flöz, klopfte mit dem Meißel die Stützstempel ab und freute sich an der Arbeit der Kumpel, die alles gut verbaut hatten. Was mochte nur seinem Bruder so komisch vorgekommen sein?

Der Berg gab Antwort. Ein Knistern lief durch das Gestein, schließlich Donnergrollen und wütendes Gekreisch: Der Berg brach und versperrte in einem wüsten Durcheinander von Steinen und Stempeln den Weg. Zunächst überfiel ihn Angst; versuchte mit dem Meißel Steinbrocken loszuheben und zur Seite zu rollen. Aber er wußte, sein Werkzeug reicht nicht aus. So begnügte er sich mit Klopfen und Warten, Warten und Klopfen ... Zwischendurch trank er bitteres Wasser, das von der Decke tropfte. In eine kleine Pfütze steckte er den knospenden Kirschzweig. Er stellte seine Lampe daneben und klopfte wieder das Notsignal. Immer wieder. Nur nicht einschlafen!

So lag er tagelang und klopfte und lauschte. Ab und zu schlief er doch ein. Dann trank er wieder etwas Bitterwasser und sah, wie die Knospen des Zweiges immer mehr anschwollen. Und es schoß ihm wie ein irrer Gedanke durch den Kopf: »Wenn der Zweig aufblüht, dann komme ich hier raus. Hl. Barbara, Schutzpatronin der Bergleute, hol mich hier raus!« Wieder vergingen Tage. Sein Klopfen war kraftlos geworden. Schließlich gab er nur noch selten Zeichen.

Als sie ihn nach vielen Tagen schließlich fanden, lag der Onkel auf dem Rücken, zu Tode erschöpft. In seiner Faust hielt er den kleinen Zweig umklammert, einen Zweig, an dem man das erste Weiß einer Blüte erkennen konnte.

Später, als er in seinem Bett lag und Anna zu ihm durfte, hatte sich die erste Blüte weiß entfaltet. Anna schaute glücklich auf den Onkel und die Blüte, und sie lachte ihm wissend in die Augen, ohne daß er ein Wort sagte ...

(Stark verkürzt und leicht verändert nach einer Geschichte von Willi Fährmann, die sich lohnt, in ihrer ganzen Länge vorgelesen zu werden, aus: Willi Fährmann, Und leuchtet wie die Sonne. Geschichten für jeden Tag vom Martinsabend bis Dreikönige, Echter Verlag, Würzburg 1986, S. 138–141, oder »KiBö« 87–2, S. 17f, ca 8. Minuten.)

Allerheiligen / Allerseelen / Herbst / November

118. Auf dem Holzweg?

(Ein »Behelfs«-kreuz aus Holz, wie es anfangs auf Gräbern steht)

Lesungen: 1 Kor 15, 12–22 (Ohne Auferstehung Christi ist unser Glaube sinnlos); siehe Text, je nach Akzentsetzung (bitte auswählen!)

So ein Kreuz ist Ihnen vom Friedhof her bekannt. Mit dem Namen des Verstorbenen wird es auf ein Grab gestellt, bis später der Grabstein gesetzt wird. (Auf den Gräbern Unbemittelter oder von Menschen ohne Angehörige bleibt es stehen, bis der Name kaum noch lesbar ist.)

Beim Anblick dieses Holzes stellte ich mir die Frage: Sind wir auf dem Holzweg, wenn wir heute der Gemeinschaft aller Heiligen gedenken und zu den Gräbern gehen? Paulus hat schon im ersten Korintherbrief geschrieben: »Wenn Christus nicht auferweckt wurde, dann ist euer Glaube nutzlos, ... dann sind wir erbärmlicher daran als alle anderen Menschen« (vgl. 1 Kor 15, 12–22).

Auf dem Holzweg sind wir sicher, wenn es nur den Baum des Todes gäbe, von dem im Paradies berichtet wird (Gen 3, 1–6), oder wenn wir mit dem Balken im eigenen Auge nach dem Splitter im Auge des Bruders Ausschau halten (Mt 7, 3–5). Ein Brett vor dem Kopf haben wir sogar, wenn wir mit den »Brettern, die die Welt bedeuten«, unsere Seele sattmachen wollen oder meinen, der »Wachstumsgott« würde uns und unser Volk heilen können. Ich denke bei diesem Holz auch an den Ast, an dem Judas sich erhängte und glaubte, mit Selbstmord könne er alle Probleme lösen.

Auch erinnere ich mich an die Holzscheunen des reichen Bauern, der sie immer wieder vergrößerte und doch nicht weitersah, als bis zu seinen Füßen. Denn wem gehörte im Tod der ganze Reichtum? (Lk 12, 16–21).

Wenn wir Holz in diesem Sinne deuten, bin ich mir sicher, auf dem »Holzweg« zu sein. Aber es gibt auch andere Richtungen, in die uns Holz weist. Ich darf Sie einladen, mit mir einmal die Bibel abzusuchen:

Hätten wir auch nur *eine* Planke aus der Arche Noach, dann könnte sie uns retten aus der Flut der Sünde und des Todes (Gen 7). Oder denken Sie an das Stück Holz, das Mose ins bittere Wasser warf, und es wurde süß (Ex 15, 25). Ich denke an den

Stab des Aaron, den er vor den Pharao warf und der zur Schlange wurde. Als die Zauberer des Pharaos ihre Stäbe auch zu Schlangen verwandeln konnten, da wurden deren Schlangen alle vom Stab des Aaron verschlungen (Ex 7, 12). Mit diesem Stab, den Mose später gegen den Felsen schlug, rettete er sein Volk in der Wüste vor dem Verdursten (Ex 17, 6); der Stab, der später Knospen, Blüten und reife Mandeln trieb (Num 17, 23) und in der Bundeslade aufbewahrt wurde. – Der Psalmist singt später: »Der Herr ist mein Hirte ... dein Stock und dein Stab geben mir Zuversicht« (Ps 23, 4). Auch der junge David hielt neben den Steinen in seiner Schleuder einen Stab des Vertrauens auf Gott in seiner verschwitzten Hand, als er auf Goliat zuging (1 Sam 17, 40). Schließlich möchte ich an den Anti-Baum erinnern, an das Reis aus der Wurzel Jesse (Jes 11, 1.10), das sich zum mächtigen Baum entwickelte, der den Baum des Todes in den Schatten stellte.

Im Neuen Testament möchte ich auf die Tragbahre aus Holz hinweisen, auf der die Freunde den gelähmten Mann herunterließen. Und Jesus sagte als erstes: »Deine Sünden sind dir vergeben« (Mt 9, 5). Denken Sie auch an die Bahre, auf der seit 38 Jahren ein Mann krank lag, den Jesus dann mit gesundem Leib nach Hause schickte (Joh 5, 1–18); schließlich die Tragbahre, auf der ein toter, junger Mann lag, zu dem Jesus sagte: »Steh auf!« (Lk 7, 14). Ich denke bei diesem Holz an den Feigenbaum, der abgehauen werden sollte, weil er keine Frucht brachte. Aber der Weingärtner bittet um Geduld, er will ihn erst noch einmal düngen (Lk 13, 6–9). Gott hat also Geduld mit uns, die wir oft keine guten Früchte bringen! – Ich denke an den hölzernen Trog, aus dem die Schweine fraßen, und der verlorene Sohn saß davor, dachte nach, ging in sich und fand den Mut, umzukehren (Lk 15, 16 f.). – Und ich denke an die Fischerboote der Jünger, die aus Holz waren, die sie nach einer langen Nacht ohne die Beute eines Fisches ans Ufer legten. Aber als sie auf Geheiß Jesu noch einmal die Netze auswarfen, konnten diese die Menge der Fische kaum fassen (Lk 5, 1–11; Joh 21, 1–14).

(*Hinweis:* Wenn Ihnen der letzte Abschnitt zu phantasievoll erscheint – vom Beispiel Holz her gesehen – dann lassen Sie ihn weg.)

Vor allem aber denke ich an das Holz der Krippe, in die Jesus gelegt wurde, und an das Kreuz, das harte Marterholz, an dem Jesus hingerichtet wurde. »Der Feind, der am Holze gesiegt hat, wurde auch am Holze besiegt durch unseren Herrn Jesus Christus!« (Präfation vom Fest Kreuzerhöhung). Zuletzt erinnere ich an Petrus, den gestandenen Mann, der alle Ereignisse mit Jesus miterlebt hatte und der sich als Glaubensbekenntnis am Ende seines Lebens auch ans Holz des Kreuzes nageln ließ – mit dem Kopf nach unten.

Ich frage nun, wenn wir jetzt hochrechnen: Sind wir wirklich auf dem Holzweg, wenn wir über den Horizont dieser Welt sehen und glauben, daß es nach dem Tod eine Auferstehung gibt? Wenn nicht, dann ist es sinnvoll, daß wir uns heute über die Gemeinschaft der Heiligen freuen und hinausziehen zu den Gräbern – im Glauben, daß der Tod nicht das letzte Wort hat.

(Ein Gedicht von Lothar Zenetti, Wir sind noch zu retten. Neue Texte der Zuversicht, Pfeiffer-präsent, München 1989, S. 11, entfaltet.)
Vgl. Nr. 68 in diesem Buch: Das Vertrauen auf Gott ist wie ein Stab in der Hand.

119. Gott liebt die Demut des Herzens
(Ein kleines Marmorkreuz – bei einem Friedhofssteinmetzen ausleihen)

Lesungen: 1 Thess 3, 12–4, 2 (Lebt, um Gott zu gefallen); Jak 4, 5–10 (Demütigt euch vor dem Herrn); Mt 15, 1–20 (ähnlich Mk 7, 1–23: Hochmut macht den Menschen unrein); Lk 1, 46–55 (Er zerstreut, die im Herzen voll Hochmut sind)

Wenn ich über den Friedhof gehe und sehe all die Grabsteine, einer größer als der andere – dieses Kreuz aus Marmor ist ja klein dagegen –, dann denke ich manchmal: Selbst im Tod versuchen sich die Menschen noch zu überbieten, sogar noch bei der Auswahl des Grabsteines. Aber das ist nicht die Sprache Gottes. Wir haben es in der Lesung und im Evangelium gehört: Ein Greuel ist Gott die Hoffart des Herzens, der Stolz und der Hochmut, sich auf die eigene Schulter zu klopfen. Dazu eine Geschichte, in der ein Marmorkreuz eine Rolle spielt. Darum stelle ich dieses Kreuz vor unsere Augen hin; denn an dem Marmorkreuz in der Geschichte setzten das Nachdenken und die Umkehr ein.

Vor über hundert Jahren lebte in Ostungarn der Bauer Nagy (sprich: Nodsch!), ein steinreicher, aber hartherziger Mann, der im Dorf nicht beliebt war, weil er allen zu stolz erschien. Sonntags saß er mit seiner Frau und den drei Söhnen gelangweilt den Gottesdienst ab. Wenn er schließlich wieder zu Hause war, hatte er genau registriert, wer ihn gegrüßt und wer sich nicht ehrerbietig genug verneigt hatte. Er wurde immer reicher und selbstsicherer.

Aber in einem Herbst begann sich sein Glück zu wenden. Krankheiten rafften einen Teil seines Viehbestandes dahin; dann starb ganz plötzlich der älteste Sohn an Gehirnhautentzündung. Das aufwendige Begräbnis half ihm über diesen Schlag nicht hinweg. Kurze Zeit später verunglückte mit einem Pferdekarren der zweite Sohn tödlich: Der Flintenschuß eines Jägers ließ die Pferde durchgehen; in einer scharfen Biegung kippte das Gefährt um, und der Junge prallte mit seinem Kopf gegen einen Kilometerstein. Zu allem Unglück begann der jüngste Sohn, siebzehn Jahre alt, zu hüsteln und Blut zu spucken.

Der Bauer verlor seine frühere Selbstsicherheit. Er beschloß, zur Ehre Gottes ein großes Marmorkreuz am Eingang des Dorfes aufstellen zu lassen. Bald prangten auf dessen Sockel in goldenen Buchstaben: »Zur Ehre Gottes von Peter Nagy errichtet, im Jahre des Herrn 1884.« Als der Bauer von der Einweihung nach Hause kam, ging es seinem jüngsten Sohn nach einem heftigen Hustenanfall noch viel schlechter, und die geheime Hoffnung des Bauern, seinen Sohn wunderbar genesen anzutreffen, hatte sich nicht erfüllt.

Am nächsten Morgen entlud sich über dem Dorf ein schreckliches Wintergewitter; ein greller Blitz schlug mit ohrenbetäubendem Krachen ganz in der Nähe ein. Kurz darauf kam außer Atem ein Knecht des Bauern mit der Nachricht angerannt: »Der Blitz ist in das Kreuz eingeschlagen und hat es umgestürzt.« Der Anblick des zerborstenen Marmors im Schnee war für den Bauern niederschmetternd. Sein Befehl, das Kreuz schnell wieder aufzurichten, lehnte der Steinmetz mit dem Hinweis ab: »Was Gott umgeworfen hat, das soll kein Mensch wieder aufstellen.« So eine Antwort hätte sich Bauer Nagy vor drei Monaten nicht gefallen lassen, aber die vielen Schicksalsschläge hatten ihn mürbe gemacht. Er senkte nur stumm die Augen.

Die Neugierigen zerstreuten sich. Nur der Sepp, der Dorfwaise, acht Jahre alt, stand noch da mit bloßen Füßen im Schnee, und abwechselnd hob er mal den einen, bald den anderen Fuß an, die von der Kälte blau gefroren waren. »Warum hast du keine Stiefel an bei diesem Wetter?« fragte der Bauer. Sepp wich ängstlich zurück, denn er wußte aus Erfahrung, daß die Ohrfeigen des Bauern weh taten. »Ich habe keine!« meinte er aus sicherer Entfernung. Darauf sagte der Bauer mit etwas freundlicherer Stimme: »Komm, wir gehen zusammen ins Dorf!« Beim Schuster kam es dann dem Sepp wie ein Traum vor: Der Bauer kaufte ihm rotfunkelnde Stiefelchen, wie sie nur die wohlhabendsten Kinder des Dorfes besaßen! Damit rannte er, so schnell er konnte, davon, denn er fürchtete, sie würden ihm wieder abgenommen. Da lachte der Bauer zum ersten Mal seit drei Monaten, und zugleich war irgendwie der Druck aus seiner Brust verschwunden.

Die Geschichte endet damit, daß es seinem Sohn besser ging, als er nach Hause kam. Das faßt der Erzähler folgendermaßen zusammen: »So kam das Reich Gottes zum Bauern Nagy. Der Weg dahin ist gar nicht weit. Man kann ihn gut mit einem Paar ganz kleinen roten Stiefelchen begehen.«

Wenn ich auf dieses Marmorkreuz schaue, dann muß ich wieder an die Weisheit Gottes denken: Er kann den falschen Stolz des Menschen wie Marmor zerbrechen; er schaut nicht auf die Größe der Grabkreuze; er liebt die Demut des Herzens. – Das neue Kirchenjahr steht vor der Tür (oder: hat begonnen): Eine Chance, die Umkehr des Herzens zu wagen.

(Stark gekürzt nach Peter Alma, der seinerseits frei nach einer Novelle von Kalman Mikszáth, XIX. Jahrhundert, schrieb; gefunden in Conrad/Deßecker/Kaiser [Hg.], Erzählbuch zum Glauben, Das Vaterunser, Benziger Verlag, Zürich / Kaufmann Verlag, Lahr 1985, Nr. 56.)

120. Damit alle Welt hell werde

(Osterkerze, eine große Kerze, viele kleine Kerzen, dazu entsprechend viele transparente Schutzhüllen, eine Allerseelenleuchte, ein Docht)

Lesungen: Offb 7, 9–14 (Die große Schar in weißen Gewändern, die die Welt heller gemacht haben); Mt 5, 14–16 (Ihr seid das Licht der Welt)

1. Heute feiern wir alle Menschen, die unsere Welt heller gemacht haben: die Heiligen und alle, die heiligmäßig gelebt haben (vgl. Lesung). Woher haben sie die Kraft dazu geschöpft? – Von der Osterkerze, vom auferstandenen Christus her!

2. Diese große Kerze steht stellvertretend für den heiligen N. N. (Pr entzündet sie an der Osterkerze und geht näher auf den gewählten Heiligen ein).

3. Seit der Taufe sind wir alle dazu aufgerufen, die Welt heller zu machen (vgl. Evangelium). Bei der Taufe wurde unsere Taufkerze auch an der Osterkerze entzündet: Diese kleinen Kerzen sollen sie vertreten.
   (Nun kommen einige Kinder nach vorn. Pr entzündet mit einem Docht von der Osterkerze her die Kerzen der Kinder.)

4. Es gibt in unserer Welt aber einen ständigen Kampf zwischen Licht und Finsternis, zwischen Gut und Böse. Der Satan mit all seinen sichtbaren und unsichtbaren Waffen möchte unsere Kerzen auslöschen. Darum gebe ich euch diese Schutzhüllen, die sich wie ein Schild um euer Licht legen. Was könnten sie bedeuten? (Gute Taten, Reue, Versöhnung, Gebet, Kommunion, gute Vorbilder unter den Mitmenschen, die Lektüre der Lebensberichte heiliger Menschen ...)

5. Leuchtet in der Dunkelheit, gebt das Licht der Liebe weiter, damit eine »Lichterkette« guter Menschen die Dunkelheiten der Welt immer mehr erhellen können.

6. Heute nachmittag gehen viele zu den Gräbern und stellen dort auch Lichter mit Schutzhüllen auf. (Pr zeigt eine Allerseelenleuchte oder weist auf das ewige Licht, das ja ähnlich aussieht.) Hier könnten die Schutzhüllen sagen: Wir glauben daran, daß wir euch alle wiedersehen. Und kein böser Wind der Zweifel oder Hoffnungslosigkeit soll diesen Glauben auslöschen. Wir bitten dabei die Heiligen, unsere Fürsprecher bei Gott: Laßt unseren Verstorbenen das »ewige Licht« leuchten und begleitet unsere Wege mit eurem fürbittenden Gebet!

(Verändert und erweitert nach Franz Melcher, D-5768 Sundern 1, in »KiBö« 88-2, S. 12f.)

121. Der lautlose »Abfall«
(Ein buntes Herbstblatt – vielleicht für jeden)

Lesungen: Weish 11, 22–12, 2 (Gott will nicht den Tod des Sünders, sondern daß er umkehrt und lebt); Jak 2, 14–18 (Glaube und Tat); Lk 15, 1–7 (Gleichnis vom verlorenen Schaf); Lk 19, 1–10 (Zachäus bekommt eine neue Chance); Joh 15, 4–7 (Verbindung mit Gott als Voraussetzung des Fruchtbringens)

(Pr zeigt sein buntes Blatt:) Im Herbst gefallen den Menschen die Bäume wegen ihrer bunten Blätter. Doch was wir als »bunt« und »schön« einstufen, sind Vorboten des Todes. Zwischen Stielende und Ast bildet sich nämlich im Herbst langsam eine Korkschicht, die den Lebenssaft der Blätter abschnürt und schließlich ganz blockiert. Ein Herbststurm genügt, um sie wegzufegen. Dann vermodern sie langsam am Boden.

Im Leben eines Menschen gibt es auch so eine »Korkschicht«, die ihn gefährdet: Wenn sich z. B. durch eine falsche Lebensweise in seinen Adern Kalk absetzt, dann besteht irgendwann Infarktgefahr; wenn er alle Wege nur im Auto zurücklegt und somit den Beinen die Kraft für Fußmärsche entzieht; wenn er eine gelernte Fremdsprache nicht mehr benutzt und sie langsam vergißt ...

Und die »Korkschicht« im religiösen Bereich, die den langsamen und lautlosen »Abfall« vorprogrammiert? Wir sind ja auch wie Blätter am Baum Gottes oder wie Reben am Weinstock Christi. Grüne Blätter voller Saft sind wir, wenn uns der »Gnadenstrom Gottes« durchfließt. Aber bildet sich langsam eine »Korkschicht«, zieht sich der Lebenssaft, das Blattgrün, langsam zurück. Das kann sich u. a. in folgenden Standpunkten äußern:

– Ich brauche Gott mit meinen Gebeten und Bitten nicht zu behelligen, der weiß schon, was mir fehlt.
– Gott hat schon Verständnis dafür, wenn ich am Wochenende ausschlafe und nicht zum Gottesdienst gehe; das ist doch der einzige Tag, der *mir* bleibt.
– Mit den Märchen von Himmel, Hölle, Engel und Teufel soll man uns »aufgeklärten« Christen nicht mehr kommen.
– Ich komme auch ohne Kirche ganz gut über die Runden.
– Die immer in die Kirche laufen, sind auch nicht besser.
– Es gibt keine Schuld; entweder bin ich Opfer der Umwelt oder der Psychiater muß mir die Komplexe beseitigen ...

Und unauffällig verdunstet der Glaube, wächst die Bequemlichkeit. Ich merke gar nicht, wie die Verbindung zu Gott in mir langsam austrocknet. Schließlich kann ich wie ein buntes Blatt sein, das wegen seiner äußeren Schönheit (= wegen des Erfolges, des Ruhmes, der Macht) beneidet wird; aber all das zählt nicht in den Augen Gottes. Wenn dann ein Herbststurm kommt, ich meine eine Krankheit, ein Mißerfolg, eine Versuchung, ein Schicksalsschlag ..., dann falle ich wie ein Herbstblatt lautlos zu Boden, weil mein Glaube zerstört ist oder weil ich gleichgültig geworden war.

Ich kann jedoch etwas gegen diese »religiöse Korkschicht« unternehmen, und hier stimmt – Gott sei Dank – der Vergleich mit diesem Blatt nicht mehr, bei dem der Zerfall nicht aufzuhalten ist. Wir haben es eben in Lesung und Evangelium gehört: Gott will nicht den Tod des Sünders, sondern daß er umkehrt und lebt (vgl. Lesung). Zachäus bekommt eine neue Chance; Petrus, der in der Verleugnung Jesu versagt hat, erhält die Kirche anvertraut, aus Saulus wurde Paulus, bei Gott ist Freude über das verlorene Wiedergefundene ... Solange ein Mensch lebt, hat er die Chance zur Umkehr:

– Eheleute können ihre Beziehung erneuern.

– Dem Glaubenszweifel können Gespräche und Weiterbildung abhelfen.

– Im Sprechen und Hören auf Gott kann die Seele neu durchblutet werden.

– Die Gemeinschaft mit überzeugenden Christen, auch im Kirchenbesuch, kann mich wieder an den Glauben heranführen, wenn ich zu weit abgedriftet bin.

– Neue Impulse bringt auch die Mitarbeit in einem Aktivkreis der Gemeinde oder Nachbargemeinde, um Mißstände in der Kirche am Ort oder darüber hinaus zu beseitigen.

– Der Empfang der Sakramente als »Gnadenquellen«, belebt neu ...

Es gibt vielfältige Möglichkeiten, wieder fest mit dem Ast verbunden zu werden (vgl. Joh 15, 4–7: Bleibt mit mir verbunden).

Nehmen Sie Ihr Blatt zur Erinnerung mit nach Hause, benutzen es vielleicht als Lesezeichen und fragen sich beim Anblick ab und zu: Bin ich noch »ein lebendiges, grünes Blatt« am Baume der Kirche oder stehe ich in der Gefahr des lautlosen Abfalls?

(Stark verkürzt und leicht verändert nach Franz Melcher in einem ausformulierten Gottesdienst »Der lautlose Abfall« in »FaJu« Nov. 89)

(Hierzu paßt auch aus »Kurzgeschichten 1« die Nr. 20: Die tausend kleinen Wasserbächlein, die einen Brunnen speisen, müssen immer wieder abgeschöpft werden, wenn sie nicht versiegen und verstopfen sollen. Ähnlich wie Lieben, Schenken, Vertrauen auch ständig geübt sein wollen, wenn sie nicht »austrocknen« sollen.)

Christkönig

122. Was für ein König!

(Eine aus Karton gebastelte, nicht zusammengeklebte Zackenkrone – außen gold, innen rot; ein roter Chormantel als »Spottmantel«; ein Schilfrohr als »Rohr«; vielleicht dazu noch ein Kreuz mit dem INRI als »Überschrift«)

Lesung: Lk 23, 35–43 (Das ist der König der Juden; Lesejahr C)

An diesen drei Gegenständen möchte ich zeigen: Jesus ist ein König »nach unten«. Denn aus den hohen Titeln, mit denen Jesus als Kind in der Krippe begrüßt wurde, ist nichts geworden: »Messias?«, »Sohn Davids?«, »Friedensfürst«? Nur Spott und Hohn bleiben zuletzt übrig. Die führenden Männer des Volkes verlachen ihn. Die Soldaten verspotten ihn! Und einer der Verbrecher verhöhnt ihn. Was für ein König, dieser »König der Juden«!

Darum habe ich drei Gegenstände mitgebracht. Sie können verdeutlichen, welches Königtum Jesus meint, wenn er an anderer Stelle sagt: »Ja, ich bin der König der Juden!« oder im heutigen Evangelium: »Heute noch wirst du mit mir im Paradiese sein!«

1. *Die Botschaft der Krone.* (Pr hält die goldene Seite mit den Zacken nach oben als Krone zusammengefügt) Solch eine goldene Krone tragen bald wieder unsere Sternsinger. Sie erinnern an die Könige, die sich damals vor dem König der Welt in der Krippe verneigten. Wir setzen uns manchmal goldene Kronen im Traum auf den Kopf, wenn wir von Gold und Geld, von Schmuck und Reichtum, von Macht und Ansehen träumen: Die Zacken weisen hoch hinaus! Wir möchten ja aufsteigen, egal, wenn andere dabei »unter die Räder« kommen. Jesus aber ist ein anderer König. Sein Reich ist nicht von dieser Welt.

(Pr zeigt jetzt die rote Seite der Krone und hält sie mit den Zacken nach unten) Dieser König kommt in einem Stall zur Welt, nicht in einem Palast. Die stinkenden Hirten finden ihn zuerst, nicht die Vornehmen des Volkes. Er reitet als König auf einem Esel in Jerusalem ein, nicht auf einem stolzen Pferd. Er geht soweit, den Jüngern die Füße zu waschen. Er stirbt zwischen Verbrechern. Er erscheint nach seiner Auferstehung zuerst einer Frau. Er war also ein König, der alle Maßstäbe umkehrte. Wenn ich dir nun diese Krone mit den Zacken nach unten heftig auf den Kopf drücken würde, dann kann sie dich verletzen, dir weh tun, wie die Dornenkrone, die Jesus aufs Haupt gesetzt wurde. Darum ist diese Krone auch rot – rot wie Blut!

Wer *versucht,* wie dieser König »nach unten« zu dienen und nicht zu herrschen, der gehört zu seinem Reich. (Pr legt die rote Krone – mit einer Klammer geheftet und den Zacken nach unten – vor oder auf den Altar)

2. *Die Botschaft des Spottmantels.* (Pr zeigt den roten Chormantel) Vertiefen wir uns in die Gerichtsverhandlung, die einige Kapitel vor dem heutigen Evangelienbericht aufgezeichnet ist. Von diesem purpurroten Mantel hier schreiben Matthäus (27, 27–31a), Markus (15, 16–20a) und Johannes (19, 2f): Die Soldaten legten Jesus diesen Spottmantel um und verhöhnten ihn auf den Knien mit den Worten: »Heil dir, König der Juden!« Und sie spuckten ihn an (Mt, Lk) und schlugen ihm ins Gesicht (Joh). Was ist das für ein König?

Wer *versucht*, diesem König zu folgen, erfährt heute diesen Spott in zum Beispiel folgenden Bemerkungen: »Was, du betest noch?« »Was, du gehst noch in die Kirche?« »Du bist noch Ministrant(in)?« Ihr Ministranten tragt ja hier auch eine besondere Kleidung, ein Würdezeichen, wie es auch ein Chormantel ist, werdet aber deshalb manchmal als »halbe Pastöre« verspottet. Wer sich aber seines Weges sicher ist, dem macht das nicht viel aus. Nur, wer ist sich dieses Weges so sicher? (Pr legt den »Spottmantel« auf einen Hocker vor den Altar)

3. *Die Botschaft des Schilfrohres.* (Pr nimmt den Stock in die Hand) Solch ein Stock aus einem Schilfrohr spielt in der Verspottungsszene auch eine Rolle. Matthäus schreibt: »Sie setzten ihm einen Kranz aus Dornen auf den Kopf und gaben ihm einen Stock in die rechte Hand« (27, 29). Matthäus und Markus schreiben dann weiter: »Sie schlugen ihm mit diesem Stock auf den Kopf«, auf den Dornenkranz. Die Soldaten zeigen dann auf folgende Weise ihre Verachtung gegenüber dem Judenkönig: Sie knien vor diesem jämmerlichen König nieder, der einen Stock, der sich zum Quälen eignet, als Zepter hält.

Nun mag es Zufall gewesen sein, daß die Soldaten dabei ein Schilfrohr nahmen. Aber in diesem Rohr steht uns plötzlich der ganze Auftrag Jesu vor Augen. Schon der Prophet Jesaja hatte geschrieben: Der Gottesknecht wird das geknickte Rohr nicht zerbrechen und den glimmenden Docht nicht auslöschen (Jes 42, 3). Jesus kam, um vor allem für die »geknickten Rohre« dazusein: für die Kranken, Ausgestoßenen und Sünder. Wenn er mit diesem Rohr auf den Kopf und die Dornen geschlagen, regelrecht gefoltert wird, dann fragen die Soldaten unbewußt damit symbolisch noch einmal: Willst du das wirklich durchhalten? Ist das dein Ernst?

Wer *versucht*, diesem König zu folgen, der kümmert sich um all die, die »geknickt« sind, weil sie sich von Elternhaus, Schule oder Kameraden überfordert fühlen; und hält deswegen, wenn nötig, auch selbst einmal Schläge aus. (Pr lehnt den Stock gegen den Altar)

Das kommende Reich. Die umgekehrte Krone, der Spottmantel und das Rohr hier zeigen uns: Dieser König ist ganz anders, sein Reich ist nicht von dieser Welt, aber diese Welt soll Sein Reich werden. (Hoffentlich bald!)

(Die Idee mit der umgedrehten Krone stammt von Udo Casel, Kürten-Dürscheid; vgl. auch »99«, Nr. 99.1; zuerst veröffentlicht in »PuK« 6/89, S. 739–741.)

Anhang

Register der eingesetzten Symbole und Zeichen

Die Zahlen beziehen sich auf die *Nummern* der Predigten. Steht ein Symbol im Abschnitt »Andere Idee(n)«, ist die Nummer der vorangehenden Predigt und in Klammern die Nummer der zugehörigen Idee angegeben.

Stichwortverzeichnis

Die Zahlen beziehen sich auf *Nummern* der Predigten. Die eingeklammerte Zahl bedeutet, daß die Predigt unter »Andere Idee(n)« zu finden ist, und zwar im Anschluß an die vorangehende Nummer der Predigt.

Verzeichnis der Kurzgeschichten, die erwähnt oder benutzt wurden

Schriftstellenregister

Die Verweise beziehen sich auf die *Nummern* der Predigten. Steht eine Schriftstelle im Abschnitt »Andere Idee(n)«, ist die Nummer der vorangehenden Predigt und in Klammern die Nummer der zugehörigen Idee angegeben.

Weitere erfolgreiche Predigtbücher von Willi Hoffsümmer:

Anschauliche Predigten
für Kinder-, Jugend- und Familiengottesdienste
4. Auflage 1989. 144 Seiten mit 19 Zeichnungen von A. Wittig

Willi Hoffsümmer bietet in diesem Arbeitsbuch eine bunte und reichhaltige Palette von Anregungen und Modellen, wie man Kindern das Evangelium verkünden kann. Neben guten Gedanken für den Inhalt der Predigt selbst findet man hier zahlreiche Vorschläge, wie man die Kinder zum Mittun motiviert oder verschiedene Medien einsetzen kann. Jedem, der auf der Suche nach Ideen und Anregungen ist, kann man dieses äußerst originelle Buch bestens empfehlen. Ein Sachregister und ein Register der behandelten biblischen Texte vergrößern die Verwendbarkeit.
Theol.-prakt. Quartalschrift

Geschichten als Predigten
Für Gottesdienst, Schule und Gruppe
2. Auflage 1990. 120 Seiten

Als Sammler für Kurzgeschichten zur Verwendung in Predigt und Katechese ist Pfarrer Hoffsümmer schon seit Jahren bekannt. Man muß ihm sehr dankbar sein für diesen Dienst, den er dadurch den Mitbrüdern leistet.
Die Hälfte der hier vorliegenden Geschichten ist für Erwachsenen-, die andere Hälfte für Kinderpredigten gedacht, beides für die Festzeiten und für die Sonntage im Kirchenjahr. Hoffentlich bleibt Pfarrer Hoffsümmer noch recht lange am Sammeln. Unser Bedarf ist unerschöpflich.
Lebende Seelsorge

144 Zeichenpredigten durch das Kirchenjahr
Mit Gegenständen aus dem Alltag
5. Auflage 1991. 160 Seiten

In einer Zeichenpredigt werden Gegenstände aus dem Alltag zu Symbolen, die dazu dienen, die Verkündigung lebendig, anschaulich und einprägsam zu gestalten. Hoffsümmer hat viele solcher Zeichen gesammelt und dem Kirchenjahr zugeordnet. Wie sie der Verkündigung dienen können, ist kurz ausgeführt, jedoch so, daß der schöpferische und ausgestaltende Einfallsreichtum des Predigers, Katecheten, Liturgiekreises weiter gefordert ist. *Amtsblatt für das Erzbistum München*

Matthias-Grünewald-Verlag · Mainz